NIMES
ET
SES RUES
PAR
Albin MICHEL

TOME DEUXIÈME
De la lettre G à la lettre Y.

NIMES
TYPOGRAPHIE CLAVEL-BALLIVET ET Cⁱᵉ
12 — RUE PRADIER — 12

1879

NIMES ET SES RUES

NIMES

ET

SES RUES

PAR

ALBIN MICHEL

TOME DEUXIÈME

NIMES
TYPOGRAPHIE CLAVEL-BALLIVET
12 — RUE PRADIER — 12

1877

NIMES ET SES RUES

RUE DE LA GARANCE
Allant de la rue Bât-d'Argent à la rue de l'Agau.

2ᵉ Canton. — Section 7.
Niveau 46ᵐ14, 46ᵐ10.

Appelée autrefois première ruelle de Corcomaire, cette petite rue a reçu en 1824 le nom de rue de la Garance à cause de son voisinage des ateliers de teinturerie placés le long de l'Agau.

On sait que la garance dont on se sert pour teindre en rouge est une plante du genre *rubia*, originaire du Levant, dont la Hollande avait monopolisé la culture au xvıᵉ siècle. Ce ne fut que vers le milieu du siècle dernier que l'on commença à s'occuper de cette importante culture dans les contrées méridionales de la France, où elle fut introduite et propagée par les soins du marquis de Caumont, et plus tard par le ministre Bertin, qui en confia la direction à un Persan nommé Althen. Les succès que celui-ci obtint furent tels, que les citoyens d'Avignon ont cru devoir témoigner leur reconnaissance en lui élevant une statue au sommet du Rocher-des-Doms ; cette statue en bronze a été fondue par M. Brian.

Cette plante qui a fait pendant longtemps

la fortune de tout le Comtat est aujourd'hui délaissée par suite de la découverte récemment faite des propriétés colorantes du goudron.

C'est au coin de cette rue et de celle dite Bât-d'Argent que l'on remarque encore à l'angle de la maison Correnson une porte sculptée ornée de têtes de béliers, servant d'entrée au marché aux brebis établi anciennement dans ce quartier ainsi que nous l'apprend Ménard dans son histoire de Nimes.

RUE DE LA GARRIGUE

Allant de la rue Enclos-de-Rey à la rue Bonfa.

3ᵉ Canton. — Section 4.
Niveau 65ᵐ10, 54ᵐ61.

Cette rue faisant partie de l'ancienne section dite du plan de Bachalas, est, comme presque toutes celles placées à l'extrémité des faubourgs, de création moderne ; dans le projet de 1824, on avait proposé de l'appeler rue de Neustrie ; mais le conseil municipal trouvant ce nom trop pompeux pour son peu d'importance, lui donna un titre plus en rapport avec son utilité, car elle se dirige directement vers les garrigues communales.

Comme le but de cet ouvrage est, tout en faisant l'histoire des rues de la ville, de vulgariser tout ce qui touche aux droits et obligations des habitants, aux pérogatives et aux institutions anciennes, je saisis cette occasion pour faire connaître l'origine de la possession des garrigues communales et des divers incidents qui se sont produits à leur sujet.

En 1240, les consuls de Nimes appliqués à la conservation des pâturages publics, demandèrent au sénéchal Pierre d'Athies la confirmation de deux chartes qui leur avaient assuré le pâturage des garrigues des environs de la ville ; l'une était la vente ou donation qui en avait été passée à leurs prédécesseurs par le vicomte Bernard-Athon V en 1144, et l'autre la confirmation qu'ils en avaient obtenue de Raimond VI, comte de Toulouse, au mois de mai 1195.

Voici, du reste, les termes de la donation de 1144 :

« Je donne et concède à perpétuité pour
» moi et mes successeurs au peuple nimois,
» pour y faire paître ses troupeaux, toutes
» les garrigues qui se trouvent délimitées
» ainsi qu'il suit : depuis la Cheilone (Mallis
» Aquilena) jusqu'aux Conrocs (Conrocos),
» l'ancienne devèze de Roquecourbe (Roca
» Cerveria), Esteuzin (Estezin), la devèze de
» Vacquières (Vacheriis), l'Arque (arche de
» Caveiraco), et le chemin appelé Pondre
» (Pondra), qui mène de Caveirac à Saint-
» Césaire (de Caveiraco ad villam Sancti
» Cesarii). »

Le sénéchal, faisant droit à la demande des consuls, rendit son ordonnance le 8 novembre 1240, dans la salle du roi, au château des Arènes, en présence de l'évêque Arnaud, de Pierre Amblard, juge du sénéchal, et de divers autres témoins. Les consuls étaient alors au nombre de huit, savoir : Raimond Benoit, Guillaume André, Pierre de Saint-Gilles, Raimond Baudouin, Jean Jourdan, Pierre Ruffi, Guillaume Astier et Nazaire de Cart.

Les habitants eux-mêmes entrèrent dans les vues du consul dans l'intérêt du bien public. Ceux d'entre eux qui possédaient à divers titres des garrigues de Nimes, en firent volontairement l'abandon à la communauté pour les rendre au pâturage public. On trouve encore dans les archives de l'hôtel de ville les cessions qui furent faites par ces divers possesseurs les 22, 25, 27, 29, 30 novembre, 2 et 27 décembre 1240 (1).

Les choses semblaient ainsi réglées pour l'avenir, mais il paraît que vers l'an 1500 les agents du roi élevèrent des prétentions sur la propriété de ces garrigues et un procès fut engagé (2), qui durait encore en 1558. A cette époque, il venait d'être rendu un arrêt au parlement de Toulouse qui nommait pour commissaire Gabriel du Bourg, président aux requêtes du Palais. Celui-ci s'était en conséquence rendu à Nimes et avait fait ajourner les consuls pour les voir procéder à l'exécution de l'arrêt du parlement. Sur cet ajournement et le 17 novembre, on tint un conseil de ville extraordinaire en présence de Jean Albenas, seigneur de Colias, docteur en droit, lieutenant de la sénéchausssée de Beaucaire, pour déterminer si la ville se défendrait ou si elle tâcherait de terminer ce procès à l'amiable et d'entrer en composition avec le roi. Il fut arrêté que la ville soutiendrait ses droits mais qu'elle ne refuserait pas un accommodement; on nomma en même temps huit commissaires avec les quatre consuls pour négocier cette affaire.

(1) Voir Ménard, t. 1, p. 272.
(2) Voir Ménard, t. 4, p. 328.

Après plusieurs entrevues que ces commissaires eurent avec l'agent du maréchal de Saint-André qui poursuivait l'exécution de l'arrêt du parlement, il fut convenu ce qui suit :

« Que la ville offrirait au roi devant Gabriel
» de Bourg, commissaire du gouvernement, la
» somme de deux mille écus (valant 4,800 li-
» vres); que moyennant cette somme, le roi
» inféoderait aux consuls et habitants en fief
» franc, noble et exempt de toutes contribu-
» tions même de francs-fiefs, de nouveaux
» acquêts et autres droits, toutes les garri-
» gues et terres incultes enclavées dans les
» limites prétendues par le roi sans s'y rien ré-
» server que la justice et le ressort, desquelles
» garrigues, la ville jouirait et disposerait
» comme elle aviserait, et que, en cas d'alié-
» nation, il n'en serait point dû de lods et
» ventes; que les terres et propriétés que quel-
» ques particuliers y avaient défrichées, leur
» demeureraient, mais en roture et assujéties
» à la taille; que pour le tout, la ville donne-
» rait au roi une albergue ou redevance an-
» nuelle d'un Henri d'or valant cinquante sols
» ou une plus grande somme s'il le fallait
» pourvu qu'elle n'excédât pas dix livres
» Tournois, qu'il serait passé un acte public
» de cette inféodation à la ville, homologué
» au Parlement de Toulouse en la chambre des
» comptes et partout où il le faudrait et en
» toute autre forme qui le rendît durable à
» perpétuité; que la ville n'en payerait aucun
» frais; que la somme de deux mille écus
» qu'elle donnait pour droit d'entrée à raison
» de cette inféodation serait payée en deux

» termes, savoir : la moitié lorsque le contrat
» aurait été passé et homologué et l'autre
» moitié une année après, et qu'enfin il serait
» permis à la ville de lever cette somme sur
» les habitants par imposition au sol la livre ».

Malgré cet accord, il paraît que plus tard de nouvelles difficultés surgirent car nous voyons qu'en 1635 le premier consul, député vers la cour, obtint la remise de tous les arrérages des lods et ventes censives et droits seigneuriaux qui pouvaient être dus au roi par les habitants à l'occasion des garrigues de Nimes (1).

En 1833 la ville fut sur le point de vendre les garrigues aux particuliers, mais ce projet fut abandonné. Grâce aux mesures prises par l'administration des eaux et forêts en 1852 et dirigées par M. de Lachapelle, sous-inspecteur, cette propriété communale a été bien limitée contradictoirement avec les propriétaires voisins. Elle a une contenance de 1,686 hectares et donne aujourd'hui à la ville, soit en dépaissance, soit en coupes de bois, un revenu moyen de 5,000 fr.

RUE DE LA GAUDE

Allant de la rue de l'Agau à la rue Bât-d'Argent.

2e Canton. — Section 7.
Niveau 45m47, 45m41.

Cette petite rue, désignée par le public sous le nom de deuxième ruelle de Corcomaire,

(1) Voir Ménard, t. 5, p. 562.

reçut en 1824 le nom de rue de la *Gaude*, à cause de son voisinage du canal de l'Agau le long duquel les teinturiers avaient leur domicile. On sait, en effet, que la *Gaude* est une plante herbacée qui croît naturellement dans toute l'Europe mais particulièrement dans les lieux sablonneux ; c'est une espèce de réséda à laquelle Linnée a donné l'épithète de *Luteola* à cause de la couleur jaune qu'elle contient.

Les teinturiers en extraient une couleur jaune très-solide qui s'applique également bien sur laine, soie et coton ; le mordant qui lui convient est l'alun ou l'acétate d'alumine, mais il est bien essentiel que ces sels soient exempts de fer lorsqu'on veut avoir un jaune pur. Il y a peu de couleurs qui soient aussi sensibles que celle-là à la pureté du mordant : les moindres quantités de fer la font virer au vert ; on profite même de cette propriété pour produire quelques autres couleurs ; ainsi pour obtenir la couleur *olive*, il suffit d'ajouter au mordant plus ou moins d'acétate de fer suivant la nuance qu'on veut avoir. On teint aussi en vert pur au moyen de la gaude en se servant d'acétate de cuivre pour mordant ou bien en passant simplement au bain de gaude une étoffe déjà teinte au bleu pur. On obtient en outre avec la gaude une laque jaune très-solide dont les peintres font usage.

On a appelé la gaude l'*herbe aux Juifs*, parce qu'autrefois les Juifs étaient obligés de porter un chapeau jaune teint avec de la gaude.

RUE GAUTIER

Allant de la rue Plan-de-Bachalas à la Maison Centrale.

2e canton. — Section 2.
Niveau 51m46, 48m75.

Henri Gautier, parrain de la rue dont nous nous occupons, naquit à Nîmes le 21 août 1660, de parents protestants. Après s'être fait recevoir docteur en médecine à l'Université d'Orange, il fut entraîné par son goût pour les mathématiques vers un autre ordre d'études et devint ingénieur dans la marine et plus tard inspecteur général des ponts et chaussées ; il ne se borna pas cependant aux connaissances relatives à son art, il cultiva aussi les lettres, les sciences physiques et l'astronomie.

En 1689, l'évêque Fléchier le convertit, paraît-il, au catholicisme. Gautier avait contracté un premier mariage à Capestang près Béziers, mais ayant perdu sa femme qui lui laissa une petite fille, il épousa en secondes noces, le 27 février 1700, une nimoise du nom de Suzanne Guiraud, dont il eut un fils et une fille.

Très-recherché à cause de ses connaissances spéciales, Gautier prit part à toutes les entreprises publiques du Languedoc ; l'intendant Baville qui faisait grand cas de son savoir et de ses lumières, eut souvent recours à lui. Après avoir travaillé quelques années dans le Midi, il fut appelé à Paris pour y être employé aux ponts et chaussées des généralités qui en sont voisines.

Ces nouvelles fonctions exigèrent souvent son installation à Paris, et il ne vint plus qu'à de rares intervalles en province pour voir sa famille.

Pour le récompenser de ses travaux, le roi lui accorda en 1714 une pension de 6,000 livres payable chaque année, et en 1731 une nouvelle pension de retraite de 2,000 livres.

Le nombre des ouvrages de Gautier est considérable. Ceux qui se rapportent à sa profession d'ingénieur ne sont pas sans mérite, du moins pour l'époque à laquelle ils ont paru. On cite un *traité de la construction des chemins tant de ceux des Romains que des modernes*, traité qui eut quatre éditions et qui fut traduit en Allemand, *Un traité des ponts*, *Une Histoire de la ville de Nîmes* et une *Bibliothèque des philosophes et des savants tant anciens que modernes*, ouvrage sans valeur. On lui doit aussi des cartes des diocèses de Toulouse, de Béziers, d'Agde, de Nîmes, d'Uzès et d'Alais.

Gautier mourut à Paris le 27 septembre 1737 à l'âge de 77 ans.

RUE DU CHEMIN DE GÉNÉRAC

Partant de la place Montcalm.

1er Canton. — Section 12.

Je ne cite ce nom que pour mémoire et afin que cette rue ne manque pas dans la nomenclature de toutes celles de Nîmes, car à aucun point de vue cette voie de communication n'offre aucun intérêt, et son nom n'indique que le chemin qu'il faut suivre pour se rendre à Générac, bourg des environs.

GRAND'RUE.

Allant de la place de la Belle-Croix à la place de la Salamandre.

2ᵉ canton. — Section 7.
Niveau 43ᵐ93, 43ᵐ73.

L'origine de cette rue est des plus anciennes, et l'on peut dire qu'elle a existé dès la fondation de la ville. C'est là que se tenait la foire que le roi Charles IX avait accordée aux habitants par des lettres patentes datées de Paris du mois d'octobre 1566. Cette foire commençait le 8 février et devait se prolonger jusqu'au 23 ; pendant sa durée, il était permis aux habitants de construire des halles, des bancs et des établis de toute espèce (1).

Près de l'emplacement occupé aujourd'hui par le lycée, se trouvait la place de l'*Homme* au milieu de laquelle était un puits qui avait été comblé.

En 1628, Rohan étant à Nimes, rendit une ordonnance par laquelle, cédant aux vœux des habitants des maisons voisines, il enjoignit de rétablir le susdit puits ; il décida qu'on se servirait pour cela des matériaux provenant de l'église cathédrale, et que la dépense serait prise sur les deniers que les consuls percevaient du droit appelé *souquet* pour le débit du vin (2).

C'est par la Grand'rue que se faisaient toutes les entrées solennelles des grands personnages qui se rendaient de la porte de la Couronne à la cathédrale et à l'évêché.

(1) Voir Ménard, t. 5, p. 10, *Preuves*, titre, 11.
(2) Voir Ménard, t. 5, p. 487, *Preuves*, titre, XCVII.

Au milieu de cette rue, il y avait un égoût extérieur dans lequel s'écoulaient les eaux et les immondices de tout le quartier ; il paraît même que cet aqueduc partageait si fort la rue en cet endroit, qu'il en faisait de la plus large de la ville, la plus étroite, la plus incommode et la plus dangereuse même pour les voitures. Ce fut par cet égoût qu'en 1633 se sauva le ministre protestant Brousson dont la tête avait été mise à prix par le comte de Roure, alors commandant de la province, et le duc de Noailles. La fuite de ce zélé défenseur de la liberté de conscience nous offre un des épisodes les plus dramatiques de cette époque si tourmentée. « Les ordres du duc
» de Noailles, nous dit M. Borrel dans son
» histoire de l'*Eglise réformée de Nimes* (1)
» étaient si sévères, qu'après avoir fait fermer
» les portes de la ville, il défendit à ses habi-
» tants, sous peine de mort et de démolition
» de leurs maisons, de recevoir chez eux les
» pasteurs protestants proscrits. Ceux qui les
» avaient cachés tremblèrent aussitôt, et quel-
» ques-uns résolurent de les livrer à la justice ;
» de ce nombre se trouvèrent les hôtes de
» Brousson ; reculant pourtant devant cette
» infamie, ils le prièrent seulement de se reti-
» rer ailleurs. Il sortit donc le soir même de
» leur maison, ne sachant où aller ; pendant
» deux jours et trois nuits il erra à l'aven-
» ture, se cachant dans des réduits obscurs,
» transi de froid, mourant de faim, traqué par
» le guet, arrêté, interrogé, relâché miracu-
» leusement. — A force de recherches et d'ob-

(1) Voir Borel, p. 298.

» servations, il découvrit que le grand égoût,
» dont l'orifice se trouvait dans la Grand'rue,
» en face du collége des Jésuites pourrait lui
» offrir une issue favorable pour s'échapper; il y
» entra donc en hésitant, le parcourut en ram-
» pant au milieu d'une boue noire et puante,
» et après des efforts inouis, étant parvenu à
» sortir dans le fossé des Calquières, il partit
» incontinent pour les Cévennes, d'où il put
» se réfugier en Suisse. »

Dans cette même circonstance l'histoire locale nous donne un exemple de charité chrétienne bien digne d'un ministre de Dieu et qui console les âmes pieuses de toutes les horreurs commises à cette époque au nom de ce même Dieu.

Le ministre Peyrol était un de ceux que les ordres de Noailles menaçaient, et comme ses collègues, il ne savait où se cacher. Le chanoine Rozel n'écoutant que le cri de sa conscience et malgré le danger qu'il courait lui-même, ne craignit pas de le garder pendant quinze jours dans sa propre maison et de lui céder son lit. — Il put aussi faciliter sa fuite en le faisant travestir en lavandière.

Divers travaux importants furent bien exécutés en 1739 pour rendre ce cloaque de la Grand'rue plus praticable et pour en diminuer les inconvénients ; mais ce ne fut qu'en 1744 qu'il fut complétement supprimé par une décision du conseil de ville du 24 janvier.

Autrefois l'hôpital Saint-Marc se trouvait sur l'emplacement occupé aujourd'hui par les bâtiments du Lycée.

Dès 1536, les consuls de Nîmes firent des démarches pour obtenir de François Ier la création d'un Collége et Université des Arts (1), et en 1539, par des lettres datées de Fontainebleau, ce monarque fit droit à leur demande. Il accorda de plus aux recteurs, aux maîtres, aux écoliers, aux bedeaux et autres officiers et suppôts de cette même université les mêmes franchises, droits et priviléges que ceux dont jouissaient les Universités de Paris, Poitiers, Toulouse et autres du royaume (2).

En 1540, il intervint entre les consuls et les chanoines de la cathédrale de Nimes un accord par lequel ces derniers cédèrent à la ville l'hôpital Saint-Marc pour y établir le Collége des Arts. Cet hôpital était destiné à recevoir les pèlerins, et c'est le chapitre qui était obligé d'exercer cette hospitalité ; mais par le traité ci-dessus, la ville prit cette charge.

Ce Collége prit bientôt un grand accroissement et l'on y attira des professeurs distingués, parmi lesquels on peut citer Claude Baduel, recteur de l'Université, et Guillaume Bigot, régent de philosophie ; il fut toujours protégé par François Ier et par sa sœur Marguerite de Navarre, et reçut plusieurs bénéfices de la part du roi Henri II, des Etats du Languedoc et de divers évêques. Voici du reste les principales phases par lesquelles est passé cet établissement.

En 1557, Guillaume Toffan, principal du Collége, obtint du conseil de ville l'achat de

---

(1) Voir Ménard, t. 4 p. 133.
(2) Voir Ménard, t. 4 p. 142.

quelques maisons pour agrandir le Collége des Arts et il poussa le dévouement jusqu'à offrir de faire lui-même les frais de la construction (1)..

Les troubles qui ensanglantèrent le Midi de la France pour cause de religion durent porter une grave atteinte à la prospérité de cet établissement ; cependant, en 1562, nous voyons que les protestants étant au pouvoir résolurent d'ajouter aux cours du Collége et Université des Arts, un professeur de théologie. Cette même année, ils remplacèrent le principal, Guillaume Tuffan par le ministre Guillaume Mauget.

Tuffan promit bien alors de reprendre ses fonctions en 1564, mais les troubles ayant de nouveau interrompu les cours, le conseil de ville nomma un pédagogue, du nom de Jean Mathieu, pour enseigner les enfants jusqu'à ce qu'il y eût un principal de nommé.

Nous voyons qu'en 1567 le conseil de ville donna pour trois mois l'institution de la jeunesse à cinq professeurs ès-arts qui furent Jacques Hurtaud, Claude Maffres, Georges Cruzier, Jean Froment et Jacques Anastaïs.

En 1575, malgré la confusion que la guerre civile avait répandue dans le pays, les consuls se réunirent le 11 décembre dans la maison de Simon Campagnan, pasteur protestant, et donnèrent la surintendance du collége des Arts à Georges Cruzier, docteur et maître ès-arts avec 240 livres tournois de gages par an. Ils y établirent en même temps quatre régents, savoir : Jean Paul, Vital Breysi, Jacques

(1) Voir Ménard, t. 4 p. 157, 160, 161, 163, 165, 170, 220.

Villar et Claude Maffre ; les gages des trois premiers furent réglés à 80 livres par an et ceux du dernier à 60 livres.

En 1576, au mois d'octobre, les consuls donnèrent cette surintendance à maître Imbert Bernard, licencié en droit, aux gages de 300 livres par an, et nommèrent à la quatrième classe qui était la plus élémentaire André Johannis, natif de Barcelonnette. A cette époque Vital Breysi avait été remplacé par Antoine du Ranc.

En 1578 la ville retint pour recteur et principal le célèbre Jean de Serre, natif de Villeneuve-de-Berg-en-Vivarais, ministre protestant connu dans la république des lettres par ses différents ouvrages historiques et principalement par son inventaire de l'histoire de France; c'est lui qui avait reçu de Henri IV le titre d'*historiographe de France*, on l'avait fait venir de Lausanne et son traitement fut élevé à 1,200 livres, à la charge par lui d'y entretenir cinq régents. Ses frais de déplacement furent payés 200 livres (1).

Ménard nous donne le texte des statuts qui furent dressés en 1582 par Jean de Serres pour la discipline et l'administration du collége, et nous y renvoyons le lecteur, car il serait trop long de les donner ici. (2)

C'est à cette époque qu'on détermina les marques symboliques du collége. On choisit un emblême représentant le Pégase, cheval ailé qui grimpe sur le haut du Mont-Hélicon

---

(1) Voir Ménard, t. 5 p. 151.
(2) Voir Ménard t. 5. p. 171.

où paraît une fleur de lys, et qui, en frappant du pied droit le bas du rocher, en fait sortir la célèbre fontaine Hippocrène qui fut consacrée aux muses. Au-dessus, étaient ces mots en banderolle : *Academia Nemausensis*. Ce dessin pris sur un bas-relief de pierre sculpté dans le temps, avait été placé contre une des colonnes qui soutenaient les galeries de l'ancien collége (1).

En 1585, nous trouvons dans les monuments du temps le nom des six régents qui étaient : Anne Rulman, Chrétien Pistorius, Jacques Garnier, Daniel Vatilien et Jean Janin.

En 1591, Jean de Serres ayant quitté le collége, Jean Moinier, ministre protestant, fut nommé principal.

En 1593, Anne Rulman passa premier régent, et Chrétien Pistorius, deuxième ; Jean Laus, professeur de philosophie, George Arbaud, Boniface Avignon, André Rally et Jean Janin étaient les autres régents.

Le calme s'étant rétabli en 1597, les consuls s'occupèrent de l'instruction de la jeunesse, et, pour cela, ils traitèrent avec le célèbre *Julius Pacius dit Beriga*, professeur à Genève, alors engagé avec le prince Palatin pour professer dans l'université d'Heidelberg. Je ne parlerai pas ici des diverses négociations et démarches que les consuls furent obligés de faire pour arriver à s'attacher cet homme éminent, car cela m'entraînerait trop loin et pourra faire plus tard l'objet d'une étude spéciale sur l'enseignement à Nimes ; mais je

---

(1) Voir Ménard p. 180.

ne puis résister au désir de faire connaître les conditions du traité qui fut passé avec Pacius.

Ce traité portait que la ville lui achèterait un office de conseiller au présidial de Nimes et lui en ferait avoir les provisions, en donnant seulement de sa part la somme de cinq cents écus; qu'au cas où il viendrait à quitter le rectorat sans de justes causes, cet office demeurerait à la ville qui lui rembourserait alors les cinq cents écus qu'il aurait fournis : qu'il lui serait libre néanmoins d'en disposer et de le résigner, comme s'il l'avait acheté et qu'il en eût payé l'entier prix, s'il ne quittait le rectorat que par maladie ou par vieillesse, ou qu'il mourût pendant l'exercice de son emploi : qu'on ferait tous les ans un fonds de quatre mille livres, pour l'entretien du collége, à la disposition de Pacius, qui en paierait les gages de deux professeurs et de six régents, jusqu'à la concurrence de dix-neuf cents livres qu'il leur distribuerait de la manière qu'il trouverait la plus utile et profitable pour l'avancement du collége, et que le reste de la somme demeurerait à Pacius pour ses gages, à condition d'entretenir un portier : que la ville ferait certaines réparations au bâtiment et au jardin du collége, et placerait une horloge à la tour de cette maison ; qu'il pourrait employer tous les ans jusqu'à cent livres qui seraient payées par la ville, pour l'entretien et l'amélioration des bâtiments ; que la ville lui ferait rendre les meubles qu'il avait déjà vendus, en remboursant le prix qu'il en avait retiré ; qu'on ferait faire au temple une place fixe et permanente tant pour le recteur que pour les professeurs du collége, auxquels on déférerait l'honneur et le rang qui leur appartenait, mais qu'il serait libre à Pacius, lorsqu'il aurait été pourvu de son office de conseiller, de prendre rang avec les autres officiers du présidial ; que les assemblées concernant les affaires du collége, se tiendraient dans une salle de cette maison, et que le recteur en serait le chef ; qu'on ferait un sceau pour le rectorat, dont se scelleraient toutes les lettres testimoniales ; que si l'on faisait quelque promotion publique en philosophie, comme on en avait le pouvoir et le privilége émanés du Roi, il serait fait un sceptre pour servir à cette promotion ; qu'on ne pourrait rien imprimer pour le collége, pour le recteur et pour les autres membres du collége, sans la permission du recteur ; que les professeurs, les régents et les écoliers ne pourraient prendre que du recteur des lettres testimoniales sur leurs services et la pratique de leurs devoirs dans le collége ; que les autres lettres ne leur seraient données qu'au su et de l'avis du recteur ; que lorsqu'il vaquerait quelque place de professeur le recteur pourrait y suppléer en faisant lui-même les leçons, et qu'en ce cas il en retirerait les gages ; que toutes les écoles particulières demeureraient supprimées, excepté les *pédagogies* et les répititions des leçons ; que personne ne pourrait tenir de pensions pour les écoliers des classes et du petit collége, sans la permission du recteur.

Ce traité fut passé avec Pacius le 7 février 1599 et approuvé par le conseil de ville présidé par Jean Gui d'Airebaudouze, seigneur de Clairan, conseiller au présidial. Mais dans la suite, des difficultés s'étant élevées sur l'interprétation de quelques articles, il en résulta une longue procédure qui se termina cependant par une transaction. Les ennuis que cette discussion procura à Pacius le déterminèrent à aller se fixer à Montpellier. Il fut remplacé par d'Aubus d'Orange avec 300 livres de gage ; de Bons, professeur de logique, eut 300 livres ; Chrétien, professeur de seconde, 250 livres ; de la Place, docteur en droit, professeur de troisième, 200 livres ; Rhossantz, professeur de quatrième, 150 livres ; Rally, professeur de cinquième, 150 livres ; Céan, professeur de sixième, 150 livres ; Mayol, professeur de septième et d'écriture, 150 livres ; et le portier, 100 livres.

D'Aubuz s'étant retiré en 1603, fut remplacé par Pierre Cheiron, docteur et avocat, aux gages de 600 livres.

En 1605, Thomas Dempster, Ecossais, fut nommé régent de première classe. C'est en 1609 que les jésuites, qui étaient établis à Nimes depuis plusieurs années, voulurent ouvrir des écoles publiques, mais le conseil de ville le leur défendit.

Le principat Pierre Cheiron étant mort en 1619, la ville lui donna comme successeur Adam Abrenethée, Ecossais d'origine et d'une grande réputation. Celui-ci exerça ces fonctions jusqu'en 1627 ; mais à cette époque si tourmentée, son administration défectueuse et ses relations avec la cour le firent destituer par le duc de Rohan, qui mit à sa place le célèbre Samuel Petit, ministre et docteur en théologie, natif de Nimes même.

La paix de Nimes ayant été conclue en 1629, c'est à partir de ce moment que l'influence des religionnaires commença à décroître dans la ville. En 1632, la Chambre des Edits de Castres ayant ordonné le partage entre les catholiques et les protestants des colléges de Castres, de Nimes et de Montauban, les jésuites obtinrent, en 1634, la moitié du collége et la régence. Ils furent mis en possession le 20 janvier 1634, et le même jour la messe fut célébrée dans leur chapelle par les chanoines de la cathédrale.

En 1637, l'évêque Cohon unit au collége des jésuites le prieuré de Notre-Dame de Parignargues, qui rapportait près de 500 livres de revenus. L'influence du parti protestant diminuant chaque jour, le collége des Arts dut être un des premiers à s'apercevoir du nouveau courant qui dirigeait toutes les affaires. Par lettres patentes datées de Paris du 5 février 1644, le roi Louis XIV confirma et ratifia l'établissement des jésuites au collége de Nimes, et ordonna qu'ils fussent définitivement mis en possession du logement du collége et de toutes ses dépendances. Il déclara de plus que lorsque les chaires tenues par les protestants viendraient à vaquer, le recteur des jésuites ferait lui-même les nominations, et il va sans dire qu'en pareil cas les titulaires furent choisis en conséquence.

En 1659 il ne restait plus que David Rodon, ministre protestant, qui professait encore la philosophie au collége.

La révocation de l'Edit de Nantes de 1598 par un édit de Louis XIV du mois d'octobre 1685, fut en même temps le coup de grâce pour l'influence protestante dans la direction du Collége des Arts. Déjà, en 1664, le Consistoire n'ayant pas pu fournir les lettres patentes en vertu desquelles l'école de théologie avait été fondée en 1561 (parce qu'il n'en existait pas), cette Faculté avait été supprimée par jugement du Conseil d'Etat, cependant elle avait duré cent trois ans, et vingt professeurs s'étaient succédé dans ses chaires de théologie, de grec et d'hébreux. Ces professeurs étaient Mauget, Viret, de Chambrun père, de Saint-Ferréol, de Falguerolles père, de Serres, Moynier, Ferrier, Suffren, de Chambrun fils, Cottelier, Petit, Faucher, Chauve, de Croï, Rosselet, Peyrol, Darvieu, Claude et Roure, tous hommes distingués dont les leçons avaient toujours joui d'une réputation méritée.

La fermeture de l'Ecole de théologie fut suivie de la démolition du petit temple bâti sur les terrains du Collége, et voici la procédure qui fut suivie pour arriver à ce résultat :

Comme il y avait eu partage du Collége fait en 1634 par les commissaires de la Chambre mi-partie, partage confirmé en 1652 par un arrêt homologué au Conseil, le Consistoire, se reposant sur la force d'un acte si authentique, avait cru qu'il pouvait disposer de la portion qui lui était demeurée comme d'un bien solide et dont la possession ne pouvait plus lui être contestée. Dans cette conviction, il avait fait construire de nouveaux bâtiments pour agrandir sa portion afin de recevoir un plus grand nombre d'écoliers ; il les avait élevés sur un emplacement dont la moitié appartenait à l'ancien hôpital Saint-Marc et l'autre moitié à la ville. — Les jésuites les avaient laissé achever sans y mettre obstacle ; mais lorsqu'ils furent finis, le syndic de leur collége présenta une requête aux deux commissaires de l'édit dans laquelle il se plaignait de l'usurpation de ces places et prétendait que puisque le roi avait introduit sa corporation dans ce collége, elle devait jouir de la supériorité dans son administration et qu'aucun changement ne pouvait s'y faire sans son consentement, et comme le petit temple était contigu à ce nouveau bâtiment, il requérait la démolition immédiate de l'un comme de l'autre.

Le Consistoire, de son côté, produisit des titres authentiques, qui étaient pour sa portion du collége, les deux actes de partage enregistrés aux greffes de la Chambre de Castres et de la Cour des Comptes de Montpellier, et pour le temple, les lettres patentes qu'Henri IV avait données en 1609, et établit que cet édifice était bâti sur un fonds ou l'Eglise romaine n'avait rien à prétendre, puisqu'il avait été acheté à Fazandier qui y avait une maison avec les 7,500 livres que le roi avait permis aux protestants de cette époque de lever sur eux-mêmes, pour subvenir aux frais de construction.

De Peyremales, l'un des commissaires, trouva ces dernières raisons concluantes, mais de Bezons, son collègue, fut d'un avis contraire ; par suite de ce conflit d'opinions, l'affaire fut portée au conseil d'Etat ; le syndic général de la province, celui du clergé du diocèse et les consuls catholiques de Nimes intervinrent dans le procès et se déclarèrent en faveur des jésuites.

Le maître des requêtes fit son rapport aux neuf membres du conseil qui, sans s'arrêter à la transaction de 1652 ni aux arrêts d'homologation et d'enregistrement ni à tous les actes passés en conséquence, ordonnèrent, le 28 novembre, aux réformés, de se départir de la possession et de la propriété des bâtiments en les laissant dans l'état où ils se trouvaient, présupposant ensuite que le petit temple était bâti sur un fonds qui avait été la propriété de l'ancien collége, ils en ordonnèrent la démolition avec la condition que ses propriétaires rendraient la place nette dans l'espace de deux mois en emportant les matériaux pour agrandir le temple de la Calade, s'ils le jugeaient convenable.

Par le même arrêt, les régents protestants furent soumis à l'administration du recteur des jésuites ; ils durent être nommés et purent être révoqués par lui *sans autre forme ni figure de procès* (1).

Les bâtiments actuels du Lycée et de l'ancienne Bibliothèque se trouvent aujourd'hui sur l'emplacement de l'ancien petit temple.

C'est le 23 octobre 1673 qu'on posa la première pierre de l'église des jésuites qui sert aujourd'hui de chapelle au Lycée. La cérémonie fut faite sur les trois heures après midi par l'évêque Séguier. Les consuls et conseillers de ville catholiques y assistèrent sur l'invitation que leur en avait fait le père Mourgues (2).

Cette église ne fut entièrement terminée

---

(1) Voir Archives départementales c. 887. p. 236
(2) Voir Ménard t. 6 p. 201.

qu'en 1678. La dédicace en fut faite le mardi 18 octobre, fête de saint Luc, en l'honneur de saint Ignace, fondateur de la Compagnie de Jésus.

Un arrêt du parlement du 1er avril 1672 ayant ordonné la fermeture des 84 colléges que les jésuites dirigeaient en France, la ville de Nimes s'aboucha avec les Bénédictins pour continuer l'enseignement dans le collége, mais ce projet n'aboutit pas, et ce ne fut que le 23 mars 1765 qu'un accord intervint avec les Pères de la doctrine chrétienne qui dirigèrent le collége jusqu'à la Révolution.

C'est par décret du 7 mai 1803 que le collége de Nimes a été rétabli sous le nom de lycée.

Dans la Grand'rue se trouvait, il y a quelques années, l'hôtel de la préfecture. Cet hôtel était autrefois la maison de M. Rivet et avait été bâti sur les plans de M. Raymond, architecte. Quelques années après la révolution de 1789 elle fut achetée par le département pour servir d'évêché et ne devint la résidence du préfet qu'en 1822. Depuis qu'on a bâti un nouvel hôtel de la préfecture sur l'avenue Feuchères, cet immeuble a été cédé aux Dames de la Miséricorde.

Appelée autrefois rue du Chapitre, ce n'est que le 1er avril 1824 que le conseil municipal a adopté le nom de Grand'rue.

RUE GRAVEROL

Allant du boulevard du Grand-Cours à la maison centrale.

2e canton. — Section 2.
Niveau 47m82, 52m48.

La dénomination de cette rue remonte à l'année 1824, lors de la classification générale qui fut faite par le conseil municipal. On voulut alors consacrer le souvenir d'un Nimois qui s'est distingué tant par ses connaissances variées que par la droiture de son caractère. François Graverol naquit à Nimes le 11 septembre 1636 de parents protestants ; son père s'appelait Pierre Graverol, et sa mère Claudine Aldebert ; il fit ses études au collége des arts à Nimes, et alla ensuite à Paris pour se perfectionner dans l'étude de la langue grecque ; il s'y lia bientôt avec la plupart des savants de cette époque, et notamment avec le poète Henaut et sa pupille Mme Deshoulières.

Il se fit recevoir docteur en droit et exerça la profession d'avocat à la chambre de l'Edit de Castres jusqu'en 1670, époque de sa suppression, et ensuite au présidial de Nimes, où il vint s'établir définitivement.

Ses connaissances en jurisprudence étaient étendues et très-estimées. Au parlement de Toulouse, on citait comme une autorité ses *Observations sur les arrêts notables du parlement de Toulouse*, recueillies par La Roche-Flavin. Il ne se rendit pas moins célèbre par ses travaux sur les antiquités grecques et romaines, et avait amassé une très-belle collection de médailles et de manuscrits. L'histoire politique, scientifique et littéraire du midi de la France fut aussi l'objet de ses études.

Attaché à la religion de ses pères, Graverol voulut, à l'époque des persécutions contre les protestants, quitter la France. Pour cela faire, il se réfugia avec sa famille à Orange, espérant pouvoir plus facilement gagner la Suisse ; mais trahi d'une manière des plus déloyales par le sieur Lefebvre, lieutenant-criminel de Nimes, qui le rencontra par hasard dans les environs d'Orange, il fut arrêté et conduit à la citadelle de Montpellier, où il fut soumis aux plus dures épreuves. On l'excéda d'exhortations, on l'accabla de menaces pour le faire changer de religion, mais tout resta sans effet. On eut alors recours, pour vaincre sa résistance, à un moyen odieux : on lui annonça que sa femme, qu'il avait laissée sur le point d'accoucher, était morte en couches ! Vaincu par cette triste nouvelle, empressé de se retrouver auprès de ses enfants privés de leur mère, il eut la faiblesse de signer son abjuration. La liberté lui fut aussitôt rendue, et il eut du moins la consolation, en arrivant à Nimes, de retrouver sa femme qu'il croyait morte et qui relevait d'une douloureuse maladie, résultat des chagrins qu'elle avait éprouvés.

Ses amis étant venus le complimenter sur sa délivrance, le lieutenant criminel Lefebvre eut l'audace de se présenter chez lui pour le féliciter de son abjuration. Graverol indigné de tant d'impudence l'accabla de reproches, le traita de fourbe et de perfide et le chassa ignominieusement de sa maison. Lefebvre porta plainte à la cour qui, pour sauvegarder la dignité du magistrat, exila Graverol pour six mois à Carcassonne.

Ménard nous dit au tome VI, page 337, que Graverol continua à professer en secret la religion réformée, ne se regardant pas comme lié par un engagement que la violence seule avait extorqué.

Graverol fut un des fondateurs de l'Académie de Nimes et c'est à lui qu'elle doit son ingénieuse devise : ÆMVLA LAVRI. C'est dans sa séance du 29 avril 1632 que parmi les diverses devises qui lui furent présentées, l'Académie choisit celle que lui proposait Graverol, soit une couronne de palme avec ces mots : *Æmula lauri*, nouveau témoignage du désir qu'elle avait d'imiter l'Académie française dont la devise était une couronne de laurier avec ces mots au centre : A l'immortalité (1).

Dans les dernières années de sa vie il en fut le secrétaire perpétuel. Ses nombreux ouvrages l'avaient fait nommer membre de l'Académie de Ricovrati de Padoue.

François Graverol mourut à Nimes le 10 septembre 1694. Il avait épousé en premières noces Jeanne Mirmand dont le père après la révocation de l'édit de Nantes passa à l'étranger et sacrifia des biens considérables pour la cause de sa religion. Sa fille Claudine, issue de ce mariage, épousa le fils de Jean Jossaud, conseiller au présidial de Nimes. En secondes

---

(1) Mémoires de l'Académie du Gard, 1838-59, p 9.

noces, il avait épousé Catherine Reynaud qui lui donna de nombreux enfants.

L'année même de sa mort, François Graverol avait publié un volume appelé *Sorberiana*, en tête duquel il donne une biographie de Samuel Sorbière et de Jean-Baptiste Cotelier; cet ouvrage, dédié à M. de Pélisson, conseiller du roi, est un recueil de pensées, d'appréciations et de dissertations bien diverses que Graverol a données dans un manuscrit de Sorbière (1).

François avait un frère, Jean Graverol, né le 28 juillet 1647, qui fut pasteur protestant à Lyon. A la révocation de l'édit de Nantes, il se réfugia en Hollande, passa en Angleterre où il fut nommé pasteur, et y mourut dans un âge avancé, en 1739.

La rue Graverol n'allait autrefois que de la Maison centrale à la rue de la Parisière et n'était pas en communication directe avec le boulevard du Grand-Cours ; ce n'est qu'en 1839, sous l'administration de M. Girard, que le conseil municipal accepta les propositions de M. de Bouillargues qui céda à la ville une partie de son jardin pour établir cette communication.

---

(1) Voir, collection Catalan, libr. à Nimes.

RUE DES GREFFES

Allant de la place de l'Hôtel-de-Ville à la Grand'rue.

3e. Canton. — Section 8.
Niveau 44m25, 43m81.

Cette rue s'appelait autrefois rue de Campneuf. Le roi Louis IX (saint Louis) ayant établi des juges et des notaires ou des greffiers annuels dans la ville de Nimes, et ordonné que ces greffiers ne pourraient rien prendre pour les ordonnances qu'ils transcriraient sur les registres de la cour, à moins que le créancier ne voulût en avoir une expédition, auquel cas seulement il ne payerait qu'un denier, tous ces greffiers durent venir s'établir dans le voisinage de la maison du roi, et c'est ce qui a déterminé nos édiles à qualifier ainsi cette rue.

C'est à l'extrémité de cette rue et du côté du collége que se trouvaient les maisons de Lhermite et de Celerrier, dans lesquelles, en 1567, lors des massacres de la Michelade, furent conduits comme prisonniers Guy Rochette, premier consul, et son frère Robert Grégoire, qui de là furent conduits à l'évêché où ils tombèrent sous les coups d'une populace aveugle.

Comme représailles, le parlement de Toulouse évoqua cette affaire et rendit un arrêt, le 18 mars 1569, d'après lequel plus de cent personnes furent condamnées par contumace à être pendues à Nimes. De ce nombre, il en désigna quinze, dont il ordonna que les effigies peintes sur divers tableaux, seraient préalablement traînées dans les rues sur une claie attachée à la queue d'un cheval, et que sur ces tableaux seraient écrits leurs noms et leurs surnoms avec ces mots : *crimineulx de lèze majesté.* Des indemnités furent accordées aux familles des victimes, il fut de plus ordonné que la maison de Guillaume Lhermite serait rasée à fleur de terre et qu'au milieu du sol il serait dressé un pilier de pierre où serait gravée la cause de cette démolition.

L'emplacement de cette maison, qui fut en effet rasée, est encore en partie vacant aujourd'hui, non à cause de la sentence ci-dessus, mais par suite d'un droit de servitude créé par les anciens propriétaires de la maison située en face.

Dans la cour de la maison de Missols est encastrée une épitaphe en vers grecs en l'honneur du jeune C. *Vibius Licinianus.* En voici le texte :

D. M	Aux Dieux Manes
C. VIBI LICNIANI	de C. Vibius Licinianus
ANN. XVI. M. VI	mort à l'âge de 16 ans
	6 mois
C. VIBIVS	C. Vibius Agadhiopus et
AGAT-IOPVS ET	
LICINIA NOMAS	Licinia Nomas
FIL. OPTIMOPIISSIM	au plus aimé des fils.

ΑΝΘΕΑ ΠΟΛΛΑ ΓΕΝΟΙΤΟ ΝΕΟΔ ΜΗΤΩΕΠΙΤΤΜ
ΒΩΜΗΒΑΤΟϹΑΤΧΜΗΡΗ ΜΗΚΑΚΟΝ ΑΙΓΙΗΤ ΡΟΝ
ΑλλΙΑ ΚΑΙϹΑΜΨΟΤΚΑ ΚΑΙΤΛΑΤΙΝΗ ΝΑΡΚΙϹϹΟϹ
ΟΤΕΙΒΙΕ ΚΑΙ ΠΕΡΙϹΟΤ ΠΑΝΤΑ ΤΕΝΟΙΤΟΡΟΔΑ

« Nous souhaitons que les fleurs croissent
» en abondance sur ce tombeau que nous ve-
» nons de vous faire construire, qu'il n'y vien-
» ne ni ronces ni mauvaises plantes, qu'on n'y
» voie que des violettes, des marjolaines et des

» narcisses et qu'il ne naisse autour de vous
» que des roses.»

Il arrivait souvent que les Romains inséraient des phrases et des vers grecs dans des inscriptions dont le corps était en latin. C'est ainsi que de nos jours nous mettons quelquefois des vers et des sentences latines dans nos inscriptions dressées en français.

C'est aussi dans la cour de la maison Roussel qui dépendait autrefois de la maison Lombard de la Tour, rue Dorée, que se trouvent les quatorze inscriptions signalées par Ménard.

Cet auteur cite encore comme étant dans la maison Richard, dans cette même rue des Greffes, une inscription assez rare et que je crois intéressant de rapporter ici.

Lorsque la foudre était tombée en quelque endroit, on pratiquait diverses cérémonies pour appaiser le courroux des dieux dont un pareil accident était le signe le plus certain.

On employait pour cela les sacrifices expiatoires. Les aruspices choisissaient un endroit pour ces sacrifices et formaient autour une enceinte avec des pieux, souvent avec une corde et quelquefois avec un mur. Là, ils élevaient un autel sur lequel on immolait une brebis de deux ans. Après quoi, ils ramassaient les vestiges dispersés des choses brûlées ou frappées de la foudre et les renfermaient dans la terre en récitant certaines prières qu'ils prononçaient à voix basse. C'est ce qu'on exprimait par ces mots *fulgur condere* (enfermer la foudre, cacher). Ce lieu étant ainsi consacré on l'appelait *bitendal*, à cause de l'âge de la brebis immolée et il n'était plus permis d'y marcher. A Pompeï, on voit encore les ruines d'un monument de ce genre.

C'est un événement pareil arrivé à Nîmes qui avait déterminé les prêtres à élever un monument expiatoire qui porte l'inscription suivante :

FVLGVR
CONDITVM
DIVOM.

On sait que dans la religion des anciens, les tonnerres et les foudres faisaient la principale partie de l'art d'augurer par les météores, et formaient le signe le plus fréquent pour deviner l'avenir. Les foudres qui tombaient sur la terre étaient appelées *fulmina atteranea*, et lorsqu'elles étaient enfouies, *fulmina obruta*; les places sur lesquelles les foudres tombaient s'appelaient *loca obstita* et en général tout ce qui en était frappé *fulguritum*, *quasi fulgure ictum*. (1)

On remarque enfin dans cette rue une inscription hébraïque qui fera plus tard l'objet d'une dissertation spéciale.

RUE GRÉTRY.

Allant de la rue Racine au Cours-Neuf.

1er Canton. — Section 1.
Niveau, 52m68, 50m15.

Cette rue s'est appelée pendant longtemps rue de la Chaîne à cause de la barrière qui

---

(1) Voir Ménard, t. 7, p. 300.

existe encore à l'une de ses extrémités pour empêcher le passage des voitures et les accidents qui ne manqueraient pas de s'y produire vu son peu de largeur et sa situation qui semble l'indiquer comme la suite en ligne droite de la route de Sauve.

Plus anciennement encore, elle n'était connue du public que sous le nom de *rue de M. Paul*, et voici pourquoi :

Paul Rabaut, ministre protestant, né le 9 janvier 1718, se distingua par son zèle pour la religion à une époque où les persécutions étaient les plus acharnées ; pour compléter son instruction théologique il alla en 1740 étudier à Lausanne, y resta trois ans et commença en 1743 à exercer à Nimes un ministère régulier qui dura *cinquante-deux ans*. A une époque où sa tête était mise à prix, il ne craignit pas de se présenter seul devant le marquis Voyer d'Argenson de Paulmy, qui se trouvait à Nimes pour faire l'inspection de tous les établissements militaires du Midi ; il alla l'attendre le 19 septembre 1752 sur le chemin de Montpellier, s'approcha de sa voiture avec une contenance respectueuse, déclina son nom, sa qualité, le but de son message et lui présenta un mémoire dans lequel il traçait un tableau des plus fidèles de la situation malheureuse des protestants de France et se terminait par une supplique au roi.

Le général, dont les pouvoirs militaires étaient immenses et qui aurait pu le faire arrêter par son escorte pour l'envoyer à la potence, touché de son courage et de sa confiance en sa loyauté de soldat, se découvrit devant lui, accepta le mémoire et promit de le remettre lui-même au roi : il tint religieusement parole, et dès ce moment les poursuites contre les réformés semblèrent perdre dans tout le royaume de leur sévérité, mais pour recommencer bientôt avec une nouvelle recrudescence en 1755, et Paul Rabaut dut de nouveau se cacher et tromper la vigilance de ses persécuteurs pendant dix ans.

En 1790, le calme étant revenu et les protestants jouissant de la liberté la plus absolue pour la célébration de leur culte, le consistoire de Nimes voulant rendre hommage au zèle et au dévouement de Paul Rabaut, décida l'érection d'une maison destinée à lui servir d'asile pour sa vieillesse. Tous les protestants offrirent la coopération de leurs bras pour l'édifier, de manière que ce presbytère devint, pour ainsi dire, un monument de reconnaissance élevé d'un commun accord à la mémoire des services rendus par un pasteur octogénaire qui avait vécu pendant cinquante ans dans les bois, les cavernes, au milieu des paysans, sans retraite fixe ni domicile assurés.

En 1794, pendant la Terreur, Paul Rabaut fut incarcéré par ordre de Boris, représentant du peuple ; mais le 9 thermidor étant arrivé, Perrin des Vosges, envoyé dans le Gard pour réparer les maux qu'avait fait son prédécesseur, fit rendre la liberté au vénérable Rabaut, qui fut immédiatement transporté dans sa maison, où, par suite des privations qu'il avait souffertes et des vifs chagrins qu'il avait éprouvés pendant une captivité de plusieurs mois, il mourut le 4 vendémiaire an III (8 septembre 1795), à l'âge de 87 ans, laissant deux fils, Rabaut Saint-Etienne et Rabaut-Pomier.

La maison de Paul Rabaut dans laquelle il fut enseveli, est devenue la propriété du consistoire, et renferme aujourd'hui l'établissement des Orphelines protestantes.

C'est en 1822, que cette institution fut fondée par des personnes charitables, sous la direction de Mlle Justine Bénézet, et l'ordonnance royale qui la reconnaît comme établissement public est du mois de novembre 1831.

Dans cette rue se trouve aussi l'orphelinat de garçons fondée en 1863 par M. Ferdinand Coste, sous l'administration du consistoire.

En 1820, on a découvert, dans le jardin appartenant à M. Daniel Pourrat, aujourd'hui à M. Cerf et situé à l'angle de la rue Grétry et du Cours-Neuf, une superbe mosaïque d'une grande beauté de dessin. M. Pelet, dans le rapport qu'il fit à l'Académie du Gard, dit que ce pavé ne se trouvant qu'à soixante centimètres au-dessous du sol du jardin, l'ancien propriétaire avait laissé à découvert la partie qui existait dans son jardin, et que quant à l'autre partie qui se trouve sous la promenade du Cours-Neuf, il serait facile de la retrouver quand on voudra. Il paraît que la bordure de cette mosaïque se compose de symboles égyptiens, et que l'artiste qui a exécuté ce travail a fait preuve d'un goût élevé et d'une inspiration vraiment poétique.

Il est fâcheux que de pareilles richesses qui sont enfouies sous le sol soient ainsi perdues pour le public, et puisque notre administration municipale connaît l'existence d'une trentaine de mosaïques ne pourrait-elle pas, au moyen d'une subvention annuelle, faire rechercher d'abord celles qui sont d'une extraction facile et les placer dans les nouveaux musées que la ville crée ? Ce serait là un genre de pavé qui aurait son mérite et son histoire, et que toute autre ville ne laisserait pas exposée à une détérioration, au moins à une destruction possible de la part de propriétaires profanes.

C'est toujours par la même délibération du conseil municipal de 1824 que la rue de M. Paul, a reçu comme la plupart de celles qui avoisinent le théâtre un nom d'artiste, et c'est Grétry qui a été choisi par nos édiles.

André-Ernest-Modeste Grétry, célèbre compositeur, né à Liége en 1741, et mort en 1813, se sentit dès sa première enfance une vive passion pour la musique; il alla étudier en Italie, et en rapporta une mélodie pure et simple, fraîche et gracieuse ; il sut aussi trouver le véritable accent comique du langage musical et mérita d'être surnommé le Molière de la musique. Son orchestration n'est certainement pas aussi brillante et aussi nourrie que celle de nos opéras comiques d'aujourd'hui, mais à l'époque où elle fit son apparition, elle dut enchanter le public et toutes les scènes lyriques en augmentèrent leur répertoire.

Parmi les nombreux opéras de Grétry, il faut citer le *Huron* qui commença sa réputatation et dont les paroles avaient été fournies par Marmontel ; le *Tableau parlant*, représenté en 1769 ; — *Zémire et Azor*, en 1771 ; — *l'Amant jaloux*, en 1778 ; — *La Caravane*, en 1783 ; — *Panurge et Richard Cœur-de-Lion*, en 1785.

Il mourut en 1813, à Montmorency, dans

l'eermitage qu'avait habité Jean-Jacques Rousseau et dont il était devenu propriétaire.

RUE GRIZOT.

Allant du boulevard des Calquières à la rue Roussi.

3e Canton. — Section 8.
Niveau 43m35. 43m25.

Ce n'est qu'en 1852 et dans sa session du mois d'avril que le conseil municipal déclara d'utilité publique l'ouverture de l'impasse Grizot pour mettre en communication la rue Roussi avec le boulevard et pour donner du jour et de l'air à ce quartier spécialement occupé par les tanneurs.

Cette rue doit son nom à un marchand de Nimes, Simon-Pierre Grizot, qui, après la paix de Nimègue, vers l'an 1680, rapporta à Nimes, à son retour de Londres où il avait passé quelque temps, les dessins de toutes les pièces qui composent le métier à faire des bas de soie ou de filoselle.

Cette industrie, toute nouvelle pour la contrée, prit bientôt un grand développement dans le Languedoc et notamment dans le département du Gard, dont elle fit la richesse pendant longtemps.

Grizot, l'importateur de la machine anglaise, vit ses affaires prospérer rapidement, d'autant plus que pendant quelque temps il eut le monopole de cette fabrication; mais ayant eu le tort de confier la construction de ses métiers à un serrurier habile nommé Pastre, celui-ci en ayant copié les dessins et trompant la confiance de Grizot, fabriqua une grande quantité d'autres métiers qui se répandirent bientôt dans tout le Languedoc.

A partir de ce moment, la position de Grizot périclita et il dut renoncer à son commerce et chercher une autre position.

Nous trouvons la confirmation de ce fait dans une supplique adressée par lui, en 1750, à Mgr Lenain, conseiller d'Etat et intendant de la province. Voici la copie de ce document dont l'original se trouve dans les archives départementales, C. 988, page 157.

« Supplie humblement sieur Simon-Pierre
» Grizot, de la ville de Nimes, et vous re-
» montre que les circonstances du tems luy
» ont fait abandonner sa fabrique et son com-
» merce par raport aux différentes pertes qu'il
» y a fait, quy le métent hors d'état de le con-
» tinuer, joint encore l'acquisition qu'il avoit
» fait de l'office de greffier en chef au sénéchal
» de Nismes qu'il a été obligé de revendre, ce
» qui luy a occasionné différents procès quy
» lui ont coûté des sommes considérables
» dont l'un est actuellement pendant au parle-
» ment de Toulouse et d'autre part, il paye
» environ deux cents livres de taille réelle, et
» quoyque dans cette situation, se trouvant
» d'ailleurs chargé d'une nombreuze famille,
» sa capitation doive être modique, néan-
» moins il est taxé annuellement pour cette ca-
» pitation la somme de nonante livres dix sols
» outre cent septante livres de dixième, sans
» avoir même égard que dans tous les passa-
» ges des grands seigneurs et des troupes, la
» ville l'oblige de fournir un logement gratui-
» tement et sans rien payer, et comme cette

» taxe est manifestement excessive et injuste,
» ny ayant aucuns des négotiants les plus fa-
» meux de ladite ville de Nismes quy soit taxé
» à une sy grande somme, le suppliant a re-
» cours à vôtre grandeur pour luy être pour-
» veu.

» A ces causes, plaise à vos grâces mon-
» seigneur, ordonner que la taxe de capitation
» du suppliant demeurera réduite annuelle-
» ment à la somme de trente livres, avec déf-
» fenses de le taxer à une plus grande somme
» et feres justice. Grizot, signé. »

Ce même document nous apprend la suite qui fut donnée à cette supplique :

« Nous en l'absence de Mgr l'Intendant or-
» donnons que la présente requête sera com-
» muniquée au sindic du diocèze de Nismes
» pour y répondre après en avoir fait délibé-
» rer MM. les commissaires ordinaires du
» diocèze et sur leur avis être ensuite ordon-
» né ce qu'il appartiendra, fait à Nimes, le
» 10 septembre 1749. — Tempié, sous-in-
» tendant, signé.

» En conséquence, des informations prises
» sur les faits contenus en la requête, l'on
» estime y avoir lieu de modérer à la somme
» de soixante-quinze livres non compris la
» taxe des domestiques, la capitation du sup-
» pliant pour l'excédant de ladite taxe y estre
» tenu en compte par le collecteur. Ainsi
» délibéré au bureau de la commission. —
» Ginhoux, sindic, signé. »

« Veu la présente requête et la réponse
» cy-dessus du sindic du diocèze de Nimes,
» nous avons modéré la taxe pour laquelle le

» suppliant a été compris dans le rolle de
» taxe capitation de l'année dernière 1749 à
» la somme de soixante-quinze livres sans en
» comprendre la taxe de ses domestiques,
» l'avons déchargé du payement de l'excédent
» qui sera passé en reprises au collecteur.

» Fait à Montpellier, le 12 avril 1750. —
» Lenain, signé. »

Comme le but de cet ouvrage est de faire connaître à tous ceux que le passé de nos institutions locales peut intéresser les divers événements de tout genre qui se sont produits dans notre cité, je crois qu'il peut être d'un certain à propos de rappeler ici les faits principaux qui se rattachent à l'ancienne fabrication des bas.

Nous avons vu plus haut que c'est Grizot qui dès l'année 1680 introduisit à Nimes le métier à faire des bas de soie ou filoselle.

Il fallut naturellement quelques années pour que ce genre d'industrie se développât, mais il se multiplia bientôt, et dès 1710 la corporation des marchands et fabricants de bas était régie par des règlements particuliers qu'on peut lire dans nos archives départementales.

Ce n'est qu'à partir de 1743 que cette industrie acquit une importance réelle non seulement à Nimes, mais encore dans les Cévennes. Les mémoires du temps font connaître que dans cette année, on comptait à Nimes et dans sa banlieue près de 6,000 métiers en activité, mais cette ère de prospérité ne dura pas longtemps, le 25 mars 1754, un arrêt du conseil ayant autorisé l'exportation des métiers à bas dans les états voisins, il se créa ainsi une concurrence fâcheuse pour les produits de la fabrique de Nimes. De plus, les événements politiques ayant entraîné une coalition contre la France, nos produits furent prohibés de tous côtés, et le coup de grâce leur fut donné par le gouvernement espagnol, qui, en 1778, prohiba l'entrée de l'Espagne et de ses colonies des Indes occidentales à la plupart de nos articles manufacturés.

Pour apporter quelques améliorations à cet état de choses, le gouvernement accorda au commerce de Nimes l'autorisation de fabriquer des bas de soie au dessous du poids fixé par les règlements, mais à la condition que ces bas seraient portés dans un bureau, où il serait apposé sur chaque pièce, moyennant l'impôt d'un sou, un plomb portant ces mots gravés : *Pour l'Etranger*. Ces nouvelles obligations, loin d'améliorer la position de nos fabricants, amenèrent au contraire de fâcheux résultats, soit par la négligence des commis chargés de la pose des plombs, ce qui retardait les expéditions, soit enfin par une foule d'autres inconvénients.

Aussi, pendant tout le temps que dura ce régime, la fabrique fut-elle désolée par une infinité de procès-verbaux, de saisies, d'amendes et de confiscations qui arrêtèrent l'essor de l'industrie nimoise et donnèrent lieu aux manufactures rivales étrangères de s'emparer de la fourniture importante du Mexique (1).

(1) Voir Rivoire — *Statistique du Gard* — Voir Mémoire l'Académie du Gard Année 1853.

D'après les relevés statistiques publiés en 1773 dans l'ouvrage de M. Paulet, on comptait à Nimes près de 8,000 métiers pour faire des bas de soie. D'après MM. Vincens et Baumes dans leur topographie de Nimes, cette fabrication occupait encore en 1790, 4,000 métiers. Enfin, suivant l'*Exposé de la situation de la France*, ouvrage présenté au Corps législatif en 1800, la bonneterie de Nimes comptait à cette époque 1,200 métiers battants ; en 1811, ce nombre s'élevait à 4,910 ; mais il y a là évidemment de l'exagération.

Les exigences de la mode ont peu à peu fait abandonner l'usage des bas de soie, aussi c'est à peine si de nos jours on compte encore quelques rares métiers qui ne trouvent pas toujours de l'occupation.

Grizot, comme la plupart de ceux que la fortune a favorisés, dut à un moment donné payer son tribut à la faiblesse humaine, et une bouffée d'orgueil s'emparant de lui, nous le voyons, en 1694, prendre les armoiries suivantes :

D'argent à un chevron de gueules accompagné de trois chouettes de sable et un chef d'azur chargé de trois étoiles d'argent.

Il faut ajouter à sa décharge, qu'à cette époque, comme aujourd'hui du reste, il n'était pas difficile d'obtenir une pareille permission et qu'il n'en coûtait pas cher, puisqu'il ne paya pour cela qu'une modique somme de vingt livres (1).

---

(1) Voir à la Bibliothèque de la Ville le Manuscrit n° 13810.

RUE GUIRAN.

Allant de la rue Porte-d'Alais à la place Saint-Charles.

2ᵉ canton. — Section 2.
Niveau 47ᵐ63, 47ᵐ48.

L'édilité nimoise, en qualifiant ainsi cette rue, a voulu perpétuer le nom d'un de ses enfants qui joignait à un profond savoir un véritable culte pour sa ville natale et pour tout ce qui se rapportait à ses antiquités. Je ne crois pas pouvoir mieux le faire connaître qu'en transcrivant la biographie qu'en a donnée le savant publiciste Michel Nicolas :

« Gaillard Guiran, né à Nimes en 1600 et
» mort dans la même ville, le 16 décembre
» 1680, fut à la fois un jurisconsulte habile et
» un savant antiquaire. Il avait rassemblé une
» collection de précieux objets d'art et parti-
» culièrement de médailles rares, d'armes an-
» tiques, etc. Les armoires dans lesquelles
» étaient renfermées ces richesses, portaient
» en gros caractère cette inscription : *Supel-*
» *lex antiquaria.*

» Guiran s'occupa surtout de l'étude des
» antiquités de sa ville natale ; les résultats
» de ses recherches sont déposés dans un ou-
» vrage considérable, ou plutôt dans trois
» ouvrages importants dont voici les titres :
» *Antiquitates Nemausenses. — Inscriptiones*
» *antiquæ urbis et agri Nemausensis, nec non*
» *locorum et oppidorum inter tertium et quar-*
» *tum lapidem. — De re nummavia veterum...*
» Cet ouvrage plein d'érudition fut terminé en

» 1652. Ce manuscrit formait trois volumes
» in-folio, mais n'a jamais été publié. Vendu
» longtemps après la mort de l'auteur à Al-
» bert-Henri de Sallengre, il passa du cabi-
» net de ce savant dans celui du baron de
» Hohendorff, et de là dans la bibliothèque
» impériale de Vienne. — Deux copies ma-
» nuscrites de cet ouvrage se trouvent dans la
» bibliothèque de Nimes, l'une in-folio, l'au-
» tre in-quarto ; cette dernière copie annotée
» par Séguier, a été faite sur un manuscrit
» autographié de Guiran, appartenant au pré-
» sident Mazangues. »

Sorbière faisait grand cas de la science de Guiran : « M. Guiran, conseiller au présidial
» de Nimes, est un personnage extraordinai-
» rement versé en la connaissance de l'anti-
» quité, écrivait-il à l'évêque de Vaison, et
» qui, travaillant depuis plusieurs années à
» illustrer celles de sa patrie, a déjà ramassé
» et heureusement expliqué plus de cinq cents
» inscriptions que le *Trésor* de Gruterus avait
» mal décrites, et que les doctes avaient en-
» core plus mal interprétées (1).

» Guiran ne se rendit pas moins recomman-
» dable comme jurisconsulte et comme ma-
» gistrat, que comme antiquaire. Le présidial
» de Nimes, dont il était membre, le chargea
» de la révision d'un ancien ouvrage de pra-
» tique qui avait pour titre : *Style ou formu-*
» *laire des lettres qui se dépêchent ès-cours de*
» *Nimes.* Il enrichit le texte de notes utiles,
» fruit de son expérience et de son savoir, et

---

(1) Lettres et discours de Sorbière. page 541.

» publia le tout en 1659. Sept ans après, il
» donna une nouvelle édition de ce livre aug-
» mentée de *Recherches historiques et chronolo-*
» *giques sur l'établissement et la suite des séné-*
» *chaux de Beaucaire et de Nimes ;* notice cu-
» rieuse et intéressante malgré les erreurs et
» les inexactitudes qu'on pourrait y relever.
» Guiran, quoique protestant, jouit de la
» confiance de Louis XIII et de son fils. Il fut
» employé par l'un et par l'autre dans plu-
» sieurs commissions importantes ; il s'y mon-
» tra également fidèle et habile, et obtint pour
» récompense de ses services l'autorisation
» d'accepter une charge de conseiller au Par-
» lement d'Orange, que le prince de Nas-
» sau, charmé de son mérite, lui avait offer-
» te, et de continuer néanmoins à rem-
» plir son office de conseiller au présidial de
» Nimes, où il résidait d'ordinaire, ne passant
» à Orange que quelques mois de l'année (1).
» Il avait épousé la sœur d'André Villars, sei-
» gneur de Vallongue, son collègue au prési-
» dial de Nimes.

RUE GUIZOT.

Allant du boulevard du Grand-Cours à la rue de l'Horloge.

2e canton. — Section 2 et 6.
Niveau 48m15, 47m46.

Cette rue de création toute récente a été construite sur une partie de l'ancienne rue

(1) Voir Ménard, T. IV page 252.

Caguensol qui, du reste, n'allait pas jusqu'au carrefour de la Roserie et s'arrêtait à peu près à la hauteur de la rue Rabaut-Saint-Étienne. Il est assez difficile de se rendre compte de la direction exacte de cette ancienne rue, car de nombreuses démolitions ont eu lieu et ont changé l'aspect de ce quartier qui avait et a encore besoin de jour et de soleil ; elle s'appelait aussi rue Colonne-Buade au xvi° siècle.

Quant à l'étymologie du nom de Caguensol qu'on lit encore gravé sur le mur de la maison Roussy, la consonnance patoise semblerait l'indiquer, mais comme dit le poète, *Il faut avoir bon nez pour deviner cela* ; je me contenterai, n'étant pas savant en pareille matière, de citer un passage du cartulaire de la cathédrale de Nimes, à la page 71, qui parle du *rivus Cagantiolus*. On sait, en effet, que le ruisseau de la Fontaine appelé *Rio Silice* ou *Salice* (ruisseau des saules, à cause des prairies plantées de saules à travers lesquelles il passait), changeait de nom à partir de son entrée dans l'enceinte habitée, pour prendre celui de *Cagantiolus* et qu'on l'appela plus tard l'Agau.

C'est dans cette rue que se trouvait la maison Bonicel, dans laquelle est né, le 4 octobre 1787, M. François-Pierre-Guillaume Guizot, ancien ministre de Louis-Philippe. Son père, François-André Guizot, avocat distingué, porta sa tête sur l'échafaud le 8 avril 1794. Sa mère, Elisabeth-Sophie Bonicel, se réfugia alors en Suisse où Guillaume Guizot termina son éducation. Après avoir fait son droit à Paris vers 1806, il se fit bientôt remarquer dans le monde littéraire. Ayant épousé en 1812 Mlle de Meulan, il fut bientôt après nommé professeur d'histoire moderne à la Faculté des lettres de Paris.

Son talent oratoire et ses profondes connaissances attirèrent bientôt sur lui l'attention publique ; aussi fut-il, en 1814, nommé secrétaire général de M. de Montesquiou, ministre de l'intérieur. Après avoir été pendant quelque temps professeur au collége de France, il fut nommé député en 1829, ministre de l'instruction publique en 1830 ; il a successivement, jusqu'en 1848, occupé divers ministères.

Ce n'est pas ici le cas de faire de la politique et de juger les actes de cet homme d'Etat, mais tout en reconnaissant son talent oratoire et son intégrité, on peut lui reprocher l'aveuglement qui l'empêcha de faire concéder par le roi Louis-Philippe les réformes réclamées, et l'on peut dire que c'est lui qui fut la cause de la révolution de 1848 et de la chute de Louis-Philippe.

Depuis ces événements, M. Guizot vécut dans sa retraite de Val-Richer jusqu'en septembre 1874, époque de sa mort.

Les ouvrages les plus importants publiés par lui sont :

L'Histoire de France — l'Histoire de la Révolution d'Angleterre sous Charles Ier et Cromwel — l'Histoire générale de la civilisation en France et en Europe (1828) — Essai sur l'histoire de France (1824) — Méditations et Etudes morales — Etudes sur les Beaux-Arts — Dictionnaire des synonymes — Histoire des origines du gouvernement représentatif et des institutions politiques de l'Europe, depuis la chute de l'empire romain jusqu'au xiv⁰ siècle — Monck — Washington — Sir Robert Peel — Corneille et son temps — Shakespeare et son temps — Mémoires pour servir à l'histoire de mon temps — etc.

RUE HENRI IV.

Allant du chemin de Générac à la rue de la Casernette

1ᵉʳ canton. — Section 12.

Niveau 45ᵐ,50,42ᵐ,89.

Cette rue est de création toute moderne, elle n'offre donc aucun intérêt archéologique et ne doit son nom qu'à la classification qui fut adoptée en 1824 par le conseil municipal; ainsi que nous l'avons déjà dit plus haut, toutes les rues de ce quartier durent porter des noms de rois et de reines de France, et celle dont nous nous occupons reçut d'abord celui qu'elle porte aujourd'hui, mais à un certain moment, la flatterie étant de toutes les époques, on la désigna sous le nom de rue *Madame*.

Pour être fidèle au plan que j'ai adopté et au but que j'ai voulu poursuivre en publiant ces notes, je me bornerai à donner ici une biographie des plus succinctes du souverain qui eut toujours en grand souci le bonheur de son peuple et qui eût voulu que ses sujets pussent chaque dimanche *mettre la poule au pot*.

Henri IV dit le Grand, né le 13 décembre 1553, fils d'Antoine de Bourbon, duc de Vendôme et de Jeanne d'Albret, reine de Navarre, descendait de Robert, comte de Clermont, cinquième fils de saint Louis et était l'héritier légitime de la couronne de France à l'extinction de la famille de Valois ; — sa mère l'éleva dans la religion réformée ; — il apprit l'art de la guerre sous l'amiral Coligny ; — après le traité de Saint-Germain (1572) il se rendit à Paris où il épousa la sœur du roi, Marguerite de Valois et ne put cependant échapper au massacre de la Saint-Barthélemy qu'en se faisant catholique. Malgré sa soumission, il fut gardé à vue et ne parvint à s'évader qu'en 1576. Alors il revint à son ancien culte et se remit à la tête du parti huguenot.

De nombreux succès et notamment une victoire remportée à Coutras sur Joyeuse (1587) et le courage, l'habileté, la franchise et la générosité dont il donnait tous les jours des preuves, lui firent bientôt un grand nom.

Après avoir fait sa paix avec Henri III, il vint assiéger Paris pour y faire rentrer ce prince, et à la mort de ce dernier, il fut reconnu roi de France par une partie de l'armée le 2 août 1589 ; mais la défection d'un grand nombre de catholiques le força de lever le siège de Paris. Deux victoires remportées à Arques et à Ivry (1590) relevèrent ses affaires ; il reprit le siège de Paris, mais dut le lever encore à l'approche de l'armée espagnole commandée par le duc de Parme.

Malgré son courage et ses habiles manœuvres, la guerre eût duré peut-être longtemps encore si Henri IV n'eût abjuré le calvinisme. Cette abjuration eut lieu en 1593 ; on lui prête à ce sujet ce propos : Paris vaut bien une messe.

En 1598, Henri publia l'Edit de Nantes, par lequel il assurait aux calvinistes la liberté religieuse avec d'importants priviléges ; et, dans la même année, il signa avec le roi d'Espagne la paix de Vervins. Depuis lors, il donna tous ses soins au gouvernement de ses Etats et ne s'occupa qu'à guérir les plaies de la guerre civile.

Les finances, dirigées par Sully, devinrent prospères ; le commerce, l'agriculture, les arts, furent protégés ; la France fut heureuse, mais ce bonheur ne dura pas longtemps, car Henri IV fut frappé d'un coup de couteau par le fanatique Ravaillac, le 14 mai 1610, sur le Pont-Neuf.

Ce prince, surnommé par la postérité le bon Henri, n'est pas moins connu par sa galanterie que par ses qualités guerrières et politiques. Il eut plusieurs maîtresses, dont la plus célèbre est Gabrielle d'Estrées. Outre son mariage avec Marguerite de Valois qui fut déclaré nul en 1599, Henri avait épousé Marie de Médicis en 1600. Il eut pour successeur son fils, Louis XIII.

RUE DE L'HORLOGE.

Allant de la place de la Comédie à la rue des Tondeurs

2e Canton. — Section 6.
Niveau 49^m49, 47^m23.

Cette rue s'appelait autrefois rue du Département parce qu'en 1789 les religieux Augustins qui avaient fait un couvent de la Maison-Carrée furent supprimés, et ce magnifique monument fut affecté au service de l'administration centrale du département. Plus tard elle prit le nom de la rue de la Colonne à cause de la découverte d'un très-beau fragment de colonne trouvé dans les fouilles voisines. Ces deux appellations s'appliquèrent à la partie de la rue allant de la place de la Maison-Carrée aux Quatre Coins Saint-Véran ; l'autre portion allant jusqu'à la rue des Tondeurs et des Petits Souliers ou Savaterie, s'appelait rue de l'Horloge. Aujourd'hui ce dernier nom s'applique seul à la rue dans toute sa longueur.

En 1410 et le vendredi 22 août, il intervint un accord entre les consuls et les chanoines de la cathédrale par lequel prit fin le différend qui existait entre eux sur l'usage de la cloche de la cathédrale.

On voit par l'exposé de cet acte que Gaucelme de Deaux, ancien chanoine de Nîmes, évêque de Maguelonne, avait donné une grosse cloche aux habitants de Nîmes pour être employée à sonner les heures ; que cette cloche avait été placée dans le clocher de la cathédrale où elle servait non-seulement à l'usage de la ville mais aussi pour sonner les offices, que néanmoins quelqu'un des chanoines l'avait malicieusement endommagée, qu'à la vérité on l'avait réparée mais très-imparfaitement.

Les consuls s'étant plaint et réclamant la possession de ladite cloche comme ayant été donnée à la communauté dans un but d'utilité publique, il fut convenu : 1° que la cloche en question serait remise aux consuls avec les roues, les ferrures et tout l'attirail de l'horloge ; 2° que les consuls feraient bâtir une tour à l'hôtel de ville pour l'y placer et servir à sonner les heures; 3° qu'ils seraient obligés d'y tenir une horloge publique à perpétuité pour l'usage des habitants ainsi que pour celui de l'Eglise ; 4° que les chanoines et les gens de l'Eglise auraient à l'avenir l'entrée franche des vins qu'ils retiraient de leurs bénéfices ou de leurs patrimoines situés hors du territoire de Nimes, ainsi que les religieux mendiants pour les vins de leurs quêtes (1).

Cet accord se passa dans le cloître de la cathédrale, devant le charnier, et fut fait sous les yeux et par la médiation de Pierre d'Ogier, doyen d'Evreux, conseiller du roi, et de Pierre Montaigu, licencié ès-lois, lieutenant du Sénéchal de Beaucaire. Celui-ci donna en même temps la permission aux consuls de faire construire la tour nécessaire pour y placer l'Horloge. Cette tour fut terminée en 1412 (2).

En 1434 le roi Charles VII renouvela la permission donnée aux consuls d'avoir une cloche sur le beffroi de l'hôtel de ville.

L'horloge étant hors de service, les consuls traitèrent en 1592 avec un horloger et un serrurier de Nimes pour la remplacer. Ceux-ci se chargèrent de « faire une horloge neuve, » excepté le timbre, à la façon d'Allemagne, » avec les roues et tout le mouvement néces-

(1) Voir Archives départementales. — Série G, n° 185.

(2) Ménard, Preuves, Chartes XLV.

» saire, aussi forte et aussi épaisse que la pré-
» cédente, d'y placer les armoiries de la ville,
» le millésime et l nom des consuls en char-
» ge, de hausser davantage le marteau, de fa-
» çon que les heures fussent mieux entendues
» qu'auparavant, de couvrir le timbre de fer
» blanc dans la hauteur et la largeur qu'il
» conviendrait et enfin de placer une girouet-
» te dessus, le tout dans l'espace de quatre
» mois, au prix de cent vingt écus sols, va-
» lant 360 livres tournois ».

Nous voyons figurer dans l'état des dettes de la ville, vérifié par les Etats du Languedoc en 1610, un article de 150 livres 10 sous au sieur Dubois, guetteur de la tour de l'horloge *tant pour le feu que pour le rabat des heures* (1).

En 1752 les directeurs de l'hôpital général auxquels les consuls avaient cédé l'ancien hôtel de ville devenu plus tard la maison du refuge, vendirent cette maison à un marchand de Nimes, nommé *Pieire*. Celui-ci craignant l'écroulement de la tour, porta sa réclamation devant l'intendant, qui ayant fait examiner la chose par des experts, reconnut qu'en effet cette tour menaçait ruine ; en conséquence, le conseil de ville délibéra, le 23 mai 1752, de la faire démolir pour être ensuite rebâtie suivant le plan et devis dressé par l'architecte Dardaihion.

Ce devis portait que la nouvelle tour formant un carré long comme l'ancienne, serait élevée de 15 toises au-dessus du rez-de-chaussée, que les murs en seraient terminés par un

(1) Voir Archives départementales. — Série C, nº 751.

entablement composé d'architecture, de frise et de corniche ; que sur cet entablement, il y aurait une balustrade en forme d'entrelacs ovales qui règnerait dans tout le pourtour ; que là, seraient mis et posés sur une voûte dont le dos serait à niveau de la corniche, le timbre et les pièces de fer qui le supportent, et enfin que le haut de l'escalier pratiqué dans la tour serait couvert par une petite coupole élevée de deux pieds au-dessus de la balustrade.

C'est cette même tour qui existe aujourd'hui, et l'on voit au-dessus de la porte d'entrée qui est dans la rue du Refuge l'inscription suivante : *Turris reedificata horlogium instauratum anno M. D. CC. LIII.*

Dans la maison Bardon, située vis-à-vis la Banque de France, on voit deux cariatides qui supportent l'escalier ; on les attribue à Puget.

La portion de cette rue qui est immédiatement derrière la Maison Carrée n'a été ouverte qu'en 1788. A cette époque, la Maison Carrée servait de couvent et d'église aux pères Augustins et les constructions qu'ils avaient adossées contre ce monument venaient en même temps s'appuyer contre les remparts. Les consuls, comprenant qu'il était utile d'ouvrir un débouché entre la ville et le nouveau faubourg de la Fontaine, qui était de création toute récente, décidèrent l'ouverture de cette rue.

A ce sujet, voici l'accord qui intervint entre la ville et les RR. PP. Augustins tel qu'il fut expliqué dans la séance du conseil de ville du 4 septembre 1788 :

« M. le premier consul a dit que messieurs
» les commissaires des travaux publics s'étant
» rendus au couvent des RR. PP. Augustins
» avaient examiné en exécution de la délibé-
» ration du 4 août dernier l'emplacement de
» la nouvelle rue qui doit être ouverte entre
» ledit couvent et la maison du sieur Triaire ;
» qu'ils s'étaient convaincus de la nécessité de
» démolir les lieux communs du couvent, les-
» quels avançant au-delà de la façade laté-
» rale obstruaient le local de la nouvelle rue
» tracée dans le plan approuvé par Sa Ma-
» jesté ; — que les travaux des acqueducs
» doubles se trouvant presque achevés dans
» cette partie, il était essentiel d'ouvrir
» promptement ce nouveau débouché avant de
» travailler à la construction des aqueducs
» doubles de la porte de la Madeleine, qu'au-
» trement on intercepterait la communication
» de la ville avec le faubourg de la Fontaine,
» mais qu'avant d'ouvrir la nouvelle rue, il
» fallait traiter préalablement avec les RR.
» PP. Augustins ; que ceux-ci, sentant la né-
» cessité de la démolition du bâtiment à eux
» appartenant qui avançait dans la nouvelle
» rue, avaient consenti qu'il fût démoli et
» que l'on transférât ailleurs les lieux com-
» muns du couvent, sous la condition que la
» communauté se chargerait des frais de la
» démolition et de la reconstruction ; mais
» comme ces travaux doivent se faire dans
» l'intérieur du couvent, on a cru devoir pro-
» poser aux RR. PP. Augustins de se char-
» ger eux-mêmes à forfait de la susdite répa-
» ration ; qu'après une longue discussion on
» avait fixé le total de dépense à 300 livres

» payables après la définition de l'ouvrage et
» l'ouverture de la nouvelle rue, ce que lesdits
» religieux ont accepté, et comme cet arran-
» gement paraît avantageux pour la commu-
» nauté, puisque d'après un premier aperçu
» la dépense devait se porter à 600 livres,
» Messieurs les commissaires s'empressent
» d'en faire part à l'assemblée qui est priée de
» délibérer. — Sur quoi l'Assemblée adopte,
» etc... » (1).

La maison qui fait le coin de la rue du Grand-Couvent et qui appartient aujourd'hui à M. de Gonet était au XVII° siècle la propriété de François Graverol, avocat et archéologue qui avait rassemblé dans sa maison un assez grand nombre d'inscriptions dont quelques-unes se voient encore. Voici les principales citées par Ménard.

D.M.   (2)

HELVIAE HELVIS

F. VALERIAE

M. VALERIVS

MAXIMVS

M. NVMERIVS

MARTIALIS

H. P.

Aux Dieux Manes d'Helvia Helvis fille de Valeria Marcus Valerius Maximus et Marcus Numérius Martialis a placé là ce monument.

(1) Voir Archives de l'hôtel de Ville L. 47. page 21.
(2) Voir Ménard t. 7 n° 5

(1)   L. CAECILIO ATRO   (*a disparu*)
EX TESTAMENTO

A Caecilius Atro, d'après son testament.

On voit que c'est ici un moment élevé d'après l'ordre du défunt qui craignant sans doute l'ingratitude de ses héritiers leur a imposé l'obligation de consacrer sa mémoire au moins par une inscription.

I̅III̲I VIR AVG. Q. SCARIVS   (2)
RVFINVS SIBI ET SVIS
V. P.

Quintus Scarus Ruffinus Sexvir Augustal a élevé ce monument pour lui et pour les siens.

CN. POMPIVS CN. F. MAXIMVS   (3)
FONTANVS SIBI ET
C. N. POMPIO C, N. F. MAXIMO AVO
ET. C. MARIO PATRI
EX TESTAMENTO

Cornélius Pompius et Cornélius Fabius Maximus Fontanus a donné ordre par son testament d'élever ce monument à sa mémoire et à celle de Cornélius Fabius Maximus, son aïeul, et de Cornélius Marius son père.

(1) Voir Ménard t. 7 n° 14.
(2) Voir Ménard t. 7 n° 71.
(3) Voir Ménard t. 7 n° 46.

MANIB (1)	Aux Dieux Manes
Q. DECII	de Quintus Décius
SENECIONIS	Senecion

D. M. (2)	Fabia Vina aux Dieux
TERTVLIAE	Manes de Tertulia
SVCCSSI	son héritière et pour
F. VINA SIB	elle-même a élevé ce
POSVIT	monument.

Dans la maison de Possac qui fait l'autre angle de la rue du Grand-Couvent on remarque l'inscription suivante au-dessus de laquelle sont sculptés deux bustes en demi-relief, l'un d'homme et l'autre de femme ayant les épaules couvertes d'une robe à la Romaine :

TVLIAE THALLVSAE	Lucius Julius Hesychus
IIIII VIR AVG	Sexvir Augustal aux
L. IL HESYCHVS CONTVB	Dieux manes de Julia Thallusa son compagnon.

En passant dans cette rue, l'attention du touriste est forcément attiré par la vue d'une porte très-bien sculptée qui donnait accès dans la maison du sieur de Saint-Véran. Ce nom qui a été donné au carrefour situé au point de jonction des rues du Grand-Couvent et de l'Horloge, était celui de François de Montcalm, seigneur de Saint-Véran, qui a joué un rôle important dans l'histoire de Nimes. Ménard nous apprend qu'en 1560 il fut

---

(1) Voir Ménard t. 7 n° 49.
(2) Voir Ménard t. 7 n° 46.

un des trois commissaires chargés par la ville d'aller exposer au roi la situation de la ville de Nimes dans laquelle la religion réformée avait fait des progrès très-rapides, et tout en défendant cette nouvelle doctrine de témoigner au roi le respect et le dévouement qu'on avait pour sa personne et son autorité.

A cette même époque, afin de maintenir l'ordre dans la ville, on élut quatre habitants pour être capitaines ou chefs, chacun de cent hommes ; ces quatre chefs furent Robert Brun, écuyer, seigneur de Castanet ; François Barrière, écuyer ; Bernard Arnaud, seigneur de la Cassagne ; et Jean Abraham, bourgeois. Comme surintendants de ces quatre cents hommes, le conseil de ville nomma le seigneur de Saint-Véran et le sieur Dolon.

C'est alors que pour la première fois, nous voyons paraître une mesure de police qui, vu l'état de trouble dans lequel se trouvait la ville, avait une grande importance ; je veux parler de l'établissement dans certains carrefours de lanternes afin d'éclairer les rues la nuit. La décision du conseil porte que « des
» lanternes placées à certains endroits dési-
» gnés seront attachées par des cordes aux
» maisons voisines ; qu'elles seront garnies
» toutes les nuits par les voisins, chacun par
» ordre, sur le mandement des maîtres de
» maisons où seront attachés les bouts de la
» corde, soit d'une chandelle du poids d'un car-
» teron au moins, soit d'une lampe garnie
» suffisamment d'huile et de coton pour durer
» toute la nuit ; que ceux qui manqueraient
» de les garnir à leur tour, payeraient vingt-
» cinq sols d'amende pour chaque fois, et que

» les maîtres des maisons où seront attachés
» les bouts de la corde payeraient la même
» somme s'ils manquaient de les faire gar-
» nir. »

Cet ordre était indépendant de celui qui avait été précédemment publié, d'éclairer les façades de toutes les maisons dès qu'il survenait quelque rumeur ou désordre pendant la nuit.

La maison du sieur de Saint-Véran fut désignée la première pour avoir une lanterne au milieu du carrefour.

C'est dans cette maison que se tint le 2 février 1562 le synode général des Eglises réformées de la Province; cette réunion dura jusqu'au 11 du même mois et se termina par la cène que firent tous les ministres qui formaient le synode (1).

Ménard indique les deux inscriptions suivantes comme se trouvant dans cette maison :

D. M. I̅IIII̅I VIR. AVG. Q. AVRELIO HERMAE VESTIAI... I̅IIII̅I VIR, AVG. POLITICUS PHOEBUS RESTITUTUS. LIB. ET SYNTICHE LIB.	Aux Dieux manes de Quintus Aurelius Hermes sexvir Augustal tailleur (ou marchand d'habits), les sexvirs Augustaux Politicus, Phœbus et Restitutus ses affranchis.

On voit par cette inscription que les affranchis pouvaient obtenir la distinction de sexvirs ou prêtres augustaux.

(1) Voir Ménard, t. 4, page 310, nouvelle édition.

Ce fut l'empereur Tibère, selon le témoignage de Tacite qui imagina ce genre de sacerdoce après la mort d'Auguste et pour éterniser la mémoire de ce prince. Ces prêtres portèrent à Rome le titre de compagnons augustaux, *Sodales Augustales*, et étaient au nombre de vingt-cinq, mais ils n'étaient que six dans les villes des provinces romaines, ce qui fit donner à ceux-ci le titre de *sevirs, seviri* ou *sextumviri* exprimés sur les monuments par les signes IIIIII VIR; on y joignit aussi le titre d'augustaux, *Augutales*, parce qu'ils étaient principalement destinés à avoir soin des jeux et des spectacles qui se faisaient en l'honneur d'Auguste.

La seconde inscription signalée par Ménard, et dont comme de la première il n'existe plus aucune trace visible, portait :

D. M.	Aux Dieux mânes de
IIIIII VIR. AVG.	Caius. Vettus Ermesus
C. VETTI ERME·IS	sexvir augustal, Julia
IVLIA FVSCINA	Fuscina son épouse.
VXOR.	

Avant que le marteau des démolisseurs ait fait complétement disparaître la façade de l'ancien hôtel de Pierre Scatisse, situé dans la rue du Grand-Couvent, et la porte ogivale audessus de laquelle on voit encore un écusson représentant une croix émergeant au-dessus des flots, nous devons constater que ce même écusson se retrouve au bas d'une tourelle située dans la cour du n° 10 ce qui prouve que cet immeuble qu'on désignait autrefois sous le nom de la Grande-Maison méritait réellement ce titre par l'espace qu'elle occupait.

Quelques pas plus loin nous rencontrons l'hôtel de la succursale de la Banque de France, dont la construction remonte à 1856.

RUE DE L'HOTEL-DIEU.

Allant de la rue Porte-de-France au Cours-Neuf.

1ᵉʳ Canton. — Section 10.
Niveau 49ᵐ68. — 44ᵐ74.

L'origine de l'Hôtel-Dieu remonte à 1313, et l'on en fut redevable à la libéralité d'un pieux citoyen nommé Raimond Ruffi, qui consacra à cette œuvre une bonne partie de ses biens.

A cette époque il existait déjà à Nimes un hôpital au quartier de Font-Couverte, qu'on appelait Maison des malades ou *maladrerie*, dont il est parlé dans le testament d'un citoyen de Nimes, nommé Etienne Audemard, du 2 novembre 1270, qui lui lègue six deniers tournois (1), et un autre désigné sous le nom d'*Hôpital des pauvres de Méjean*, du nom du quartier de la ville où il était situé soit près de la Trésorie-Royale; on le trouve mentionné dans le même testament du sieur Audemar, pour un pareil legs de six deniers tournois.

A propos de ce dernier hôpital, Ménard nous apprend que l'évêque Gilles de Lascours conféra le 14 décembre 1418, la rectorie

---

(1) Voir les archives des Récollets de Nimes.

de l'hôpital de Notre-Dame-de-Méjans, à Jacques de Nimes, rectorie qui était vacante par la mort de Pierre de Nimes, son frère, qui était prêtre.

Les termes du serment que ce recteur dut prêter sur les Saintes-Evangiles, entre les mains du prélat, nous ont été conservés et méritaient d'être mentionnés comme document historique.

Il promit de conserver à l'évêque de Nimes l'obéissance et la fidélité, d'exécuter avec ponctualité tous ses ordres et ses mandements ainsi que ceux de ses officiers; de régir avec soin et vigilance les biens de cet hôpital ; de faire une dispensation exacte et fidèle de ses revenus au profit et à l'usage des pauvres de la maison ; de n'en jamais rien aliéner ; de s'employer au contraire de tout son pouvoir à y faire rentrer les biens qui pouvaient en avoir été dissipés, de donner tous ses secours soit spirituels soit temporels aux pauvres confiés à ses soins conformément aux intentions du fondateur et des bienfaiteurs de cet établissement ; d'en entretenir, d'en améliorer même les bâtiments, les domaines, le moulin, les meubles; de faire, en y entrant, un inventaire exact des titres et des meubles de la maison pour le remettre à ce prélat ou à ses officiers, de lui rendre compte de son administration dès qu'on le lui demanderait de sa part ; de prier Dieu pour l'aîné de ceux qui avaient fondé la maison ainsi que de ceux qui par leurs dons et par leurs libéralités en avaient augmenté les biens ; de se conformer enfin à tout ce qui était prescrit par le second chapitre du titre des Clémentines intitulé *de religiosis domibus*, qui était un décret donné par le pape Clément V, au concile général de Vienne, tenu en 1311, sur les obligations de ceux qu'on préposait en qualité de recteurs au gouvernement des hôpitaux.

En 1483 il existait en dehors des murs de la ville un hôpital dit *des Chevaliers*, près de l'ancienne porte Romaine appelé Porte-Couverte, appartenant à *Guillaume du Pont de Vézénobres*.

Afin d'éviter la contagion des épidémies, les consuls décidèrent l'acquisition de cet hôpital et la vente de toutes les maisons de charité renfermées dans l'enceinte de la ville à l'exception de l'hôpital Saint-Marc qui appartenait au chapitre de la cathédrale et qui était destiné aux femmes en couches non atteintes de la peste, et de celui de Sainte-Croix situé dans l'intérieur de la ville. L'acte de vente fut passé le 6 mai 1483 et confirmé par l'évêque Jacques II de Cauler, et par le sénéchal Antoine de Châteauneuf du Lau. L'hôpital Sainte-Croix fut destiné aux écoles publiques.

L'hôpital de Notre-Dame-de-Méjean fut vendu le premier ; les lits des hôpitaux de la Madeleine, de Saint-Antoine et de Saint-Jacques furent transportés dans l'hôpital des Chevaliers.

En 1663, les sœurs de Saint-Joseph établies à Moulins furent chargées de la surveillance de l'hôpital de l'Hôtel-Dieu par suite d'un accord intervenu entre l'évêque Cohon, les consuls et lesdites religieuses. Les principales conditions de cet accord étaient que les consuls et les administrateurs leur fourniraient le logement, une chapelle avec un chœur et une double sacristie, accompagné des cours et jardins nécessaires ; qu'ils entretiendraient un prêtre qui leur administrerait les sacrements à elles et aux pauvres, et dirait la messe tous les jours à huit heures ; qu'on ne recevrait dans l'hôpital aucun pauvre atteint de maladie contagieuse ou incurable, ni aucun insensé, non plus que des femmes enceintes, ni des enfants au-dessous de trois ans ; et que les religieuses seraient exemptes de toutes les impositions concernant les péages et passages pour tout ce qui se consommerait ou serait nécessaire à leur communauté ou à l'hôpital.

Les cinq premières religieuses installées le 27 mai 1663 furent : Anne Aubert de Clairanny, supérieure ; Jeanne le Royer, Marguerite Renard, Lésine Bérault et Renée le Roi.

Cet établissement fut solennellement confirmé le mercredi 28 octobre 1665, dans une assemblée des administrateurs de l'Hôtel-Dieu, qui se tint à ce sujet à l'évêché en présence du prince de Conti. Il fut de plus arrêté :

« Qu'on laisserait aux sœurs l'usage de
» l'église de l'Hôtel-Dieu, du chœur et d'une
» double sacristie qu'on avait fait bâtir de
» nouveau, ainsi que de trois chambres construites au-dessus du chœur ; qu'on leur donnerait outre cela, un terrain qui faisait partie
» de l'enclos de l'hôpital pour y bâtir le logement dont elles avaient encore besoin ; que
» pour les aider à faire ces bâtiments, on
» leur compterait la somme de douze mille
» livres, qu'elles avaient demandée ; que la
» lampe de l'église serait entretenue de

» l'huile de l'hôpital ; que le prêtre destiné
» pour le service de la maison serait tenu
» d'en acquitter les obligations, à raison des
» fondations des hôpitaux, des chapellenies et
» des confréries unies à l'Hôtel-Dieu ; qu'el-
» les auraient la liberté de changer de prêtre
» après en avoir eu l'approbation de l'évê-
» que, et en avoir communiqué avec le bu-
» reau ; qu'elles fourniraient aux pèlerins et
» autres passants les choses nécessaires, du
» fonds de l'hôpital ; qu'elles seraient tenues
» de servir la maison au nombre de six au
» moins, de manière que si leur communauté
» était au-dessous de ce nombre, elles y
» suppléeraient à leurs dépens ; que la
» permission d'enterrer dans leur église
» s'accorderait du commun consentement
» des religieuses et du bureau ; qu'elles ne
» pourraient jamais se départir, sous
» quelque prétexte que ce fût, du servi-
» ce des pauvres, ni se dispenser des obli-
» gations de leur institut, ni être transférées
» ailleurs par l'évêque ou autrement, et qu'en
» cas de retraite de leur part, les fonds et les
» bâtiments acquis des deniers de l'hôpital,
» ainsi que les ornements et autres choses
» qu'elles auraient, ayant appartenu à la
» maison, même les augmentations qu'elles
» pourraient y avoir faites de leurs propres
» deniers, demeureraient à l'hôpital, et enfin
» que s'il survenait quelque différend entre
» elles et les administrateurs sur l'exécution
» de tous les articles convenus, la décision en
» appartiendrait au bureau. » (1).

(1) Voir Ménard, t. 6, p. 164.

La première pierre du couvent, construit dans leur enclos, fut posée le dimanche 29 septembre 1669, par l'évêque Cohon en présence des consuls en chaperon et de plusieurs conseillers de ville (1).

Cet établissement qui depuis 1313 est toujours resté sur le même emplacement, a cependant subi des modifications et des agrandissements successifs ; il a été restauré d'après les plans de M. Charles, architecte de la ville, au commencement de ce siècle.

Le conseil d'administration qui le gère, se compose de :

M. le maire de Nimes, président-né.

Le plus ancien curé de la ville et un pasteur délégué par le Consistoire, membres de droit et de cinq membres élus.

Le personnel se compose d'un secrétaire, d'un receveur, d'un économe, de deux chirurgiens en chef, de deux médecins en chef, de quatre élèves internes, d'un aumônier et d'un pasteur.

(1 Voir Ménard: t. 6, p. 182.

RUE DE L'HOTEL-DE-VILLE.

Allant de la place du Marché à la place de l'Hôtel-de-Ville.

3e canton. — Section 11.
Niveau, 5m30, 44m55.

Cette rue s'appelait autrefois rue de la Romaine, car à côté du marché couvert qui a été démoli, en face à peu près de l'impasse qui est devant la maison Cler, se trouvait le poids public. Plus tard, elle prit celui de rue des Orfèvres à cause de la quantité d'industriels de ce genre qui sont venus s'y grouper. Cette réunion s'expliquait du reste par le voisinage de l'ancien hôtel de la Monnaie et de la Trésorerie qui se trouvait tout près. La maison de la Trésorerie appartenant au Roi, fut cédée à la ville le 15 septembre 1699 sous une albergue ou redevance annuelle et perpétuelle de 300 livres, à condition qu'elle se chargerait d'y faire à l'avenir toutes les réparations nécessaires. Le contrat d'inféodation de cette maison fut passé le 1er août et la prise de possession fut fixée à la Saint-Michel 1700 (1). C'est là l'époque primitive de l'installation de l'Hôtel deville dont on se sert encore aujourd'hui et qu'on a depuis considérablement augmenté à diverses époques. Les dernières réparations d'une certaine importance remontent à l'année 1837, elles consistèrent alors en l'adjonction d'une aile entière et d'une fenêtre de plus à

---

(1) Voir aux archives départementales, série C, n° 1020, l'acte d'inféodation de la maison de la Trésorerie.

l'ancienne partie du bâtiment. Ces réparations s'élevèrent alors au chiffre de 60,000 fr. C'est en 1849 que la porte actuelle en bois, fer et panneaux en fonte a été placée. L'achat en avait été fait sous l'administration précédente, M. Ferdinand Girard étant maire. L'étranger qui visite ce monument est toujours singulièrement surpris de voir dans le grand escalier quatre crocodiles suspendus au plafond, et sur la présence desquels plus d'un Nimois serait fort embarrassé de donner une explication satisfaisante. Quelques-uns savent bien que François 1er, lors de son passage à Nimes en 1533 changea les armoiries de la Ville et substitua au *thoreau d'or* un *crocodile à la palme enchainé et un chapelet de laurier en icelle pensile*, mais bien peu connaissent l'histoire de ces quatre amphibies.

M. Charles Liotard, dans une intéressante étude, nous rend compte de l'origine de ces animaux qui se sont d'abord balancés sur la tête de nos édiles dans la salle même de leurs délibérations, et qui, accrochés ensuite dans une antichambre, paraissent maintenant s'être immobilisés sous le comble du grand escalier. Je ne saurais donc mieux faire que d'emprunter à cette Savante notice les détails suivants :

Lorsqu'en 1851-52 sous l'administration de M. Vidal, maire de Nimes, on fit des réparations à l'Hôtel-de-Ville, on enleva des combles, où ils disparaissaient sous une large couche de poussière, les quatre crocodiles, véritable palladium des Nimois, et après les avoir repeints à neuf, on les suspendit à l'endroit où ils sont aujourd'hui. On s'aperçut alors que chacun de ces animaux portait atttachée sous le ventre une légende explicative, en guise d'acte de naissance, inscrite sur une plaque de tôle en lettres rouges et noires. Voici ces inscriptions dont la première lettre de chaque mot est peinte en rouge.

1597

DV CONSVLAT
DE MESSIEVRS
NOBLE LOVIS DE
MOMCAMP SEIGNEVR
DE SAINCT VERAN.
ANTHOINE DVPRIX
BOVRGEOIS
OLIVIER LATEVLE
MARCHAM
GVILHAVMES REVERGAT
LABOVREVR.

1671

DV CONSVLAT
DE MESSIEVRS
NOBLE FRANÇOIS DE
GEVAVDAN SIEUR
DE ROQVECOVRBE
PIERRE FAVQVIER BOVRGEOIS
ANTHOINE COVRBESSAC
GREFFIER
CLAVDE ESTIENNE
S^T ANDRÉ TAILLEVR DHAB. .
OVVRIERS
PIERRE ESCOT BOVRGEOIS
CLAVDE BORRELLI MARCH.

1692

DV CONSVLAT
DE MESSIEVRS
NOBLE GVILLEAVME DV
NOIER ANTHOINE
SAVTEL BOVRGEOIS
EMMANVEL MARIGNAN
MARCHANT ET CLAVDE
DVRAND MENAGER
ESTANS OVVRIERS
RAYMOND CHASTANG
BOVRGEOIS ET GEDEON
BASTID M^E CHIRVRG...

1703.

Ce Crocodile A Esté Donné A La Ville Par S^R Abraham Povssielgve Mar^T Natif De Cette Ville Residan A Malthe Et Transporté Par Les Soingz De S^R Jean Avvellier Mar^T Bovrgeois Assessevr De La Seconde Échelle
Estant Maire Messire Iacques De Vivet De Montcalm Marqvis De Montolvs Tresqve La Bartalasse Et Avtres Places Con^{ER} Dv Roy President Ivge Mage Et Liev^T Gen'al De Police De La Dicte Ville
Dv Consvlat De Mess^{RS} M^E Pierre Pison Con^{ER} Dv Roy Av Pre'al Et Assessevr Gvilhavmes Boissiere Procvrevr Antoine Notaire M^E Chirvrgien Et Pierre Fovrnier Ménager

1703

Comme explication de ces diverses inscriptions, voici les documents contenus dans les archives municipales. La première pièce qui en fait mention est comprise dans un des registres portant le titre d'*Actes et contrats* : C'est un acte d'acquisition à la date du 1er août 1671 passé entre le conseil de Nimes et les sieurs Ménard et Alamel et dont voici le texte :

Achaipt du troisiesme croquedille

L'an mil six cens septante un et le premier jour du mois d'aoust apres midy regnant tres chrestien Prince LOUIS par la grace de Dieu Roy de France et de Nauarre par deuant moy no^{re} royal soubs^{ne} et tesmoingz aprés nommés establis en personne sieur Raymond Menard et Leon Alamel merchants et compagnie Lesquels de leur gré en consequence de la desliberaõn prinze par Messrs les Consuls assistes daucungz des princip^x Cons^{llers} au Cons^l politique ordinaire de ceste ville en execuõn du traitté faict entre les parties ont faict vente à Messieurs noble Françoys de Gevaudan sieur de Roque Courbe Pierre Fauquier bourgeois Anth^e Courbessac greffier et Claude Estienne St André tailh^r d'habits premier second troisième et quatri^e Consulz de ceste ville de Nismes la présente année en la d^e qualité pour et au nom de la ville et comm^{té} stipulant et acceptant d'un crocodille de la longoeur de quatorze pans et de grosseur a proportion que les dits sieurs Menard et Alamel ont faict aporter en ceste ville de la ville de Marceilhe ou ils font leur residance. Et lesd^{ts} sieurs Consulz achaipt^e iceluy pour le mettre et fere appendre dans la grand salle de la maîon consulaire pour le decorement d'icel'e et fere attacher a un poultre ensuitte des autres deux croquedilles quy y ont este cy deuant appendus. Le premier d'iceux en l'année mil cinq cens quatre vingts six estant consulz Messrs Anthoine Davin doct^r et adv^at Jacques de Baudan sieur de Vestric Jacques Guigou merchant et Louys Lombard laboureur Et le second en l'année mil cinq cens nonante sept estant Consulz Messrs Louys de Montcamp seig^r de Sainct Veran Anthoine Duprix bourgeois Olinier Lateule merchant et Guilhaumes Rovergat laboureur. Lesquels sieurs consulz desd. années auroient iuge a propos de recouvrer lesd. animaux pour fere entendre au peuple et habitant de lad. ville que les anciennes armoiries et enseignes de ceste ville ayant esté un coleuvre enchene a une palme et un chapeau de laurier en icelle pensile en champ de gueules et dauantaige escript en l^tres antiques majuscules ces deux mots COL : NEM : Lad. palme entre lesd. deux mots comme aparoissoict en des vieilhes et antiques medailles. Led. coleuvre palme et chapelet de synople comme plus aprochant du naturel d'iceux la chaine et les l^tres d'or le tout sur led. champ de gueules. Ils auroient obtenu la confirmaõn desd. armoyries par l^tres pattantes du Roy Franç premier d'heureuse memoire au mois de juin de l'annee mil cinq cens trente cinq a la poursuite (supplicaõn) de Messieurs Anthoine Arlier docteur et aduocat Jean Albenas bourgeois Mathieu Fazendier not^re Royal et Guilhaumes Forestier abour^r consul de lad. ville lad. année mil cinq cens trente cinq despuis lequel temps les sieurs Consulz de lad. ville ont este soigneux de fere conserver lesd. animaux et Messieurs les consuls de la pres^nte année dachaiptez ce troisiesme desd. sieurs Menard et Alamel et compagnie pour le mesme effect et pour un plus grand deccrement de lad. maîon consulaire a la perpetuelle memoire de la chose publique Laquelle pres^te vente ont faict lesd. sieurs Menard Alamel et comp^ie auxd. sieurs de Roque Courbe Fauquier Courbessac et Estienne St Andre Consulz modernes de lad. ville de Nismes au nom dicelle du susd. croquedille porte et rendu dans ceste ville et au devant la porte de la maîon consulaire en la forme susd. et en son entier moyennant le prix et somme de cent soixante cinq liures quest sa legitime valeur heu esgard au prix de leur achaipt et autres fraix et despences qu'il a convenu fere pour le fere porter en la ville de Marceilhe et de la en ceste ville payable jcelluy prix pretendu et laquelle dite somme de cent soixante cinq liures lesd. sieurs Menard Alamel et compagnie ont confessé avoir heue et reellement presentem^t receue desd. sieurs de Roque Courbe Fauquier Courbessac et Estienne Sainct Andre Consulz de lad. ville et par les mains de sieur Jean Cassan bourgeois recepveur des deniers municipaux de lad. ville La courante année en Louys dor dargent et moneye sen sont tenus pour contens renonsant à l'exception contrair et dicelle somme de cent soixante cinq liures lesd. sieurs Menard et Alamel et comp^ie bien payes et satisfaicts pour ce que dict est en ont quitté et quittent les dits sieurs Consuls Ville et communauté le dit sieur Recepueur desd. deniers municipaux payant pour elle et tous ceux qu'il apartiendra auec promesse que jamais ne leur en sera faict demande et lesd. sieurs Consulz ont decclare auoir receu des mains desd. sieurs Menard Alamel et compagnie le susd. crocodile en son entier quils ont a linstant faict appendre le long d'un poultre de la grande salle de lad. maĩon consulaire et attacher à icelluy par des chenes quy ont ésté faictes neufves pour cest effet Et ce dessus ont lesd. parties promis de tenir garder et observer soubs les obligaõn jurements et renonciations a ce requises et necess^{res}. Faict et recitte aud. Nismes dans la maĩon consulaire presents à ce Me Jean Dumas Raymond Chastang habitants dud. Nismes avec parties et moy Ponce Ferrand not^{re} royal dudit Nismes soubsigne.

L'acquisition du crocodile qui porte la date de 1692 nous offre aussi des détails très-intéressants, ce qui me détermine à entrer dans quelques détails que je puise encore dans la brochure de M. Liotard.

Séance du conseil de ville ordinaire du Samedi treizième jour du mois de septembre mil six cents quatre vingts douze, etc....

Ledit Sieug Du Noyer premier Consul tant en son nom que de ses collègues a proposé que le Sr Raymond Menard Mar^t de Marseille ayant eu du leuant vn crocodile d'une grosseur extraordinaire l'auroit fait porter er la ville de Beaucaire pendant la tenue de la foire, où le dt sieur Du Noyer s'étant trouvé, le dt sieur Menard le seroit venu voir et après luy avoir fait voir led. Crocodille, il luy auroit proposé d'en faire faire l'acquisition par la ville : que ses armes étants un crocodile enchainé à un Palmer, et celuy cy étant plus gros que ceux quy sont dans l'hôtel de ville, cela seroit d'un plus grand embellissemant, en augmenteroit le nombre : qu'jl n'était pas d'un prix considérable et qu'il se contenterait que la ville se chargeast de payer à une fille qu'il a religieuse dans le petit couvent Sainte Ursulle de cette ville une pension annuelle de quinze livres pour sa vie seulement priant le Conseil de vouloir sur ce délibérer.

Sur quoy le Conseil ayant considéré que cette acquisition n'est pas d'une grande dépense pour la ville, attendu l'offre faite par le led Sr Menard, a délibéré que Messieurs les Consuls feront acquisition dud Crocodille et qu'ils passeront contract avec led sieur Menard par lequel ils se chargeront de payer la somme de quinze livres de pension annuelle à la sœur Jeanne Saint Louis de Menard sa fille religieuse dans led monastère du petit couvent Sainte Ursulle de cette ville, et ce pendant sa vie seulement.

Enfin le crocodile portant la date de 1703 a été offert à la ville par le sieur Poussielgue, négociant Nimois établi à Malte, et voici copie de la lettre par laquelle il en a fait présent aux officiers municipaux de sa ville natale :

Messieurs,

« Quoy que mon Comerce mait retenen de-
» puis plusieurs années dans ce pais. L'éloigne-
» ment, ni les longuers Du Temps n'ont fait au-
» cune Breche, sur lamour, que jai pour la pa-
» trie, et je ne desespère pas d'aller un jours
» jouir, du plaisier d'y gouter un parfaict re-
» pos, cepandant ayant esté informe, que vous
» aues construit une nouuelle maison de Ville,
» je veux avoir l'honneur de contribuer, au-
» tant que je puis à loiner, par un monument
» qui cellon que jespère ne vous desagreera
» pas, et pour cest esfet, je me suis aduise de
» fere venier Degipte, vn Crocodille, des plus
» grand quond à peut trouuer, jai este serui
» cellon que je le soiettes, ja prand Messieurs
» la liberté de vous l'offrier, comme vne mar-
» que de mon attachement, inuiolable, au
» bien de la patrie, et à vos personnes en par-
» ticuliers, Monsieur Jean Auueilliers mon in-
» time amy, aura la bonté de vous le présenter
» de ma part, agreés le, Messieurs, et faictes
» moi la Grace de le faire placer, ou vous ju-
» geres quil vous puisse seruier d'ornement
» dans vostre nouvel esdifice, qui cellon quond
» ma-sure est tres beau et digne de vos ap-
» plications infatigables, au seruice du public,
» qui est tousjours heureux soubs de magis-
» trats qui ont autant de probité et de vigi-
» lance que vous en aues, Je vous soiette
» Messieurs, et pour vostre communauté, et
» pour vos personnes en particuliers toutte
» sorte de prosperite, et je vous prie destre
» plainemant persuadés, que je rechercheraj,
» toutte ma vie auec emprecemant les occa-

» sions de vous faire conoistre que je suis auec
» un profonds respect, et un zèle inuiolable

Messieurs

Vostre tres humble : tres
obbeissant seruiteur »

POUSSIELGUE.

1702. Le 28° aoust à Malthe

On remarque à l'angle de la rue de l'Hôtel de Ville et de la rue de l'Aspic un fragment de sculpure représentant une colonne à laquelle vient se relier une guirlande de fleurs et de fruits. L'origine en est inconnue, elle pourrait provenir de la basilique de Plotine détruite par les Sarrasins et construite sur l'emplacement du Palais de Justice actuel, mais c'est là une simple conjecture de ma part.

RUE HUGUES-CAPET

Allant de la rue Saint-Pierre à la rue du Mail

1er canton. — Section 10.
Niveau 49m60, 47m15.

Cette rue, comme la plupart de celles des faubourgs modernes, n'offre rien d'intéressant. Elle doit son nom pompeux à la classification de 1824 dont j'ai déjà eu plusieurs fois l'occasion de parler.

Comme mémoire, je n'ai donc qu'à rappeler que Hugues-Capet, chef de la 3e dynastie des rois de France, fils de Hugues-le-Grand, était déjà duc de France et comte de Paris, lorsqu'en 987, après la mort de Louis V, dans une assemblée de ses vassaux, tenue à Noyon, il se fit proclamer roi au détriment de Charles, duc de la Basse-Lorraine, et oncle du feu roi. Il choisit Paris pour sa résidence, associa son fils Robert à la royauté (988), fit de nombreuses concessions au clergé pour se le concilier et marcha ensuite contre Charles de Lorraine qui avait été proclamé roi à Laon (988). Après quelques hostilités sans importance, la trahison de l'évêque Adalbiron lui livra Charles (991) qui mourut un an après dans la prison d'Orléans. Hugues mourut lui-même en 996, laissant la couronne à son fils Robert.

L'étymologie du mot Capet donné à Hugues, selon Ducange, vient du mot *Capetus* qui signifiait *railleur*; d'autres font dériver Capet de *capito*, grosse tête, ou de Chappet (*chappotus*, qui porte une chappe d'abbé), parce que Hugues-Capet et ses descendants portaient le titre d'*abbés* comme propriétaires de plusieurs abbayes, notamment de Saint-Martin-lès-Tours.

RUE IMBERT.

Allant de la rue Bachalas à la rue Rangueil.

2º canton. — Section 3.
Niveau 47ᵐ64, 47ᵐ35.

Nos édiles en donnant à la rue qui nous occupe le nom d'Imbert ont voulu honorer la mémoire d'un des hommes les plus richement doués par la nature, et sauver de l'oubli une personnalité qui un moment a joui d'une grande réputation. Mais, hélas ! combien de nimois pourraient dire aujourd'hui quels étaient les titres de leur concitoyen à cette distinction ? et n'est-ce pas le cas ou jamais de dire *sic transit gloria mundi* !

Nous trouvons dans Michel Nicolas les détails biographiques suivants :

« Barthélemy Imbert un des poètes les
» plus gracieux dont puisse se glorifier la lit-
» térature française, naquit à Nimes en 1747.
» Après avoir terminé ses études et obtenu
» quelques faciles succès dans sa ville natale,
» il fut entraîné à Paris par son goût pour
» les lettres et par l'espoir de s'y faire un
» nom. La réputation que s'était acquise Po-
» rat, dans la frivole société de cette époque,
» séduisait facilement un jeune homme qui,
» tout en aspirant à la gloire ne pouvait res-
» ter insensible aux attraits du plaisir. Il
» essaya de marcher sur ses traces, et il ne
» tarda pas à se distinguer parmi les jeunes
» auteurs qui alimentaient les journaux de
» leurs éphémères productions.

» Le poème du *Jugement de Pâris* qu'il
» composa à l'âge de vingt ans, fixa sur lui
» l'attention et fit concevoir de ses talents les
» plus grandes espérances (1). Peu d'auteurs,
» dit Sabatier dans ses *Trois siècles de la*
» *littérature française*, ont eu dans la carrière
» poétique un début aussi brillant ».

Malheureusement la réputation précoce que lui fit cette première production lui fut dan-

---

(1) V. Michel Nicolas, t. II, p. 365 et suivantes.

gereuse. Enivré de ce succès il négligea le travail et l'étude et ne justifia pas les espérances que cet heureux début avait fait concevoir ; son second poème *Grisélidis* fut bien inférieur au *Jugement de Pâris* malgré quelques passages heureux.

Ayant le travail très-facile, Imbert s'est essayé dans tous les genres ; des nombreuses pièces de théâtre qu'il composa, une seule est restée au répertoire, c'est *le Jaloux sans amour*. comédie en cinq actes et en vers libres, jouée pour la première fois en 1781. En 1790, il fit représenter une tragédie en cinq actes sous ce titre : *Marie de Brabant, reine de France*, mais elle eut très-peu de succès.

On doit à Imbert des *Fables nouvelles* (1773), des romans (*les Egarements de l'amour ou lettres de Fanny et de Milfort* 1776) des *Contes moraux* (1783) des *Anciens fabliaux* (1788) des *Historiettes en vers* (1771) ; un grand nombre de poésies publiées dans l'*Almanach des Muses* et dans divers journaux de cette époque ainsi que dans le *Mercure*, dont il devint plus tard le principal rédacteur.

La légèreté de l'esprit n'excluait pas dans Imbert les qualités du cœur ; « personne, dit » un de ses biographes, ne fut meilleur ami ; » il portait la générosité à l'excès, mais il eut » le tort bien excusable du reste, de compter » trop sur la reconnaissance de ceux qu'il » avait obligés. Aussi après avoir joui pen- » dant quelque temps d'une existence bril- » lante, il mourut à Paris dans un état voisin » de la misère, le 23 août 1790, à l'âge de 46 » ans ».

RUE DES INNOCENTS

Allant du boulevard Saint-Antoine à la rue Porte-de-France.

1ᵉʳ Canton. — Section 10.
Niveau ᵐ , ᵐ .

Ainsi appelée à cause de son voisinage avec l'ancien hôpital général dont le quartier affecté aux aliénés (aux innocents) se trouvait du côté de cette rue. Aujourd'hui, par suite de la nouvelle destination donnée à ce monument, c'est le mont de piété qui se trouve placé dans cette rue.

La création du mont de piété de Nimes, remonte à l'année 1787, et voici qu'elle en fut l'occasion : Nous lisons dans les délibérations du conseil de ville qu'à la date du trois décembre de cette année, M. Martin, premier consul maire, informa le dit conseil, « qu'un
» bienfaiteur qui a voulu garder l'anonyme a
» fait, en 1786, un don de dix mille livres par
» l'entremise de Monseigneur Balore, évêque
» de Nimes, pour la construction d'un aque-
» duc à l'effet d'amener une partie des eaux
» de la Fontaine à la place de la Boucarié ;
» que ce don a été accepté par la ville et que
» la somme en est déposée entre les mains de
» M. Rame, faisant la recette des tailles du
» diocèse ; que l'adjudication de cet aqueduc
» est faite et que l'autorisation s'en poursuit
» devant Monseigneur l'intendant ; que ce
» magistrat sans cesse occupé de tout ce qui
» peut intéresser cette ville et notamment le
» soulagement des pauvres à raison duquel il

» vient de donner la marque la plus éclatante,
» a fait connaître pendant le séjour qu'il vient
» de faire en cette ville, que l'établissement
» d'un *Mont de prêt gratuit* serait aussi utile
» que nécessaire à la ville, à l'effet de procu-
» rer dans les occasions à une multitude d'ou-
» vriers des secours qu'elle ne peut trouver
» aujourd'hui qu'à des conditions onéreuses
» qui aggravent sa misère. Que Monseigneur
» l'évêque de Nimes, également convaincu de
» cette triste vérité et également porté au
» soulagement des pauvres, applaudi ait à
» l'établissement d'une pareille œuvre, que
» dans ces circonstances, ce prélat pense ainsi
» que Mgr l'intendant, qu'il conviendrait de
» changer la destination du don de dix
» mille livres sus énoncé et de l'affecter
» à l'établissement du mont de prêt gratuit
» dont il s'agit, de prendre en conséquence
» sur les fonds des subventions le montant
» du prix fait de l'aqueduc, à condition
» toutefois que si l'obtention des lettres pa-
» tentes sur l'établissement projeté souffrait
» quelque difficulté et que cet établissement
» n'eût pas lieu, les dix mille livres du susdit
» don seraient versées à la caisse des subven-
» tions. »

Le conseil, convaincu de l'utilité de cette institution, adopta ces conclusions et vota la création du mont de prêt, qui fut l'un des premiers fondés en France ; celui de Paris ne datait guère que d'une dizaine d'années.

La ville de Nimes en créant le mont de piété lui avait d'abord accordé un fonds de dotation de cinquante mille francs. En 1847, le conseil constata que l'économie et la sagesse de ses administrateurs étaient parvenus à porter à cent mille francs les subventions primitives. En conséquence l'intérêt des prêts fut abaissé à six pour cent.

RUE ISABELLE.

Allant du Cours-Neuf au Cadereau.
1er canton. — Section 10.
Niveau 51m87, 51m,47.

Cette rue s'appelait autrefois rue Saint-Laurent, on remarque encore en effet à l'angle du Cours-Neuf un écusson en pierre portant cette dénomination et ayant cette particularité que seul, de tous ceux qui sont placés aux coins des rues voisines et qui datent de la même époque, il est orné d'une guirlande de feuilles de chêne, d'un compas et d'une fausse équerre avec la lettre N au milieu (pour désigner, je suppose la section Nord). En 1824, nos édiles lui ont donné le nom de rue Isabelle en souvenir de sainte Isabelle, sœur de saint Louis roi de France fondatrice du monastère de Longchamps, près Paris, en 1260, et morte en 1271. Elle a été canonisée plus tard.

RUE JACQUART.

Allant du chemin d'Uzès à la rue de la Biche.
3e Canton. — Section 4.
Niveau 50m03, 53m33.

Le célèbre mécanicien Jacquart, né à Lyon en 1752 et mort en 1834, est certainement connu de tous ceux qui liront ces notes ; je ne vois donc pas la nécessité de donner sur son compte des détails biographiques qui n'offriraient actuellement qu'un intérêt fort secondaire. Je me contenterai donc de rappeler en quelques mots que c'est lui qui a révolutionné l'industrie du tissage en simplifiant les machines. Avant lui, les métiers chargés de cordes, de pédales, etc., rendaient nécessaire au tisserand l'adjonction de compagnons servants. Le métier à la Jacquart l'en affranchit, lui permit de suffire seul au rouage et lui épargna des travaux pénibles. Cette invention donna longtemps une grande supériorité à l'industrie lyonnaise, mais elle fut depuis appliquée dans toutes les villes manufacturières de l'Europe. La ville de Lyon reconnaissante lui a élevé une statue en 1840.

On a prétendu que c'est un simple but d'humanité qui a poussé Jacquart à inventer un perfectionnement qui supprima un travail trop fatiguant pour des enfants dont l'emploi consistait à tirer les cordons et les pédales. Sans vouloir prétendre que Jacquart fut insensible aux souffrances des ouvriers, M. Rivoire, dans sa *Statistique du Gard*, pense qu'il faut rechercher le mobile de ses efforts et de ses études dans l'apparition des étoffes de l'Inde qu'il fallait imiter, chose qui aurait été impossible avec les anciens métiers.

La fabrique nimoise qui a adopté le métier Jacquart a toujours eu une importance trop grande pour que le nom de l'inventeur ne vint pas s'imposer à la pensée de nos édiles lorsqu'il s'est agi de baptiser les rues des nouveaux quartiers.

C'est par arrêté municipal du 2 juillet 1857 que cette dénomination a été rendue officielle.

RUE JEANNE-D'ARC.

Allant de l'Avenue Feuchères à la place Duguesclin.

1er canton. — Section 12.
Niveau 40m93, 9 m63.

C'est par arrêté municipal du 2 juillet 1857 que le nom de Jeanne-d'Arc a été adopté pour cette rue de création toute moderne. Ce quartier, en effet, avant la construction du chemin de fer de Nîmes à Montpellier était couvert de jardins potagers et se trouvait pour ainsi dire en dehors de la ville. En effet, ainsi que nous l'avons déjà dit, la promenade de l'Esplanade était beaucoup plus élevée que ce qu'elle est aujourd'hui; pour y arriver du côté du boulevard, il fallait franchir plusieurs marches d'escaliers, et tous les terrains qui coupent aujourd'hui l'avenue Feuchères et les rues avoisinantes étaient en contrebas; on n'y arrivait que par un petit escalier très-étroit et très-sale et de petits chemins conduisaient aux jardins et guinguettes qui peuplaient cette partie de la plaine.

La classification adoptée par le conseil municipal ayant indiqué des noms du moyen-âge pour désigner les rues qui se sont créées dans cette partie de la nouvelle ville, celui de Jeanne-d'Arc devait être un des premiers choisis. On remarque dans cette rue quelques maisons d'un joli style.

Le nom et l'histoire de Jeanne-d'Arc sont trop populaires pour que je donne ici une biographie de cette femme légendaire ; il me suffira de rappeler l'époque de sa naissance, 1410, à Domremy, et de son martyre, à Rouen, le 31 mai 1431.

RUE DES JARDINS.

Allant de la rue Notre-Dame au boulevard du Viaduc.

3ᵉ Canton. — Section 9.
Niveau 42ᵐ10, 39ᵐ89.

Cette rue longue mais étroite entourée de tous côtés de jardins potagers devait naturellement tirer son nom de cette situation toute particulière; elle aboutit au carrefour appelé autrefois des *Cinq vies* ou cinq routes), savoir la rue Notre-Dame, le chemin d'Avignon, la rue Séguier, le chemin d'Arles et la rue des Jardins.

L'attention des promeneurs était attirée par la présence dans le mur de la maison Maruéjol de cinq inscriptions anciennes dont voici le texte :

```
        D . M
    MACRIN MANS. F
    COMIO QUAR. F
       MATER  E
   M. VAL VALERIANVS
         NEP
```

Aux dieux manes de Macrinus Mansius

Fabius Comio son quatrième fils, sa mère et Marcus Valerius Valerianus son neveu.]

    DIS MANIB
    Q VALERI°
    VIRILLIONI
  IVRIS STVDIOSO
ET VALERIAE QVINTAE
     SORORI
   ANNIA MATER

Aux dieux manes :
A Q. Valerius Virillion voué à l'étude du droit et de Valeria Quinta sa sœur Annia leur mère.

Ce cippe comme tous ceux qui existent dans ce quartier, proviennent des ruines de l'ancienne église Sainte-Perpétue; — il se trouve aujourd'hui à la Maison-Carrée et est catalogué sous le n° 4.

     D . M
  ANNIAE EVTYCHE
  DISTE MASCELLIO
  NIS QUOS INTERFV
  ERVNT DIES XV CO
  IONIVS EVTYC. VX
OR ET SORORI KARISS

Aux dieux manes d'Annia Eutychedis et de Mascellion morts dans l'espace de quinze jours, son époux Eutychedis, son épouse et à sa sœur chérie.

    DIS MANIS
  L. IVLII APOLLONII
  VALERIA HELLAS
VITRICI IVLIANILIBERTAET
COSMIS. F. IVLIANI VERNA

Aux dieux manes de Lucius Julius Apollonius Valeria Hellas affranchie de Vitricus Julianus et servante de Fabius Julianus Verna.

```
              D. M

   ATTIAE EXO    |   D. IVLIVS
                 |
      CHES       |   PHILADES
                 |
   D. IVLIVS PHILA|  POTVS. V
                 |
     DESPOTVS    |     S. P.
                 |
   VXORI  PIENTIS|
                 |
      SIMAE      |
```

Aux dieux manes d'Attia Exoches, Decimus Julius Philadespotus à la plus chère des épouses Decimus Julius Philadespotus a élevé ce monument à lui-même.

Ce tombeau élevé par Philadespotus à lui et à son épouse, offre cela de remarquable, que le mari païen avait une épouse chrétienne puisque son tombeau est orné de la palme des martyrs. D'après les épigraphistes les plus autorisés, ce monument peut être considéré comme renfermant la plus ancienne inscription chrétienne découverte jusqu'à ce jour sur le sol de la Gaule.

M. Légal, propriétaire actuel de la maison Maruéjol, a placé ces diverses inscriptions chez lui pour les préserver des dégradations commises par les passants.

RUE SAINT-JEAN.

Allant de la rue du Mail à la rue Pavée.

1er Canton — Section 10.
Niveau 51m55, 47m54.

La longue nomenclature des Jean qui ont été canonisés, nous laisse fort indécis pour savoir quel est celui que nos édiles de 1824 ont entendu honorer; mais comme Nimes n'a pas eu le bonheur de donner le jour à l'un d'eux, nous devons supposer que c'est le plus important de tous qui doit être notre héros, à savoir Jean-Baptiste fils de Zacharie et d'Elisabeth, né quelques mois avant Jésus-Christ et dont la fête est célébrée le 24 juin.

Cette fête offre cela de particulier que dans presque toutes les villes de France des feux de joie sont allumés ce jour-là. Nos chroniques sont pleines de détails sur la manière dont chaque localité célébrait cette fête et nous voyons que dans beaucoup, l'honneur d'allumer le feu de la Saint-Jean revenait aux premières autorités. Les archives municipales ont enregistré avec soin les diverses cérémonies célébrées dans nos murs à l'occasion de la Saint-Jean et nous voyons que cette coutume ne fut introduite à Nimes qu'en 1679 par l'ordre de l'intendant d'Aguesseau.

« Ce magistrat, nous dit Ménard (t. 6, p. 226)
» se trouvant à Nimes le 23 juin de cette an-
» née veille de la Saint-Jean, témoigna sa sur-
» prise aux consuls de ce que la ville ne l'a-
» vait pas encore pratiquée et leur enjoignit
» de se conformer à l'avenir aux autres villes
» du royaume les plus considérables.

» En conséquence, les consuls donnèrent
» ordre le jour même aux *ouvriers* ou voyers
» de la ville de faire dresser un bûcher à l'Es-
» planade. Ils communiquèrent ensuite au
» juge-mage Rochemaure, l'ordre qu'ils en
» avaient reçu de l'intendant, et le soir, ils
» allèrent tous ensemble mettre le feu au bû-
» cher en la manière ordinaire ».

RUE JEAN REBOUL.

Allant du boulevard Saint-Antoine à la Porte de France.

1er canton. — Section 12.

Niveau 45m49, 44m58.

Cette rue qui existait du temps des Romains était la voie suivie par les chars pour se rendre à l'hippodrome situé sur l'emplacement de l'ancien jeu de mail, c'est de là qu'elle avait reçu son ancien nom de rue Carreterie qu'elle a porté jusqu'à nos jours.

Au XVe siècle les protestants avaient fait bâtir dans cette rue un hôpital appelé l'hôpital des pauvres qui avait été rasé pendant les troubles religieux. En 1592 étant revenus au pouvoir, ils firent rebâtir cet hôpital au même endroit où il était auparavant et sur ces anciens fondements. Voici à ce sujet quelques détails qui m'ont paru intéressants à signaler; je les extrais d'un mémoire sur la Charité à Nîmes, lu à l'académie du Gard, par M. l'abbé Azaïs.

L'hospice de Saint-Jacques situé au faubourg Saint-Antoine ayant été saccagé, les pauvres chassés de leur demeure avaient été recueillis dans une maison peu commode et délabrée. Le conseil de ville s'étant ému de la chose, le sieur Pierre de Bompard, avocat du Roi en la sénéchaussée de Nîmes, et de Beaucaire plaida la cause des pauvres; Charles Dupin, bourgeois, s'engagea moyennant la somme de quarante écus ordonnée par le diocèse et de cinq cents écus provenant de legs, à faire reconstruire l'hôpital ; François Barrière, seigneur de Nages, appuya cette motion, et sur sa proposition, Charles Dupin, fut désigné pour recevoir l'argent qui devait être consacré à cette reconstruction.

Le conseil conclut à l'unanimité que « sui-
» vant la requête de l'avocat du roi et de Moy-
» nier, pasteur de l'Eglise réformée et ancien
» d'icelle, il sera dressé une maison pour les
» pauvres de l'hôpital au faubourg Saint-An-
» toine au lieu où souloit être le dit hôpital,
» avant d'être abattu aux premiers troubles
» sur les anciens fondements et de la longueur
» et hauteur qui sera avisée par Antoine
» Chalas, docteur et avocat, et Charles Du-
» pin, bourgeois, et jusques à six vingt can-
» nes. Et cet ouvrage sera baillé à prix fait
» par Messieurs les consuls, à la chandelle

» éteinte et à la meilleure commodité que
» faire se pourra ».

Cette adjudication fut prononcée en faveur d'un sieur Fontanieu qui, ne tenant pas ses engagements, fut, paraît-il, remplacé par un nommé Pierre Mathieu, maître maçon, plus capable et plus responsable.

Pour consacrer le souvenir de cette reconstruction, on grava sur la façade de ce nouvel hôpital deux inscriptions une en latin, l'autre en français, dont voici le texte :

BENEFICAE. PIETATI. SACRVM.
QVOD. DEVS. SOSPITET. SVPERSTITETQVE.
HENRICO IIII. REGE. GALLIARVM
OPT. ET. INVICTISS. REGNANTE. HAS. PAVPERVM.
AEDES
BELLORVM. OFFENSIONE. DISTVRBATAS. COSS.
NEM. AND. AGVLONETVS
LVD. IOAN. BONNVS. CL. POIOLIVS. PET.
SAVARICVS. COMMVNI. VOTO.
INSTAVRARVNT. CIC. ICXCII.

« Asile de bienfaisance. Que Dieu lui donne
» la durée. Sous le règne de Henri IV, le
» vertueux et invincible roi de France, les
» consuls de Nimes, André Agulhonnet, Louis-
» Jean Le Bon, Claude Poujol, Pierre Saba-
» ric ont, en vertu d'une délibération du con-
» seil communal relevé cette maison de pau-
» vres que les injures de la guerre avaient
» renversée. 1592 (1) ».

Cette inscription qui n'est arrivée jusqu'à

---

(1) *Mémoires de l'Académie du Gard*, 1869-1870, page 66.

nous que par le recueil de Guiran avait été gravée sur le linteau de la porte que l'on voit encore aujourd'hui dans la rue Jean-Reboul, à côté de la chapelle de l'hôpital; elle fut complétement effacée en 1654 lorsque Louis XIV eut rendu à Péronne le 16 août une ordonnance qui portait que, dorénavant, l'hôpital appartiendrait aux catholiques seuls.

Une autre inscription en français avait été gravée sur deux pierres encadrées dans le mur de la même façade; en voici le texte :

<pre>
M. P. DE. BOMPAR. ADVOCAT.
DV. ROY. SIRES. C. DUPIN. ET
ANT. DVVIEVX. BOVRGEOIS. ONT
FAICT. REBASTIR, CESTE, MAISON
PAR, LA COLLECTE. ET. CON-
TRIBVTION. VOLONTAIRE
DES. HABITANS. DE. CESTE
VILLE
1592.
</pre>

M. Germer-Durand dit que cette inscription ne fut pas grattée en 1654, mais qu'elle fut déplacée, et il se souvenait avoir vu l'une de ces pierres servant de seuil à une boutique de la rue Régale n° 9 ; il croit qu'on la retrouverait encore sous l'asphalte du trottoir.

Au commencement de son règne, Louis XIV ayant encore besoin des protestants, leur témoigna sa reconnaissance pour les services qu'ils lui avaient rendus pendant la guerre de la Fronde en les déchargeant de l'obligation qu'on leur avait imposée depuis quelques années de contribuer, avec les catholiques, à l'entretien des moines établis à Nimes et aux réparations de leurs couvents ; de plus et à la date du 16 août 1654, il rendit à Péronne l'ordonnance dont nous avons déjà parlé et qui portait :

« Sa Majesté vidant le différend quy est
» entre les habitants catholiques et ceux qui
» font profession de la religion prétendue refformée
» de ladite ville de Nimes, sur le fait
» de l'hôpital de ladite ville, entr'autres choses,
» ordonne que l'hôpital qui sert présentement
» pour tous les pauvres appartiendra
» aux seuls catholiques, et que pour le logement
» des pauvres faisant proffession de ladite
» religion prétendue refformée, sera édifié
» un autre hôpital séparé ; et que, pour
» cet effect, attendu que ladite ville est le
» chef du diocèze et qu'estant fréquentée
» par les habitants des autres villes et
» lieux qui en dépendent, l'hospital dudit Nimes
» est la retraite des pauvres du diocèze,
» il sera reparty, impozé et levé, sur les habitants
» d'iceluy diocèze, tant catholiques
» que de ladite religion prétendue refformée,
» la somme de onze mille livres, quy sera
» mize ez mains du second consul dudit Nimes,
» et employée sçavoir : huit mille livres
» à l'édification et construction dudit hospital
» affecté à ceux de la religion prétendue refformée,
» et les trois mille livres restantes
» pour leur *indemnité des réparations et nouveaux
» bâtiments par eux faicts de leurs deniers
» à la portion dudit ancien hospital augmenté
» par ceux de ladite religion*, etc. "

Ce nouvel hospice devait être achevé dans un an, il avait le droit de recevoir des legs et donations et défense était faite à l'évêque de

Nimes et aux consuls catholiques d'apporter aucune entrave sous peine de trois mille livres d'amende.

Par suite de cette ordonnance, le deuxième et le troisième consuls qui s'appelaient Jacques Richard et Jacques Lichaire achetèrent en qualité de syndics de leurs co-religionnaires le 22 octobre 1655, par devant Mᵉ Claude Privat, notaire royal et au prix de cinq mille livres une maison et jardin servant d'auberge à l'enseigne du Dauphin, et situés au faubourg Saint-Antoine, rue Carreterie, vis-à-vis de l'Hôpital-Vieux (2). Les réparations commencèrent, le local fut approprié et agrandi; on y construisit une glacière, un moulin à soie, pour servir à l'apprentissage des enfants illégitimes, et trente-six lits, avec les autres meubles nécessaires aux infirmiers et aux vingt-cinq malades des deux sexes qui purent y être reçus.

A ces détails, contenus dans le registre de l'établissement qui se trouve dans les archives du consistoire, est ajouté un trait de générosité dont le souvenir ne doit pas être perdu. Samuel Guiraud, apothicaire, se chargea de fournir à tous les malades, pendant l'espace de quatre années, tous les remèdes prescrits par les ordonnances du médecin, pour la somme de cent cinquante livres par an. Mais au lieu de garder cet argent pour lui-même, il s'engagea, de son plein gré, à rembourser au bout des quatre ans la somme de 600 livres qu'il aurait reçue, et y ajouter

---

(2) Voir Borrel histoire de l'*Eglise Reformée* de Nimes, page 223.

encore cent livres de sa poche, à condition que les consuls seraient tenus d'employer les 700 livres à l'achat d'un fonds de terre au profit de l'hôpital. Il ajoute cependant deux clauses : l'une, que s'il venait à décéder avant cette époque, sa veuve et son successeur seraient libres de continuer ou de cesser ce service gratuit ; l'autre, que si, dans le courant de ces quatre années, il arrivait un cas de peste, il suspendrait lui-même sa fourniture ordinaire pendant la durée de la contagion, pour la reprendre quand elle aurait cessé (3).

La construction de ce nouvel hôpital avait été constatée par une inscription dont un fragment a été retrouvé en 1869, encastré dans un mur de clôture du mazet de Mme Laporte près de la Plate-Forme. Ce fragment d'inscription ne porte plus que les mots suivants :

. . . .

. . . .

. . . .

DV. CONSVLAT. DE. Mr JACQ
VES. RICHAR^D BOVRGEOIS M^E
JACQVES. LICHIERE. M^D CHAPELLIER

(4)

___

(3) Voir Borrel, histoire de l'*Eglise Réformée*, de Nimes page 224.

(4) Voir *Mémoires de l'Académie du Gard*, (1869-1870), page 70.

La tolérance dont le Roi de France avait fait preuve envers les Protestants, ne fut pas de longue durée, car cet hôpital était à peine construit depuis douze ans lorsque le 22 février 1667, la chambre des Grands Jours siégeant alors à Nimes, ordonna la fermeture de l'hôpital Protestant et sa réunion à l'hôpital catholique. Deux commissaires de la Chambre, les Conseillers de Long et de Burta assistés des consuls, se rendirent le jour même à l'hôpital, en firent enlever tous les meubles qui furent transférés à l'autre hôpital et les clefs remises aux Consuls.

L'année suivante, le local lui-même, dont la propriété appartenait cependant au Consistoire, fut usurpé et l'évêque Cohon y fonda l'établissement de la Providence dont il jeta les premières bases, mais la mort vint le surprendre avant que cette œuvre qui avait pour but la conversion des enfants des religionnaires eût pu prendre du développement.

En 1698, l'évêque Fléchier acheta à l'Hôtel-Dieu les bâtiments de l'ancien hôpital protestant sous l'*albergue* ou redevance annuelle de soixante livres, payable le jour de la Magdeleine,

C'est ce même bâtiment qui sert aujourd'hui de maison conventuelle aux frères de la doctrine chrétienne. En 1873, la ville vient d'agrandir cet immeuble et y a construit une chapelle.

On remarquait dans cette rue l'enseigne d'un maçon romain nommé L. SPINUS avec les emblèmes de sa profession ; soit à gauche un ciseau et un marteau, à droite une équerre et au milieu dominant le tout un fil à plomb.

Cette inscription fut trouvée en 1654 par le maçon Antoine Trolière dans un champ près des ruines de Sainte-Perpétue et placée par lui sur sa porte (5). M. Bert jeune, propriétaire actuel de la maison Trolière, a fait gracieusement hommage à la ville de cette inscription qui trouvera sa place dans le futur musée.

C'est dans cette rue qu'habitait et est mort le poète boulanger Jean Reboul qui, tout en pétrissant son pain, a su se faire une place des plus honorables dans le monde des poètes. Né à Nimes le 23 janvier 1796, et fils d'un serrurier, Jean Reboul a publié l'*Ange et l'Enfant* en 1828. On sait que nul chant n'a trouvé autant d'admirateurs ; la peinture, la musique et la sculpture s'en sont inspirées à l'envi. Parmi ses autres productions, son poème du *Dernier jour* est un de ceux qui ont établi sa réputation.

Mort à Nimes le 29 mai 1864, sa ville natale a voulu honorer sa mémoire en lui élevant une statue due au ciseau du sculpteur nimois Bosc, l'auteur d'*Antonin*. L'inauguration de cette statue, placée au jardin de la Fontaine, a eu lieu avec une grande solennité, le 17 mai 1876.

Déjà, par un décret impérial du 17 juin 1865, homologuant une délibération du conseil municipal du 11 juin 1864, la rue qu'habitait le poète nimois avait perdu son ancien nom d'origine romaine pour prendre celui de Jean Reboul. On remarque au-dessus de la

---

(5) Voir Guiran et Ménard, tom. 7, 3ᵉ partie, dissertation 3, n° 35.

porte de l'ancienne boulangerie, visitée par tout ce que la France a possédé d'hommes illustres, un médaillon retraçant les traits de Reboul, et portant l'inscription suivante :

JOANNI REBOUL
HENRICUS EPISCOPUS
MDCCCLXVI

Sur la porte latérale donnant dans la rue des Trois-Maures, on lit aussi :

HIC
IOAN REBOUL
VIXIT ET OBIIT

1796-1864.   Et d'Alzon P.

RUE DE LA LAMPÈZE
Allant de la rue Clérisseau à l'ancien chemin d'Alais.

1ᵉʳ canton. — Section 1 pour le côté faisant face au levant.

2ᵉ canton. — Section 1 pour le côté faisant face au couchant.

Niveau 54ᵐ89. 66ᵐ77.

Le nom de Lampèze donné tant à cette rue qu'à tout le quartier qui l'avoisine, vient, d'après les uns, de ce qu'autrefois tous ses habitants étaient soumis à un certain cens qui se payait en huile. — Ce fait viendrait corroborer l'opinion de certains auteurs qui ont prétendu que la Tour-Magne était une tour avancée, dépendante des fortifications romaines et dont le but principal était de servir de signal au moyen des feux allumés à son sommet, soit pour prévenir les populations des environs, des invasions si fréquentes à cette époque, soit pour correspondre avec d'autres points élevés, voir même avec Arles dont on aperçoit les murailles. M. Germer-Durand père, dans son dictionnaire topographique dit que la Lampèze était un enclos qui relevait du sacristain de la cathédrale de Nîmes, et qui fournissait l'huile destinée à l'entretien de la lampe du Saint-Sacrement. Le mot Lampèze se retrouve dans les anciens documents du quatorzième et du seizième siècles et signifie lampe à suspension.

C'est à l'extrémité de cette rue qu'on a découvert, au mois de juillet 1844, le *Castellum Divisorium* des eaux que les fontaines d'Eure et d'Airan amenaient au Pont-du-Gard et de là à Nîmes. Ce réservoir dont Ménard avait parlé sans le connaître, consiste en un bassin circulaire ayant six mètres de diamètre, pavé d'un glacis, composé de chaux vive et de briques concassées qui le rendent aujourd'hui d'une ténacité et d'une consistance égale à celle de la pierre la plus dure. La profondeur de ce bassin est de 1 mètre 40, il est couronné de dalles formant autour de lui un marchepied de 1 mètre 47 de largeur, garanti autrefois du côté intérieur par une balustrade, et l'on voit encore les rainures dans lesquelles elle était scellée.

Sur ce marchepied s'élève un mur circulaire de 2 mètres 30 de hauteur. Au-dessus de ce mur d'enceinte existait une décoration de colonnes isolées, unies, d'ordre Corinthien couronnées d'une corniche circulaire très-ornée d'un beau travail. Des fragments de bases, de fûts et d'entablements, tous en pierres de Lens, trouvés dans le bassin, ne peuvent laisser aucun doute sur l'existence de cette décoration primitive. La grande quantité de tuiles romaines, mêlée dans ces débris, prouve que ces colonnes supportaient une toiture qui couronnait l'édifice.

A la hauteur de 0 m. 56, le mur du bassin est percé de 10 ouvertures circulaires de 0 m. 40 destinées à dégorger l'eau dans les canaux qui alimentent la ville romaine

On peut lire sur ce monument les descriptions qui avaient été faites par M. Auguste Pellet et par M. Jules Flaissier (1).

Le 25 janvier 1876 des ouvriers paveurs en arrangeant la banquette d'un trottoir, presqu'en face du Castellum romain, ont mis à jour une pierre portant en caractères grecs un texte de physionomie celtique, qui malgré la difficulté de lecture a été interprété par le savant M. Germer-Durand père, pour la partie du moins comprise par lui, car il laisse aux celtistes de profession le soin de nous apprendre quels sont les objets que *Cassitalus, de Vers, a offerts sur l'ordre de ?*....

Les caractères de cette inscription se rapprochent de ceux de l'inscription celtique de notre nymphée et expriment comme elle le verbe ΔΕΔΕ et l'adverbe ΒΡΑΤΟΥΔΕ, mais M. Germer-Durand croit que le texte celtique que le hasard vient de faire découvrir est le

---

(1) *Mémoires de l'Académie du Gard*, 1845-46. p. 67 et suivantes.

plus ancien de ceux qui sont connus, et que chronologiquement, il prime et de beaucoup, l'inscription de *Matrebo Namausicabo*; laquelle était jusqu'à présent considérée comme la plus ancienne.

Cette heureuse découverte porte à cinq le chiffre des inscriptions celtiques en caractères grecs trouvées dans le midi, savoir : 1 à Vaison — 2 à Saint-Rémy et 2 à Nimes. Un fac-simile complet de la pierre a été envoyé au Musée de Saint-Germain (2).

RUE SAINT-LAURENT

Allant de la rue Saint-Bernard au quai du Cadereau.

1er Canton. — Section I.
Niveau 54m66, 52m59.

Cette rue a pris son nom de l'église Saint-Laurent du Mazel, qui fut probablement détruite au XVIe siècle ; à cette époque, elle était construite en dehors de la ville. Elle est comptée dans la bulle d'Adrien IV, de décembre 1156, parmi les possessions de l'évêque de Nimes. Plus tard, l'évêque la céda au recteur chargé du service de la population rurale de l'ouest de la ville.

Voici les noms des titulaires connus : En 1446, Jean de Pons ; — 1466, Pierre Angli-

(2) Voir *Procès-verbaux de l'Académie du Gard*, années 1876, p. 40 et suivantes. Rapport de M. Germer-Durand père.

sé ; — 1572-1607, Pierre Journet ; — 1619-1620, Antoine Volle : — 1661, Jacques Novy ; — 1695, Novy l'ainé ; — 1705, Léon-Ignace Novy ; — 1706-1726, Charles Chabaud des Iles ; — 1726, René Séguier ; — 1740, Joseph Maximilien Séguier ; — 1776, Henry-Abraham Bragouze, curé de Saint-Paul.

RUE SAINT-LÉONCE

Allant de la place des Arènes à la rue de la Porte-de-France.

1er Canton.— Section 12.

Niveau, 45m56, 45m05.

Ménard donne comme certaine la naissance à Nimes, vers la fin du IVe siècle de l'ère chrétienne de saint Léonce qui fut évêque de Fréjus. Il appuie son opinion sur la parenté existant entre saint Castor et lui. Etant frère de ce prélat, il était au moins originaire de Nimes, s'il n'y était pas né.

Saint Léonce fut étroitement lié d'amitié avec Cassien qui avait sous sa dépendance le monastère de Lérins. La pureté de ses mœurs lui valut le siége épiscopal de Fréjus, qu'il dirigea d'une manière sainte et charitable. En appelant saint Honorat dans l'île de Lérins, il jeta pour ainsi dire les fondements de ce célèbre monastère de Lérins, solitude qu'Eunodius appelait la pépinière des saints.

Vers l'an 431, un an avant la mort de ce prélat, le pape saint Célestin écrivit à plusieurs évêques des Gaules, parmi lesquels se trouvait saint Léonce, pour réprimer les nouvelles doctrines que quelques jeunes prêtres cherchaient à introduire dans la religion catholique, et pour les gourmander sur leur indifférence coupable dans cette circonstance.

La mort de saint Léonce arriva le 1er décembre 432. Ce jour a été choisi par les églises de Frejus et d'Apt pour célébrer sa fête.

C'est en 1839 que la rue Saint-Léonce a été ouverte. A cette même époque, les dames de l'Hôtel-Dieu s'entendirent avec la ville et passèrent l'accord suivant : La ville céda aux dames de Saint-Joseph pour y établir un bâtiment d'auberge sur un plan de façade régulier tout le terrain compris entre le mur de leur jardin, l'alignement de la place des Arènes, celui de la route de Montpellier et le second portique du poids public ; de son côté la ville dut occuper en échange sur le jardin de la communauté tout le terrain nécessaire pour exécuter sur une largeur de six mètres l'ouverture de la rue Saint-Léonce commençant vis-à-vis les Arènes, à côté de la maison Larguier et finissant à la rue Jean Reboul.

Des acquisitions de terrain faites en 1871 et 1873 ont permis à la ville de continuer cette rue jusqu'à celle Porte-de-France et d'agrandir ainsi la maison conventuelle des Frères de la doctrine chrétienne en ajoutant une chapelle à leur établissement.

RUE LEVIEUX.

Allant du plan de Bachalas à la rue de la Faïence.

2ᵉ Canton. — Section 3.
Niveau 48ᵐ18, 47ᵐ86.

Renaud dit le Vieux et par corruption Renaud *Levieux* était fils d'un orfèvre de Nimes, il florissait comme peintre d'histoire pendant le règne de Louis XIV. Il fit un long séjour à Rome et y perfectionna son talent par l'étude approfondie des chefs-d'œuvre des plus grands maîtres d'Italie. Sans s'être élevé au premier rang des peintres Français, il doit tenir une place distinguée parmi ceux du second par la correction du dessin, la vérité et l'éclat du coloris, il rendait surtout les chairs avec un art admirable.

Ses principaux ouvrages sont une suite de tableaux, au nombre de quatorze faits pour l'église des Pénitents d'Avignon en 1685, et représentant l'histoire de saint Jean-Baptiste. Ils n'ont pas tous un égal degré de mérite. Mais quelques-uns d'entre eux se recommandent par de grandes beautés d'ensemble et de détail. Les deux meilleurs furent envoyés à Paris en 1793 par les commissaires de la convention chargés de recueillir dans les églises des départements les objets d'art dignes d'être conservés.

Deux autres tableaux furent donnés à l'école centrale du département du Gard et décorent aujourd'hui le musée de la ville de Nimes ; ils sont catalogués sous les numéros 59 et

60 et représentent saint Jean-Baptiste et Hérode, et la décollation de saint Jean-Baptiste. On croit aussi qu'il est l'auteur du tableau qui se trouve dans la chapelle du Saint-Sacrement de la Cathédrale de Nimes et qui représente les disciples d'Emmaüs.

Les autres productions de Renaud le Vieux sont restées à Avignon ou à Uzès où se trouvait sa famille. Il est mort en 1690.

RUE DES LOMBARDS

Allant de la place aux Herbes au boulevard du Grand-Cours.

2e canton. — Sections 6 et 7.
Niveau 47m32, 46m34.

Au treizième siècle, la ville de Nimes était entourée de murailles qui renfermaient ce que nous appelons aujourd'hui l'intérieur de la ville ; l'on y entrait par sept portes, parmi lesquelles se trouvait celle du chemin appelée plus tard porte des Prêcheurs, à cause du couvent des frères prêcheurs qui vinrent s'établir tout près de l'enceinte. On arrivait à cette porte par une rue qui a pris successivement les noms de rue du Chemin, des Prêcheurs, de Margueritles, et enfin de rue des Lombards. C'est ce dernier nom qui a été maintenu, et voici en souvenir de quelles circonstances:

Un grand nombre de marchands Lombards et Toscans étaient venus s'établir à Nimes et y formaient un corps nombreux, dont le chef prenait le titre de capitaine. Ménard nous dit que ces négociants italiens avaient quitté Montpellier, qui appartenait alors à Jacques II roi de Majorque, pour venir goûter à Nimes la douceur de la domination de nos rois (1). On voit, en effet, que le corps des marchands de diverses villes d'Italie donnèrent leurs pouvoirs pour traiter avec le roi Philippe-le-Hardi, et que les consuls d'Ast avaient chargé de leur procuration, sur ce sujet, Ottolin Testa, dès le mois de décembre de l'an 1276. Les marchands de Lucques avaient aussi donné la leur dans le même mois, pour ce qui regardait leur commerce particulier, *super translatione factenda mercatorum civitatis Lucensis de terra Montispessulanà ad terram Nemausensem.* Le magistrat de Gênes donna un pouvoir semblable, au mois d'août de l'an 1277, à Jacques Pinelli et à un particulier nommé Hugues.

Enfin, Foulques Chacci, citoyen de Plaisance, qui était alors capitaine du corps des marchands Toscans et Lombards établis à Nimes, fut chargé avec procuration expresse des consuls des marchands de Rome, de Gênes, de Venise, de Plaisance, de Lucques, de Bologne, de Pistoye, d'Ast, d'Alde, de Sienne et de Milan de solliciter auprès du roi les privilèges nécessaires à l'éclat et au succès de leur négoce.

En conséquence, il fut passé des *conventions* à Paris au mois de février de l'an 1277 entre Philippe-le-Hardi et Foulques-Chacci au nom

---

Voir Ménard, t. 1er, livre 4, p. 312.

de tous ces divers corps de marchands italiens, par lesquelles ce prince accorda :

1° La même protection qu'aux bourgeois de Paris ;

2° Il attribua au juge royal ordinaire de Nimes la connaissance de tous les différends ou procès qui regardaient lesdits négociants italiens ;

3° Les biens des défunts devaient appartenir à leurs héritiers, le roi ne se réservant que le droit d'aubaine à défaut de successeurs légitimes ;

4° Il les exempta de garde de ville, de taille, de service à l'armée, de chevauchée et de toutes sortes d'impositions, excepté dans les cas d'une urgente nécessité ;

5° A l'égard des fonds qu'ils pourraient acquérir, il ne les assujettit qu'aux redevances qu'avaient accoutumé de payer les anciens possesseurs ;

6° Ils ne devaient payer d'autres droits pour leurs marchandises que ceux qu'ils payaient auparavant à Montpellier et cela dans toute l'étendue de la sénéchaussée de Beaucaire ; bien entendu que ceux d'entre eux qui deviendraient citoyens de Nimes devraient dès lors payer les mêmes droits que les autres habitants ;

7° S'ils commettaient quelque crime dans le royaume qui mérite la mort, on les condamnerait soit pour le genre de supplice, soit pour la confiscation des biens selon les lois du pays où ils seront jugés ; mais ils ne pourraient être punis pour le cas de simple fornication, si ce n'est pour rapt ou pour adultère ;

8° Ils ne pourraient être arrêtés, ni leurs

meubles saisis, à raison de quelque dommage ou vol fait au roi ou à un habitant du royaume s'ils n'en étaient notoirement suspects. Mais si la communauté dont le coupable se trouverait membre, négligeait de lui faire réparer ce dommage, après qu'elle en aurait été requise, le roi pourrait le faire sortir du royaume en lui donnant toutefois un an et quarante jours de délai pour régler ses affaires et exiger ce qui pourrait lui être dû ;

9° Ils pourraient avoir un *change* à Nimes, comme ils en ont un aux foires de Champagne, bien entendu, néanmoins qu'ils ne commettraient point d'usure ;

10° Le roi leur promit sa protection dans l'exaction de leurs dettes, pourvu qu'elles fussent justes et bien établies; ainsi qu'il pourrait faire à l'égard des bourgeois de Paris ;

11° Ils pourraient avoir un capitaine ou un recteur, et des consuls dans Nimes et dans toute sénéchaussée comme ils en ont aux foires de Champagne, pourvu qu'ils ne fissent ni brigues ni confédérations illicites ;

12° Le roi voulut que pour le louage de leurs maisons à Nimes, ils en fissent taxer le prix par deux personnes de probité qu'ils nommeraient de leur part et par deux autres nommées par les habitants et si ces quatre personnes ne pouvaient pas s'entendre, le juge royal ordinaire devait s'entremettre pour les concilier et à défaut fixer lui-même le prix ;

13° Le capitaine devait punir d'après les coutumes de leur profession ceux qui ne voudraient pas obéir aux lois de leur pays, et de plus ils devaient être punis par le roi ;

14° On établirait un poids et des balances à Nimes, semblables à celles des balances de Montpellier et l'office de peseur serait donné à une ou plusieurs personnes de probité que les marchands nommeraient eux-mêmes ;

Comme ils avaient consenti, pour le plus grand avantage de la ville de Nimes à la défense portant que toutes leurs marchandises qui aborderont au port d'Aiguesmortes ne pussent être transportées ailleurs sans les avoir auparavant fait passer par Nimes, le roi promit d'y tenir la main, et d'obliger ceux qui y contreviendraient à se soumettre à la satisfaction qu'on était convenu de leur imposer ;

16° Si ceux qui auront acheté leurs marchandises, soit à Nimes soit dans le reste de la sénéchaussée, refusaient de les payer, le roi promit de les y contraindre par les mêmes voies qu'on employait en pareil cas dans les foires de Champagne.

17° Enfin le roi renonça en leur faveur au droit de naufrage et déclara qu'il ne prétendait rien sur leurs marchandises et leurs autres effets qui auraient échappé au naufrage ou que la mer aurait rejetés sur les côtes de ses états.

C'est là l'origine de l'établissement des juges des *conventions royaux* de Nimes, et les marchands italiens furent appelés les marchands des conventions royaux.

Le roi de Majorque s'étant plaint du préjudice éprouvé par les marchands de Montpellier par suite de l'établissement des Italiens à Nimes, on examina sa plainte dans le deuxième parlement de l'an 1288 tenu à Paris, ainsi que la défense du procureur du roi de la sénéchaussée (2). Celui-ci répondit au roi de Majorque et aux habitants de Montpellier, que si par les conventions passées avec les habitants italiens établis à Nimes, il avait été statué que ces marchands ne pourraient point aller trafiquer à Montpellier, on était convenu de bouche que ceux de cette dernière ville auraient la liberté entière de venir commercer à Nimes, ce qui mettait les choses dans une exacte égalité et rémédiait à tout.

Cette dernière clause, ainsi convenue de bouche, ayant été suffisamment prouvée, le roi donna des lettres adressées au sénéchal de Beaucaire par lesquelles il ordonna qu'après que les marchands Lombards auraient apporté leurs marchandises à Nimes, il serait libre aux marchands de Montpellier d'y venir exercer leur commerce, comme les autres marchands du royaume.

Ces lettres furent présentées par Pierre de Béziers, procureur du roi en la sénéchaussée de Beaucaire et de Nimes, à Jean d'Arreblai, chevalier, châtelain et viguier de Beaucaire et lieutenant du sénéchal le 24 octobre 1288 dans la salle du roi au château des Arènes, en présence d'une assemblée nombreuse où se trouvèrent entr'autres, Bernard Augier, chevalier, lieutenant du juge-mage ; Etienne Sabatier, juge de Nimes ; Etienne Sabor, procureur du roi de Majorque à Montpellier ; Pierre de Tournemire, docteur ès-lois de Mont-

---

(2) Voir Ménard, chap. LXXX, t. 1er, p. 109. Idem, t. 1, chap. LXXXI, p. 110. Idem, t. 1, livre IV. page 333.

pellier, et Jean Sabatier, viguier de Calvisson (3).

Les marchands italiens s'étant livrés à l'usure d'une manière par trop criante, le roi Philippe-le-Bel, sur les plaintes à lui portées, les condamna à des amendes considérables et leva sur eux certains impôts qui les déterminèrent à quitter la ville pour aller s'établir à Montpellier, mais en 1314, Philippe-le-Bel leur fit intimer l'ordre de revenir à Nimes (4), cet ordre fut réitéré en 1320 par Phillppe-le-Long et la plupart y obtempérèrent, mais quelques années après ils repartirent de nouveau pour ne plus revenir, Louis-le-Hutin ayant mis sur leurs marchandises un impôt de deux deniers par livre.

Malgré le départ de leurs compatriotes, beaucoup d'Italiens ont dû se fixer à Nimes, car de nos jours encore nous retrouvons des noms dont l'origine est évidemment italienne, ainsi les Ratti ; Johannen de Nigro (Nègre) ; Gabrielis Bosroni (Bozon) ; Puchinus Testa ; Perini ; Johannen Nuti ; Brunetus (Bruneton), etc., etc.

En 1441, un procès surgit entre les consuls de Nimes et le procureur du roi de la sénéchaussée pour la propriété de la loge ou bourse des marchands italiens bâtie dans la rue des Lombards près de l'église St-Etienne-du-Chemin, qui depuis la retraite de ces négociants étrangers était tombée au rang des

---

(3) Voir Ménard, preuves XCII, t. 1, p. 124. Idem, pr. LXXXVII, t. 1ᵉʳ p. 127. Idem, pr. LXXXIV, t. 1ᵉʳ p. 113.

(4) V. Ménard. pr. VII, t. II, p. 16.

biens vacants et appartenait par conséquent au roi. Les consuls de leur côté, prétendaient avoir bâti et toujours réparé à leurs frais le susdit bâtiment. Une transaction eût alors lieu, d'après laquelle le roi renonça aux décimes à lui dûs sur toutes les causes portées devant le sénéchal, et les consuls reconnurent le roi comme propriétaire du bâtiment.

M. Germer-Durand père croit avoir retrouvé l'emplacement de la loge des marchands italiens dans la maison Riboulet, n° 15. En 1867, en creusant des tranchées pour établir des murs de caves dans une arrière-cour de cette maison, on a rencontré à 1 m. 50 de profondeur une mosaïque de grande dimension (5). Cette maison appartenait dans la première moitié du dix-huitième siècle, à un membre de la nombreuse famille des Novy, l'avocat Novy-Cambon, et vers les dernières années du même siècle à la famille Rossel. C'est là qu'est mort, vers 1845, M. Jacques-Henri Rossel, vice-président du tribunal civil de Nimes, lequel avait transformé en jardin la cour sous le sol de laquelle se trouve la susdite mosaïque.

Au mois de juillet 1858, en faisant des réparations à la façade de cette maison, on a mis au jour une inscription monumentale suivante relative à un édile de la colonie nimoise

T.TVRPILIO.T.F.VOL
CAPITONI AED COL.

à Titus Turpilius Capiton, fils de Titus, de la tribu Voltinia, édile de la colonie.

(5) Mém. de l'Académie du Gard 1867-68, pages 113-114.

Cette inscription qui avait été signalée par Guirand, et qu'on croyait perdue, est aujourd'hui à la Maison-Carrée, et est cataloguée sous le n° 98.

M. Germer-Durand, père, a donné la description de quatre épitaphes de marchands italiens trouvées dans différents endroits.

Anno: dñi: millesimo: cc: xx
xxi: edici: xvii: mensis: setem
bris: obit: dūs: raimund: de: sco
paulo: mercatore: aīa: r: i: pac. (6)

L'an du Seigneur mil deux cent quarante-et-un et le dix-huitième jour du mois de septembre, mourut Raimond de Saint-Paul, marchand, que son âme repose en paix.

Cette inscription était encastrée dans la cage de l'escalier de la maison qui fait le coin de la rue des Tondeurs et de l'Horloge. Elle doit provenir de l'église Saint-Etienne-du Chemin, située entre la rue des Lombards et l'entrée de la cure Saint-Castor, c'est sur l'emplacement de cette église qui a été bâtie la maison de la rue des Lombards qui porte actuellement le n° 4. C'était sans doute dans cette église que le marchand Raimondus de Saint-Paul s'était fait enterrer (7).

(6) V. Mém. de l'Académie du Gard 1869-70, p. 52.
(7) Ibid., 1872, p. 72.

Anno : dni : m : ccc : et : ix : die : martis
....it : Guido : filius :...ce : de : lan
..a : de : florentia : cui : aia : r : in :
pace. (8)

L'an du Seigneur mil trois cent, et le neuvième jour de mars, est mort Guido, fils de ......ce de lantana de Florence, que son âme repose en paix.

Cette épitaphe se voit au Mas-Boulbon, au-dessus de la porte du cellier et provient probablement de l'ancienne église rurale de Saint-Guilhen-de-Vignolles, détruite au XVIe siècle et dont l'emplacement était tout voisin.

† Anno : dni : m : ccc.....
ii : ianuarii : obiit :...
lus : panicii : de : luc....
aia : requiescat : i : p.... (9)

L'an du Seigneur mil trois cent ..... et le second jour de janvier, est mort Paolo Panizzi de Lucques, que son âme repose en paix.

(8) Ibid., p. 73.
(9) Ibid., p. 74.

† Anno : dni : m : cc l : xxxx
i : uº kl : iunii : ob : dus : gui
llelni : de : rozo : de : soci
etate : campimaldara
cuius : aia : requiescat
i : pace : ami : orate : pro
eo :   (10)

L'an du Seigneur mil deux cent nonante-et-un, le cinquième jour avant les calendes de juin (28 mai) est mort sire Guillaume de Rozzo, de la compagnie des Campimaldi, que son âme repose en paix, amis priez pour lui.

Cette pierre tombale a été découverte en 1851, dans les fondations des maisons construites sur l'emplacement de l'ancienne église Saint-Paul, couvent des Récollets, au coin de la place Saint-Paul et du boulevard de la Madeleine. Elle se trouve actuellement dans l'enceinte du Nymphée, vulgairement appelé Temple de Diane.

C'est par un arrêté municipal du 27 mars 1867 approuvé par un arrêté préfectoral du 22 avril 1857 que cette rue qui portait en même temps trois noms, rue de Margueritte, rue des Lombards et rue des Prêcheurs n'a plus été désignée que sous le nom unique de rue des Lombards. Au XVIᵉ siècle du reste, on l'appelait rue *Lombardarié*.

(10) Ibid., p. 75.

RUE SAINT-LUC

Allant de la rue des Chassaintes à la rue Neuve.

1er canton. — Section 10.
Niveau, 52m39, 49m50.

Rien d'intéressant n'existe, que je sache, dans cette rue, et si elle trouve sa place dans ce travail c'est tout simplement pour mémoire, il importe fort peu en effet, pour l'histoire locale de savoir que Saint-Luc, l'Evangéliste, était d'Antioche, qu'il avait été médecin et que sa fête se célèbre le 18 octobre. La dénomination de cette rue remonte comme celle de toutes ses voisines à la grande classification de 1824.

RUE DE LA MADELEINE

Allant de la place Saint-Paul à la place aux Herbes.

1er Canton. — Section 6.
Niveau 47m87. — 46m34.

L'une des portes de la ville dont du reste on voit encore les traces, a donné son nom à la rue qui va jusqu'à la place de la Cathédrale. Seulement elle a eû porté différents noms dans tout son parcours. Savoir : de la porte de la Madeleine à l'arc Saint-Etienne, rue Na-Buade, plus tard colonne Buade, et enfin rue de la Fleur de Lys à cause d'une sculpture qui se trouvait sur la façade de la maison de M. de Caissargues, et qui, recouverte de plâtre, a été remise à jour en 1870 par

M. de Mérignargues, propriétaire actuel de cet immeuble ; rue des Barquettes jusqu'à l'angle de la rue de l'Aspic, et rue Fruiterie de cet angle à la place aux Herbes.

Cette rue a toujours été une des plus fréquentées de la ville, car elle la mettait en communication avec le faubourg de la Madeleine qui est aujourd'hui un des plus vastes. Le nom de Madeleine vient d'une chapelle qui existait encore hors des murs en 1789 et dont M. Josep Paulian était alors abbé. Ainsi que nous l'avons dit plus haut, on remarque à l'angle du boulevard et contre la maison Fabrègue un montant en pierre de taille de l'ancienne porte de la ville avec trois énormes et solides gonds qui portaient le vantail de droite de cette porte.

Quelques pas plus loin, se trouve une maison ayant un balcon en fer forgé portant au milieu un écusson représentant deux clefs en croix avec cette légende inscrite au tour : *Securitas publica*. La tradition dit que c'était là que demeurait le concierge de la porte de la Madeleine.

Cette porte, la plus ancienne des remparts du Moyen-Age, s'appela d'abord la porte Neuve (1114) et donna son nom à un certain Petrus Rostagnus de Portâ-Novâ qui figure dans une charte du cartulaire inédit de Saint-Sauveur de la Fontaine, mais comme tout en face se trouvait l'église dédiée à Sainte-Marie Madeleine, elle en prit vite la dénomination, d'autant plus que cette église avait déjà groupé autour d'elle un certain nombre d'habitations, noyau d'un faubourg singulièrement développé depuis.

Le Pont-levis de la barbacane fut remplacé au seizième siècle par un petit pont en pierre construit vers 1517, la porte fut mûrée de 1619 à 1626 et détruite en 1793.

On sait que les eaux de la Fontaine alimentant les fossés qui faisaient le tour des murailles, passaient devant cette porte en dehors de laquelle étaient construits plusieurs moulins. En 1357 l'un de ces moulins s'appelait le moulin Perilhos, en 1744, les consuls permirent au sieur Guillaume du Prix, de faire hausser de cinq pans la muraille traversant les fossés de la ville pour donner de l'eau à son moulin de *Maillan*, près de la porte de la Madeleine.

Le bureau du poids de la farine (1) se trouvait en dehors de la porte de la Madeleine, et tout près il y avait une hôtellerie dite la Tourmagne et un cimetière protestant dont les catholiques s'emparèrent en 1688. Ménard cite, T. 7. P. 390 une inscription que l'on voyait dans la maison qui joint le bureau du poids de la farine et qui était ainsi conçue :

DIIS MANIB.
L. CORNELIO
ATHENANEO.
ANTHVS PATER

Aux dieux manes
de Lucius Cornelus Athenaneus
Anthus son père.

En 1643 les consuls firent planter une allée d'ormeaux sur le chemin qui conduisait à la

(1) Voir Archives départementales. — Série G, n° 190.

Fontaine. — Ce fut le 1ᵉʳ Consul Louis Trimond avocat qui fit voter la chose par le conseil de ville.

Au coin de la rue de l'Etoile en allant du côté de la Cathédrale se trouvait la chapelle des *Quatre-Chevaliers* dont il ne reste plus aujourd'hui aucune trace, quelques pas plus loin et presque en face on voit encore aujourd'hui la porte principale du temple Protestant de la Calade construit en 1565 et démoli par les Catholiques en 1685 et dont j'ai fait l'historique tome 1ᵉʳ pages 114 et suivantes.

A cet endroit et dans le principe la rue était fort étroite aussi trouvons-nous dans les archives de l'Hôtel de Ville la délibération suivante qui fut prise au mois d'août 1781.

« M. de Merez premier consul-maire dit
» qu'en 1768 il fut fait un plan d'élargissement
» pour la rue de la Fleur de Lys ou de la
» Madeleine, lequel plan a été suivi jusques
» à aujourd'hui et exécuté par M. Palisse
» seigneur de Caissargues, M. Mazoyer bour-
» geois et récemment par le sieur Rey négo-
» ciant en grains, que pour donner a ce côté de
» rue la direction et alignement porté par le
» susdit plan, le dit sieur Rey a été obligé de
» porter son mur de face en avant sur le sol de
» la rue, ce qui a nécessité un retrécissement
» à la rue et l'a réduite à une largeur d'une
» toise cinq pieds entre le mur de face dudit
» sieur Rey et la chappelle des Quatre-Chevaliers dite la Capelette située au côté opposé ; que cette modique largeur étant insuffisante pour une rue majeure, la seule qui
» communique de front aux faux-bourgs de la
» Fontaine, de Saint-Laurent, de Saint-Vin-

» cent et de la Madeleine où se trouve la dite
» rue et en outre par laquelle dite porte pas-
» sent toutes les voitures et marchandises
» d'importation du Commerce des Cevennes ;
» que ce retrécissement devenu plus sensible
» et plus incommode par les irrégularités de
» l'alignement de la dite rue, et notammant par
» l'angle saillant des murs de face de la sus-
» dite chapelle, ce qui occasionne journelle-
» ment des engorgements de voitures, des se-
» cousses aux maisons des particuliers et prin-
» cipalement à l'angle saillant de la dite cha-
» pelle dont la maçonnerie est en vétusté et
» excite depuis longtemps les justes plaintes
» du public etc.... ». En conséquence, le conseil délibère d'acquérir du chapelain de la dite chapelle les parties de la chapelle et de sa maison nécessaires pour l'aligement dé la rue sur l'estimation qui en serait faite par M. Phéline subdélégué du département.

Les archives départementales, série G. n° 910 mentionnent la collation en 1693 de la chapellenie des Quatre-Chevalers, en faveur de Philippe Robert, chanoine de la Cathédrale.

Ainsi que nous l'avons dit à propos de la rue Fresque (2) au point de jonction de cette rue avec la rue de la Madeleien, il existait un arceau appelé l'Arc Saint-Etienne qui a été démoli vers l'année 1780.

En entrant dans l'ancienne rue des Baquettes, les archéologues peuvent remarquer au n° 19 chez M. Bonnet confiseur un cype qui sert

(2) Voir Nimes et ses Rues, — Tome 1ᵉʳ pages 297.

actuellement de porte à son four et sur lequel on lit en beaux caractères l'inscription suivante :

<pre>
        D. M.
    PVSONIAE P. F.
       PEDVLLAE
     P. PVSONIVS
         PEDO
       ALVMNVS
</pre>

Aux dieux manes de Pusoniæ Pedulla, P, Pusonius Pedo son nourrisson.

A côté se trouvent deux fragments de colonne d'ordre très-différent, l'un est Roman et l'autre du 13° siècle.

Dans la maison Meynier de Salinelles on remarque deux bas-reliefs qui proviennent évidemment d'un sarcophage chrétien car ils représentent des scènes de l'histoire des juifs l'un de ces bas-relifs est dans la cour et l'autre sur une terrasse intérieure.

La dernière maison de la rue faisant l'angle de la place aux Herbes, se fait remarquer par des sculptures très-bien conservées qui malgré le mauvais goût du propriétaire qui vient de les faire badigeonner, sont dignes d'attirer l'attention des artistes. Elles proviennent dit-on de la démolition de la facade de la cathédrale.

RUE DU MAIL

Allant du chemin de Montpellier au Cadereau

1ᵉʳ Canton. — Section 12.
Niveau

Le jeu de mail ou de pallemalhe était autrefois en grande faveur à Nimes, et l'on avait pris l'habitude d'y jouer sur tous les chemins qui aboutissaient à la ville, ce qui occasionnait souvent des accidents et des plaintes des propriétaires dont on détruisait les clôtures et dont on violait les propriétés, pour aller chercher les boules égarées. Aussi, en 1636, le sieur Jean Guirauden, lieutenant du prévôt des maréchaux au diocèse de Nimes, adressa-t-il aux consuls et au gouverneur de la ville une pétition pour être autorisé à établir un jeu de mail sur une terre par lui acquise du sieur Escudier, au quartier appelé Saint-Vincens.

Voici l'en-tête de cette pétition qu'on peut lire dans les *Archives de la ville de Nimes*, K. 10,164 :

« Messieurs les consuls et gouverneurs de
» la ville de Nismes, supplie humblement,
» moi, Jean Guirauden, lieutenant de prévost
» des maressaux au diocèse de Nismes, qu'il
» n'y a ville pour sy chestisve et petite qu'elle
» soit en la province du Languedoc et autre
» du royaulme de France, qu'elle n'ait quel-
» que lieu accordé et destiné peur le jeu de
» pallemailhe ; en considération de ce que
» l'exercisse est honneste et permis, néans-
» moyns en la présente ville de Nismes qui

» est une des plus considérables de lad. pro-
» vince et des plus anciens mesme du rohaul-
» me, il n'y a aulcung lieu destiné pour led.
» exercisse, en te le sorte, que les plus grans
» et fréquans chemins abordans lad. ville
» comme celluy d'Abvignon, de Montpellier,
» Beaucaire, Arles et autres infinis chemins
» sont occupés par lesd. joueurs aud. palle-
» malhe ou pour mieux dire à la chicquane,
» dont le public et particuliers reçoivent ung
» nottable injeure et prejudice ; car, en pre-
» mier lieu, pandan qu'on s'exerce en ses
» grands chemins, les passans, qu'elle hoste
» et affaires importans qu'ils aient, sont
» contrainctz s'arrester, voire mesme, qui
» pis est, s'ils s'opiniatrent à continuer leur
» chemin, courent fourtune d'estre offancés,
» ce quy es. grandement préjudiciable au
» négosse et commerce de lad. ville ; d'alheurs
» ont fait pleuzieurs desgats et domages aux
» maisons, bleds, vignes et jardins qui con-
» frontent et abottissent lesd. chemins, dont
» ordinairement les particuliers en font
» plaintes, pour les quelles faire cesser et
» autres incommoditez quy en arrivent et
» malheurs qui s'en peuvent ensuivre, voul-
» drait ledit suppliant qu'il feust vostre bon
» plaizir lui permettre faire faire ung jeu de
» pallemalhe en une terre qu'il a acquise
» jougnant les vieilles mazures de l'ancienne
» muralhe, cartier appelé Saint-Vincens, et
» icelluy approuver, sous les modifficatíons,
» pactes et conditions cy apprès escriptes et
» les ordonnances et les réglemans au folhet
» cy attaché, et moyennant ce led. suppliant
» priera Dieu pour vos santés et prospérités. »

Cette autorisation fut donnée au sieur Guirauden en 1637, on lui permit même de prendre dans les anciens murs détruits de la ville les pierres nécessaires pour construire les murs d'enceinte de son établissement.

Les statuts du jeu de mail furent approuvés par le conseil de ville et dûrent être gravés sur un écriteau placé à l'entrée de l'enclos. Cette délibération fut prise et signée par MM. de Meretz, premier consul ; Alizon, J. Constant et Gervays, consuls.

Il serait trop long de donner ici le détail des dits règlements et des conditions du jeu qu'il suffise de savoir que ce document officiel existe aux *Archives de la ville*, vol. k. 10,164 et qu'on peut le lire au r.° 27 des *Chroniques du Languedoc*, 1875, p. 145 et suivantes.

Le jeu de mail a été pratiqué pendant longtemps et il n'y a guère que trente ans environ qu'il a été délaissé, quant à la boule volante. Le jeu de labyrinthe qui était une variété du jeu de mail revient en faveur et n'est autre chose que le jeu de croquet d'aujourd'hui. L'ancien cirque romain existait sur cet emplacement auquel on arrivait par l'ancienne rue Carreterie ou des Chars. M. Auguste Pellet dans son essai sur les *Thermes de Nemausus*, p. 26, dit qu'il existait encore en 1829, vers le centre du jeu de mail une partie de l'enceinte du cirque romain que l'on appelait la *Tourmagnette*. Je suppose que ces fragments de murs devaient être la muraille intérieure aux deux extrémités de laquelle se trouvaient les *meta* ou bornes autour desquelles tournaient les chaos.

Ce qui confirme l'existence du cirque sur

l'emplacement de la rue du Mail, c'est (nous dit M. Germer-Durand fils dans son livre, *Promenade d'un curieux dans Nimes*, p. 19). qu'au moyen-âge, le Cadereau ruisseau qui à cause du voisinage des collines alors boisées devait être plus important qu'aujourd'hui, est appelé *Cadaraucus de Carceribus* (1233, *Archives du chapitre de Nimes*) ou *Cadereau des écuries du cirque*. En 1185, ce quartier se nommait *ad carceres*, les écuries du cirque (1).

En 1732, le propriétaire étant dans le dessin de le vendre, fit demander le consentement de la ville, que les acquéreurs exigeaient à cause des réparations particulières qu'elle y avait fait exécuter à diverses époques. Le conseil de ville s'étant assemblé le jeudi 6 novembre 1732, donna ce consentement (2). On peut voir le plan de l'ancien jeu de mail aux *Archives départementales*, série G, n° 44.

L'emplacement du jeu de mail est occupé aujourd'hui en partie par le nouveau marché aux bœufs dont la création remonte au 21 mars 1850. C'est à l'extrémité de cette rue, à l'angle du Cours-Neuf que se trouvait le cimetière juif. Ce terrain leur avait été concédé après la révolution de 1789, lorsqu'ils avaient obtenu l'autorisation de s'établir où ils voudraient dans toute la France. Ce local étant complètement ouvert, les membres de la communauté voulant le clôturer, obtinrent de M. Valory, alors maire de Nimes, l'auto-

---

(1) Layettes du trésor des Chartres, t. I, p. 143.

(2) *Archives de l'Hôtel-de-Ville* de 1732, et Ménard, t. VI, p. 545.

risation de prendre les moellons qui leur étaient nécessaires parmi les démolitions des maisons renfermées dans les Arènes et que l'on faisait alors disparaître. Ce cimetière devenu trop petit a été abandonné plus tard, lorsque la communauté a acquis le nouvel emplacement du chemin de Saint-Gilles, mais la loi juive s'opposant à ce qu'aucune construction puisse jamais s'élever sur un cimetière et que le terrain même soit aliéné, ce lieu de sépulture a été complétement muré et personne ne peut y pénétrer.

C'est encore dans la rue du Mail que se trouvait un cimetière catholique qui avait été inauguré et béni le 7 juillet 1780, par Jacques de Marmier, vicaire-général délégué (3). Ce cimetière étant devenu insuffisant par suite de l'augmentation toujours croissante de la population, a été remplacé en 1836 par celui du chemin d'Avignon, dit de Saint-Baudile.

RUE DE LA MAISON-CARRÉE.

Allant de la rue de la Madeleine à la rue de l'Horloge.

2ᵉ canton. — Section 6.
Niveau 47ᵐ20, 47ᵐ49.

Pendant longtemps cette rue a été désignée par le public sous le de nom rue de la

---

(3) Voir *Archives départementales*, série G nº 1531.

Pierre mouillée parce qu'à l'un de ses angles il y avait constamment des traces d'humidité, mais par délibération du conseil municipal en date du 1er avril 1824, elle a reçu le nom de rue de la Maison-Carrée à cause de son voisinage avec cet admirable monument.

Mon intention n'est pas de faire ici une dissertation sur ce chef-d'œuvre d'architecture que tout Nimois connaît ou du moins devrait connaître, je me bornerai donc à donner l'opinion des divers archéologues qui ont eu à s'en occuper et à en faire l'historique jusqu'à nos jours.

Sa destination et sa disposition primitive ont donné lieu à diverses opinions que je vais résumer en quelques mots.

Les uns ont dit que c'était un Capitole à cause d'une vieille tradition qui a conservé à ce quartier de la ville le nom de *Capdueil*. Poldo d'Albenas, l'historien Nimois a découvert dans de vieilles chartes que l'église de Saint-Etienne qui était contigue s'appelait Saint-Etienne de Capdueil, donc c'était d'après lui un Capitole ou maison consulaire.

Deiron a prétendu que c'était un prétoire ou Palais de justice.

Rulman en fait une basilique d'Adrien.

Grasser dit que c'était un temple mais sans l'attribuer à aucune divinité.

Spon l'appelle le temple de Jupiter Capitolin ou de Mars.

Enfin en 1758 Séguier a donné l'explication des trous que l'on remarque sur la frise et sur l'architrave du monument et qui servaient à fixer les lettres de bronze indiquant la dédidace du monument.

L'explication de cette inscription qui jusqu'à présent n'a pas rencontré de contradicteurs sérieux, est la suivante :

C. CAESARI AVGVSTI.F.COS.L.
CAESARI . AHGVSTI . F . COS . DESIGNATO
PRINCIPIBUS-INVENTVTIS.

C'est-à-dire que ce monument avait été élevé en l'honneur de *Caius* et de *Lucius* fils d'Agrippa gendre d'Auguste et adoptés par lui et qu'on avait appeléles *Princes de la jeunesse* vers l'an 752.

Cet édifice a reçu tour à tour toutes sortes de destinations depuis la plus noble jusqu'à la plus vile.

Sous Henri Ier vers le milieu du XIe siècle la Maison-Carrée servit d'hôtel de Ville, l'intérieur fut divisé en plusieurs pièces et des fenêtres furent percées dans l'épaisseur de ses murs.

Au commencement du XVIe siècle un particulier nommé Pierre Boys l'acheta et donna en échange une maison qui devint l'hôtel de Ville.

En 1576, Louise de Clermont, comtesse de Tonnerre, duchesse d'Uzès, eût la pensée d'en faire un tombeau pour elle et pour son mari Antoine de Crussol, 1er duc d'Uzès qui était mort le 15 août 1573, et d'y établir un hôpital, elle chargea même les consuls de Nimes de s'entendre pour l'achat de cet immeuble avec les dames de Seynes et de Valeirargues filles et héritières du susdit Pierre Boys, mais ce projet n'eût pas de suite.

Cet ancien édifice qui était du reste entouré

de masures, passa successivement en différentes mains. En 1670, il appartenait au seigneur de Saint-Chaptes Félix Bruyës qui en avait fait une écurie.

A cette époque les Augustins l'achetèrent pour en faire une Eglise ; le contrat en fut passé en présence de l'évêque Cohon le 28 mai 1670, au prix de 5,650 livres. L'intendant Bezons s'opposa bien à ce que les Augustins établissent leur église dans la Maison-Carrée, mais le roi Louis XIV par des lettres datées de Versailles du mois de novembre 1673 leur fit don de cet édifice et d'un terrain voisin pour y construire leur monastère.

En 1689, l'intendant Baville voulant conserver ce monument qui menaçait ruine, y fit faire des réparations qui furent surveillées par l'architecte Gabriel Dardalhion. Ces réparations étaient d'autant plus urgentes que les Augustins croyant qu'un trésor était caché sous ce monument y avaient fait des fouilles qui le menaçaient d'une ruine inévitable (1). N'ayant rien trouvé, ces religieux convertirent les souterrains en lieu de sépulture tant pour eux que pour les particuliers.

En 1822, MM. Grangent, Alphonse de Seynes et Auguste Pellet ont pénétré dans ces souterrains par une entrée moderne pratiquée par les Augustins sur la façade occidentale, et l'on peut lire le comte-rendu de cette visite dans les *Mémoires de l'Académie du Gard* (2). Il

---

(1) V. de Lamothe.

(2) *Mémoires de l'Académie du Gard*, 1862, p. 60 et suivantes.

paraît qu'il y a dans ce labyrinthe ou couloir un puits romain d'une grande dimension du côté du couchant.

En 1691, les Augustins eurent terminé leurs travaux d'aménagement intérieur. Quoique l'emplacement fut petit ils y avaient pratiqué un chœur, des chapelles et des galeries. Ce fut Esprit Fléchier, qui en fit la bénédiction solennelle le 26 janvier 1691, en présence de l'intendant de Baville et des notables de la cité. Selon le vœu du roi elle fut dédiée aux Rois-Mages que représentait le tableau du maître-autel surmonté de l'inscription : REGI REGVM, au Roi des Rois.

Cette même année, l'intendant Baville imposa aux consuls l'obligation d'acheter les maisons qui étaient adossées à la Maison-Carrée et qui nuisaient à son effet. Ces acquisitions coûtèrent à la ville la somme de 2343 livres.

En 1702, ce même intendant fit voter une somme de douze cents livres sur le devis de l'architecte Cubizol pour la réparation de la toiture et une rente annuelle de trente livres pour l'entretien du bâtiment. En 1714, il fit voter une nouvelle somme de 1430 livres cinq sols pour la réparation de la toiture, réparation qui fut faite par Léonard Brunel ouvrier ferblantier.

C'est probablement en reconnaissance de tant de sollicitude que la municipalité dût faire placer sur le portique de la Maison-Carrée une inscription indiquée par Clérisseau dans son magnifique Album des monuments de Nimes, et ainsi conçue :

LVDOVICVS MAGNVS
HANC ÆDEM ARTE ET VETVSTATE CONSPICVAM
LABENTEM RESTIVIT
PROFANAM SACRIS ADDIXIT
CVRA ET STVDIO
NICOLAI DE LAMOIGNON PER OCCITANIAM
PRÆFECTI
ANNO DOMINI MCLXXXIX.

« Le 30 mars 1787, ainsi que le raconte M.
» l'abbé Goiffon dans son ouvrage sur les
» évêques de Nimes au xviiie siècle (p. 187),
» un arrêt du Conseil avait ordonné aux Au-
» gustins de démolir dans six mois, la galerie
» qu'ils avaient autrefois construite contre
» les murs du couchant, cet arrêt fut signifié
» le 21 mai. — Les Augustins répondirent à
» cette signification que la ville devant jouir
» des matériaux, la démolition devait se faire
» à ses frais, outre les 598 livres 8 sols 6 de-
» niers d'indemnité qui leur étaient alloués
» par l'arrêt. Le conseil de ville convint, en
» effet, de se charger du travail et le confia à
» un ouvrier intelligent, afin de sauvegarder
» le monument; mais il ne voulut donner que
» 300 livres d'indemnité. Malgré ce dissenti-
» ment, les Augustins consentirent encore,
» en 1788, à céder à la ville une partie de
» leur terrain, moyennant le prix de 300 li-
» vres, ce qui permit d'ouvrir jusqu'au bou-
» levard la rue de la Colonne et d'isoler com-
» plètement la Maison-Carrée ».

Au moment où la Révolution de 1789
éclata le couvent des Augustins ne comptait
que quatre religieux ; trois pères et un frère
lai ; une loi du 26 janvier 1791, leur enleva

la Maison-Carrée et la donna au Directoire du département qui y installa le service de son administration. C'est delà que la rue appelée alors de la *Colonne* devint rue du *Département.*

En l'an VIII de la première République l'architecte-ingénieur Grangent adressa un mémoire au Ministre de l'intérieur pour demander la démolition de l'ancien couvent des Augustins dont les constructions s'appuyaient encore contre la Maison-Carrée mais cette démolition n'eût lieu qu'en 1820 et 1821. C'est alors que le monument fut dégagé des terres et des débris qui s'étaient amoncelés à sa base sur une hauteur de plus de deux mètres, et qu'on acquit la conviction qu'il devait exister tout antour d'autres constructions, et une colonnade qui faisaient de la Maison-Carrée le sanctuaire de l'édifice. M. Grangent a conclu que la Maison-Carrée était un temple périptaire entouré d'une galerie couverte destinée à contenir le peuple et à le mettre à l'abri des injures du temps.. M. de Seynes incline à croire que les restes découverts dans les fouilles faisaient parties du *Forum* et que la Maison-Carrée était le temple qui se trouvait ordinairement au fond de ces sortes de place.

On profita de la circonstance pour réparer la toiture qui menaçait ruine et on la remplaça par un toit avec des tuiles *à la manière antique* (sic).

La ville conçut alors le projet de créer dans l'intérieur un musée de peinture et de réunir dans l'intérieur de la grille tous les fragments lapidaires offrant un intérêt artistique ou archéologique.

Le Musée fut créé en 1823 et l'on plaça au-dessus de la porte d'entrée sur une plaque de marbre et en lettres d'or l'inscription suivante : Musée Marie-Thérèze ix mai MDCCCXXIII en souvenir du passage à Nimes de Marie-Thérèze ; mais l'ouverture de ce Musée dont l'organisation avait été faite par M. Vignaud, peintre, n'eût lieu qu'en 1827.

Du côté opposé à la façade, la Maison-Carrée se trouvait resserrée par une rue dont on découvrit le pavé à larges dalles en établissant les fondations de la maison Cazeing, on y voyait encore les traces des roues des anciens chars. « C'est par la situation de cette rue
» qu'il faut (nous dit M. Auguste Pellet,
» *Catalogue du Musée de Nimes*, p. 20) expli-
» quer le rétrécissement du portique qui sur
» ce point n'aurait été éloigné que de deux
» mètres trente centimètres du monument, si
» l'architecte n'avait corrigé cette mauvaise
» disposition en donnant une forme circulaire
» au mur intérieur du portique ».

S'il faut en croire l'*Annuaire du Gard* publié en 1789, par Ch. Boyer-Brun, imprimeur, c'est dans la rue de la Maison-Carrée que se trouvait l'hôtel de M. le baron de Marguerittes, maire de Nimes, et c'est dans cet hôtel que l'on voyait la collection complète des 34 dessins originaux de Jean-Baptiste Oudry, sur les scènes du *Roman comique* de Scarron.

RUE SAINT-MARC

Allant de la place de la Salamandre au boulevard des Calquières.

3ᵉ Canton. — Section 8.
Niveau 43ᵐ73, 43ᵐ80

Ainsi appelée à cause de l'hôpital Saint-Marc qui au xvᵉ siècle se trouvait à cet endroit. Cet hôpital adossé contre les anciens murs de la ville était consacré à l'usage des pélerins sains et malades qui allaient à Saint-Jacques en Galice. Les chanoines de la Cathédrale de Nimes en avaient l'administration et faisaient les frais de l'hospitalité.

L'origine de cette charge n'est pas bien connue, cependant on en trouve la trace dans le 4ᵉ concile de Carthage qui veut que les évêques se déchargent du soin des veuves, des orphelins et des pélerins sur l'archiprêtre ou sur l'archidiacre regardés dans les temps primitifs comme l'aide de tout le ministère divin des évêques. Or, en se conformant à ce concile, les évêques de Nimes, se déchargèrent vraisemblablement du soin des pélerins sur l'archidiacre de leur Eglise ou peut-être sur tous les chanoines, et l'on fonda à ce sujet l'hôpital Saint-Marc dont ces derniers étaient les recteurs et les administrateurs.

Lorsque les consuls voulurent agrandir le Collége des Arts, en 1540 ils s'entendirent avec les chanoines qui leur cédèrent les locaux de l'hôpital Saint Marc avec son mobilier. De son côté, la ville se chargea de recevoir les pélerins de Saint-Jacques tant sains que malades, les enfants des femmes allant en pélerinage ou en revenant, et de faire b tir pour eux un logement joignant l'hôpital des Chevaliers ou toute autre maison commode mais séparée des malades.

Pour fournir à la nourriture et l'hospitalité des pélerins, le chapître s'obligea de donner tous les ans à la ville, le jour de Notre-Dame d'Août, douze salmées de bléo saïsette et le jour de la Saint-Michel deux muids de vin rouge et une pleine cuve de marc de raisins foulés, il lui céda aussi le droit qu'il avait d'exiger un linceul pour chaque personne qui mourait à Nimes et un certain droit appelé le *droit mortuaire* ou le *lit funéraire* pour lequel il avait l'habitude de toute ancienneté d'exiger cinq sols tournois. De son côté, la ville accorda au chapître la liberté qu'il demandait de prendre à l'avenir la dîme des blés en gerbes.

Ce droit mortuaire dont je viens de parler a aussi une origine fort ancienne, on en découvre des traces dans les constitutions synodales publiées en 1287, par Pierre Quivil évêque d'Excester en Angleterre. Elles nous apprennent que ce droit fut établi pour payer les dîmes et autres droits dûs aux Eglises paroissiales que le défunt pouvait avoir négligé de payer, et qu'il consistait en une certaine quantité de bétail ou d'autres meubles que l'Eglise prenait dans la succession du défunt pour s'indemniser de ces droits non payés.

Ces constitutions insistent beaucoup sur le payement de ce droit. A Nimes, c'était le lit funéraire que l'Eglise prenait. Cependant comme la perception en nature de ce droit donnait souvent lieu à de justes réclamations et protestations, l'Eglise se contentait de toucher à la place une somme de cinq sols tournois, l'usage avait confirmé cette compensation.

En 1552, la ville eût l'intention de transporter le Palais de justice dans l'ancien hôpital Saint-Marc, alors le collège des Arts ; des démarches furent faites dans ce sens auprès de la Cour et Henri II permit même cette translations par des lettres données à Reims le 27 octobre 1552, mais ce projet ne fut jamais mis à exécution.

Il y a quelque temps qu'on remarquait encore au coin de cette rue une maison dont la construction devait remonter à cette époque, M. Molines propriétaire actuel a découvert dans la démolition un cype qui qui porte l'inscription suivante :

MEMORIAE
SOCRATIS ET ANTIOCHI FRATRVM.
PIENTIS. SORORES
ET CONTVBERNALES.

A la mémoire de Socrate et d'Antiochus leurs frères, leurs sœurs dévouées et leurs épouses.

Les ouvriers ont aussi trouvé un petit bronze représentant le Génie casqué de la colonie Nimoise avec la tête de Sextus Pompeius commandant des légions romaines dans la Gaule, la figure du revers est la Nymphe Higia fille d'Esculape et les serpents auxquels elle fait boire du lait sont ses attributs.

Un Vespasianus Domitianus, un Agrippa et un pata d'Urbain VIII sont jusqu'à présent les seuls objets trouvés dans ces fouilles.

RUE DES MARCHANDS

Allant de la place aux Herbes à la place du Puits de la Grand-Toble.

2ᵉ Canton. — Section 7.

Niveau 46ᵐ90, 45ᵐ98.

Cette rue qui s'appelait autrefois rue de l'*Espicerie*, fut dénommée des *Marchands* par délibération du conseil municipal du 1ᵉʳ avril 1824. Elle servait de limite à ce qu'on appelait l'Ile de Servas.

Au milieu de la place du Puits de la Grand-Table il y avait un puits public qui servait à tout le quartier. Le vendredi 17 septembre 1745, le conseil de ville, sur la demane des propriétaires voisins qui prétendaient que ce puits gênait extrêmement leurs maisons et que les voitures ne pouvaient passer qu'avec peine dans le carrefour où il était placé, en ordonna la fermeture avec de grandes pierres plates munies d'anneaux de fer et recouvertes de terre pour pouvoir les rouvrir au besoin. C'est en effet ce qui a eu lieu plusieurs fois à cause de la grande sécheresse.

On remarque dans cette rue plusieurs maisons de construction fort ancienne et notamment au nº 15 une élégante maison Renaissance décorée de pilastres à cannelures au premier et au deuxième étage qui supportent un joli entablement dans lequel sont des triglifes, des têtes de taureaux et des rosaces.

Au coin de la rue Trésorerie on voit aussi quelques pierres sculptées, mais qui proviennent certainement d'un monument étranger.

RUE SAINTE-MARGUERITE

Allant de la rue des Chassaintes à la rue Pavée

1er canton. — Section 10.
Niveau 51m25, 55m67.

Cette rue ne figure pas sur la classification de 1824. Mais lorsqu'il s'est agi de la dénommer on a suivi le plan précédemment adopté. Elle n'offre, du reste, d'autre intérêt archéologique que la présence dans la maison Nègre-Bergeron d'un pavé mosaïque qui a été décrit de la manière suivante, par MM. Baumes et Vincens, dans leur topographie de Nimes (1) :

« Le morceau encore subsitant de cette
» mosaïque, présente une surface de sept mè-
» tres de longueur sur une largeur de 4m50.
» Il est évident par une marque (un trident)
» qui indique le milieu de cette dernière di-
» mension, que l'ensemble formait un parallé-
» logramme dont le petit côté avait 6 m 50,
» rien ne détermine l'étendue qu'avait le
» grand côté.
» Sur un fond noir formant des bandes
» croisées de 59 millimètres, sont inscrits,
» l'un dans l'autre, trois carreaux de gran-
» deur différente ; le premier de 325 millimè-
» tres en tout sens, noir à cadre blanc ; le
» second blanc, et le troisième, noir avec
» quatre points blancs au milieu. Le plus
» petit et le plus grand sont parallèles ; les
» angles du moyen aboutissent sur ce dernier
» au centre de ses quatre faces internes.

(4) Voir *Mémoires de l'Académie du Gard*, (1875), page 16.

» Une double bordure enveloppait ce des-
» sin ; mais il n'en reste qu'une partie de
» deux côtés. Une large bande à chevrons,
» mi-partie de rouge et de noir, divise les
» deux encadrements jusqu'au retour de
» l'angle droit que forment, en se joignant,
» le grand et le petit côté du carré long, les
» couleurs des chevrons ne conservent les
» mêmes dispositions, sur cette dernière li-
» gne, que dans la longueur de deux décimè-
» tres ; le surplus devient rouge et blanc.

» La bordure extérieure repose sur un
» champ blanc, et semble représenter une
» ligne de tou.s et de fortifications noires,
» appuyée alternativement sur la base d'un
» triangle de la même couleur et sur le som-
» met d'une semblable figure blanche, une
» grande tour crénelée est placée à l'angle, et
» le cadre se termine au dehors par trois
» rubans, dont un blanc placé entre deux
» noirs. Le tout à 487 millimètres de lar-
» geur.

» Des portiques de 542 millimètres d'éléva-
» tion, y compris une base moitié noire et
» moitié blanche, forment le cordon intérieur.
» Les pilastres sont noirs et les ceintres,
» tournés vers le dehors, composés de petits
» carreaux sur deux lignes, tour à tour noirs
» et blancs. Ceux qui se joignent au coin de
» la pièce n'ont point de pilastres, et de l'an-
» gle que forme leur rencontre, s'élève un fer
» de lance ou de javelot. Au milieu de la li-
» gne la plus courte, est un pilastre blanc à
» petite bordure noire, plus large d'un tiers
» que les autres et décoré d'un trident noir,
» la fourche en l'air. En l'état actuel, il y a,

» d'un côté de ce pilastre, cinq portiques, et
» de l'autre seulement un ; il est évident qu'il
» en manque quatre sur la largeur, ceux qu'on
» voit dans la longueur sont au nombre de
» treize.

» Quoique un peu bizarre dans quelques-
» uns de ses ornements et dans certaines par-
» ties de sa symétrie, ce morceau n'offre pas
» moins, dans son ensemble, un tapis riche et
» de bon goût et l'on doit regretter qu'il n'ait
» pas été retrouvé tout entier. »

A ce sujet, qu'il nous soit permis d'émettre ici un vœu, c'est de voir accueillir par notre municipalité le projet que j'ai eu l'honneur de lui soumettre et qui consisterait à créer une commission d'archéologie la plus nombreuse possible qui, comme ses sœurs, les commissions des beaux-arts et de musique aurait un budget spécial qu'elle emploierait à sa guise et qui aurait pour principale mission de rechercher, d'acquérir ou de conserver tous les vestiges des temps anciens, d'empêcher la disparation au profit des musées étrangers de toutes les richesses archéologiques dont notre ville abonde, et surtout de rechercher les nombreuses mosaïques qui pavent le sous-sol nimois. Ne serait-ce pas le cas d'exhumer tous ces beaux et curieux monuments de l'art lapidaire et de nous initier ainsi avec le luxe que les Romains apportaient dans leurs habitations. On nous fait espérer que dans les vastes locaux de l'ancien hôpital que la ville convertit actuellement en bibliothèque, musées. salle de concert, etc., etc., l'intention de la municipalité est de créer un musée archéologique. Quelle ne serait pas la beauté et l'originalité de ce musée, s'il n'était pavé qu'avec les mosaïques dont on connait l'existence et que bien certainement les propriétaires se feraient un plaisir d'offrir à leur ville natale.

RUE DES SAINTES-MARIES
Allant de la rue des Frères-Mineurs au Cours-Neuf.

1er Canton — Section 10.
Niveau 51m24, 50m23.

Ainsi appelée à cause du couvent des religieuses de la Visitation de Sainte-Marie dont l'ordre avait été institué en 1610, à Anneci, par Saint-François-de-Sales, évêque de Genève, aidé de Mme de Chantal. Ce fut la communauté de la Visitation, de Montpellier, qui fournit des religieuses pour la fondation de celle de Nimes. Ces sœurs arrivèrent à Nimes, le 12 juillet 1664 et furent provisoirement logées dans le cloître de l'église Sainte-Eugénie.

L'évêque Cohon, favorisa cet établissement d'une manière toute particulière et aurait voulu, nous dit Ménard, t. 6, f. 176 « loger ces religieuses à l'endroit où est située » l'hôtellerie du Luxembourg, près des Capucins, mais ceux-ci s'y opposèrent et ce » prélat dût chercher un autre emplacement.»

Son choix s'arrêta sur un terrain situé hors de la porte de la Madeleine et sur le chemin qui conduisait à la Fontaine. C'est là qu'elles sont restées jusqu'à la Révolution de 1789, époque à laquelle leur immeuble fut vendu et devint une propriété particulière. Le monastère avait alors pour supérieure sœur Marie-Michel Dumas et pour dépositaire sœur Louise-Angélique Gelly. Il y avait eu outre seize religieuses et deux tourrières.

La première supérieure de ce couvent fut la mère Rozel de Nimes même, sœur du lieutenant principal de ce nom. Les lettres patentes qui confirment cet établissement furent données à Saint-Germain-en-Laye, par le roi Louis XIV et portent la date du mois de novembre 1666. L'année d'après eût lieu la consécration de leur chapelle, et le mardi 16 septembre 1710, les religieuses célébrèrent une fête solennelle pour le centième anniversaire de la fondation de leur ordre (1).

RUE MASSILLON.
Allant de la rue Neuve-des-Arènes au chemin de Saint-Gilles.

1er Canton.— Section 12.
Niveau, 42m12, 41m60.

Cette rue de création toute récente puisqu'elle a été ouverte sur les terrains de M. Foulc n'offre rien de particulier et ce n'est que le 2 juillet 1857 qu'elle a reçu le nom de Massillon.

Les rues voisines portent les noms de prédicateurs célèbres, celui de Massillon s'impo-

---

(1) Voir aux archives départementales, série G., n° 44, le plan du couvent.

sait. On sait en effet que cet orateur chrétien, né en 1663, à Hyères, en Provence, entra jeune dans la congrégation de l'Oratoire, et professa les belles-lettres et la théologie à Pézenas, à Montbrison et à Vienne.

Venu à Paris, en 1696, pour être un des directeurs du séminaire de Saint-Magloire, le roi le chargea en 1698 d'une mission à Montpellier ; c'est là que commence sa réputation comme orateur. Nommé évêque de Clermont sous Louis XV, en 1717 et de l'Académie en 1719, il vécut dans son diocèse et y mourut en 1742.

On doit à sa plume des sermons réunis sous le titre de Petit-Carême, des oraisons funèbres et des conférences ecclésiastiques.

RUE DE LA MATERNITÉ

Allant de la rue Saint-Antoine a la rue Porte-de-France.

1er canton. — Section 10.
Niveau 46m83, 45m19.

Ainsi appelée à cause de son voisinage avec l'ancien Hôtel-Dieu. On sait, en effet, que les rues qui se trouvaient autour de ce monument portent des noms rappelant la destination de cet édifice, comme rue de la Charité, de la Pitié, de la Bienfaisance, des Innocents, etc., etc.

RUE SAINT-MATHIEU

Allant de la rue du Cyprès à la rue Neuve.

1er canton. — Section 10.
Niveau 49m,50 47m90.

Tout le monde connaissant ou devant connaître l'évangéliste saint Mathieu, je me bornerai à dire que l'évangile saint Mathieu est le plus ancien des quatre, qu'il fut d'abord écrit en langue syro-chaldaïque, d'où il fut traduit en grec, puis en chaldéen.

C'est dans cette rue que se trouve l'importante fabrique de lacets de M. Samuel Guérin et la buanderie fondée en 1877, par M. Bérard.

RUE MAUBET

Allant de la rue de l'Etoile au Boulevard Saint-Antoine.

1er Canton. — Section 10.
Niveau 45m51. — 47m70.

Cette rue qui était quelquefois désignées sous le nom de ruelle de M. Gay, s'appelait aussi rue *Orbe* de Malbec, c'est du moins ainsi qu'elle est désignée sur les anciens plans de la ville.

On entendait par le mot *Orbe* les rues qui n'avaient qu'une issue; en effet, en latin l'adjectif *Orbus* veut dire privé de...., borgne....

La rue Malbec ou Maubec, partant de la rue de l'Etoile ou de la Corregerie, était fermée à son extrémité par les murs de la ville, et comme il n'y avait pas de porte pour donner issue au dehors, on avait construit un escalier qui permettait de monter sur les murailles.

Le médecin Antoine Malbec ou Maubec, dont on a défiguré l'orthographe en l'appelant aujourd'hui Maubet, était né à Rivières, dans l'arrondissement d'Uzès ; il se fit connaître au commencement du XVIIIème siècle par quelques écrits de médecine, parmi lesquels on cite un *Traité de la dyssenterie* et un *Traité des tumeurs et des obstructions*, imprimés à Paris en 1702. — On lui doit encore un autre ouvrage, qui, à en juger par son titre, semble offrir un intérêt plus général et plus grand que les précédents, c'est un volume intitulé : *Principes physiques de la raison et des passions des hommes*, publié à Paris en 1709. (1)

On comprend très-bien que la notoriété d'un pareil médecin dont l'expérience pouvait être très-grande ait appelé l'attention sur lui et que la rue dans laquelle il habitait ait reçu et conservé son nom.

RUE DES TROIS MAURES

Allant de la place des Arènes à la rue Jean Reboul.

1er canton. — Section 12.
Niveau. 46m38, 45m12.

Il existait sur l'emplacement de cette rue et en dehors des murs de la ville un ancien

---

(1) Voir Michel Nicolas T. 2 page 96.

hôpital destiné aux étrangers, aux voyageurs, et aux pélerins revenant de la Palestine. Plus tard, cet hôpital devint une hôtellerie qui prit pour enseigne trois têtes de Maures en souvenir des pélerins qui venaient de combattre ces ennemis de la foi.

On trouve la mention de l'île de la Tête noire dans un exploit féodal contre les hoirs d'un sieur Pélissier, demeurant place de la Fruiterie à la date de 1728 (1).

Lors de la classification de 1824, la Commission avait proposé de donner à cette rue le nom du Roi Jean, mais son ancienne appellation a été maintenue et l'on a bien fait car si faible que soit le souvenir de l'hopital des Pélerins c'est toujours là un fait local interessant à signaler.

RUE MÉNARD

Allant de la place de la Bouquerie à l'octroi de la Lampèze.

1er Canton. — Section 1.
Niveau 51m23, 59m74.

Au commencement de la rue actuelle, près de la place, se trouvait le mur d'enceinte construit par Rohan en 1687 pour relier les anciens murs de la ville avec la citadelle que l'on venait de construire ; les fondations de ces murailles ont été retrouvées récemment lors de la canalisation des Eaux du Rhône.

(1) Voir Archives Départementales Série G, numéro. 211.

Cette rue n'existait pas à cette époque car l'on ne pouvait alors sortir de la ville que par la porte de la *Boucarié* et les terrains qui se trouvaient en dehors des murailles étaient vacants, mais la démolition de ces murs et la création du Grand-Cours donna à tout ce quartier une vie nouvelle, des constructions nombreuses s'établirent sur ce qu'on appelait les terres du fort et des tronçons de rues longtemps innommées se formèrent au gré des propriétaires.

Celle qui nous occupe ne débouchait pas comme aujourd'hui sur la place de la Bouquerie, elle venait s'amorcer derrière une hôtellerie ou auberge du Cheval-Vert rendez-vous des marchands de bas de soie des Cévennes, (1) et construite sur l'emplacement actuel des maisons Curnier et Lagorce.

Ouverte jusqu'à la place au commencement de ce siècle, cette rue lors du classement de 1824 a reçu le nom de Ménard en l'honneur de l'historien nimois.

Plusieurs membres de cette famille ayant acquis une certaine célébrité, j'estime que c'est ici le cas d'en faire mention et de les signaler à l'attention de tous ceux que des recherches de ce genre peuvent intéresser.

François Ménard, époux de Jeanne Baudan, fille de Jean Baudan, seigneur de Vestric, eût sept garçons et deux filles. Un de ses fils, né le 26 Juillet 1589 fut François Ménard, avocat au Parlement de Toulouse, puis en la chambre de l'édit séant à Castres et

(1) Voir Rues de Nimes, Tome 1er, Page 96.

enfin au Présidial de Nimes, il s'adonna à la poësie, publia ses œuvres en 1613 et mourut vers le milieu de l'année 1635. Sa sœur Marie était femme de François Rouvérié de Cabrières avocat.

Jean Ménard, frère consanguin du père de l'historien naquit vers l'an 1637, embrassa la carrière, écclésiastique devint prieur, curé de Saint-Jean de Serres et plus tard promoteur de l'Evêque Séguier. Un des premiers fondateurs de l'Académie Royale de Nimes en 1682, il dût aux bontés de l'Evêque Fléchier de devenir prieur-curé d'Aubord, et ses fonctions lui laissant quelques loisirs, il publia plusieurs ouvrages de morale parmi lesquels on remarque celui qui est intitulé : *paraprhase sur l'Ecclésiaste*. Il rendit son âme à Dieu le 6 Janvier 1710 (2).

Louis Ménard, père de l'historien, conseiller au Présidial de Nimes était aussi un homme instruit qui mettait à profit les heures de loisir que lui laissait sa charge, il avait ébauché un traité sur les antiquités et entr'autres sur celles de Nimes qu'il communiqua en partie à l'Académie de Nimes dont il était membre, il avait épousé Anne Chalamont originaire de Tarascon.

Son fils, *Léon Ménard*, né à Tarascon, en 1706, hérita des goûts de son père, il fit ses études au collège des jésuites de Lyon et après avoir pris ses degrés en droit à l'Université de Toulouze, succéda à son père dans la place de conseiller au Présidial.

(2) Voir Histoire de Nimes, Tome 6, Pages 388 et suivantes.

Les devoirs que lui imposa cette charge ne l'empêchèrent pas de se livrer avec ardeur à l'étude des antiquités et de l'histoire et l'on peut citer de lui une *histoire des Evêques*, un ouvrage intitulé *Mœurs et Usages des Grecs*, publiée en 1743 ; une *réfutation du sentiment de Voltaire sur le testament politique du Cardinal Richelieu* (1750) ; plusieurs dissertations sur l'*Arc de triomphe de la ville d'Orange* ; sur *l'origine de la Belle Laure* ; sur *la position, l'origine et les anciens monuments d'une ville de la Gaule Narbonnaise appelée Glanum* ; *sur quelques anciens monuments du Comtat-Venaissin* ; une *Vie de Fléchier* ; il publia en collaboration avec le marquis d'Aubais un recueil portant le titre de : *Pièces fugitives pour servir à l'histoire de France.* Enfin son œuvre la plus considérable qu'il fit paraître de 1750 à 1758 est l'*Histoire civile, écclésiastique et littéraire de la ville de Nimes* en 7 volumes. Cet ouvrage de longue haleine plein de documents précieux, de notes et de preuves auquel cependant on peut reprocher beaucoup de partialité au point de vue religieux, fit toutefois sensation dans le monde savant et ouvrit à son auteur (en 1749) les portes de l'Académie des Inscriptions et Belles-Lettres.

Les Magistrats d'Avignon, désireux d'avoir pour leur ville une histoire semblable, engagèrent Ménard à se mettre à l'œuvre, et, en effet, en 1762, il se transporta à Avignon où il passa deux ans à compulser les archives et à en extraire tous les documents qui devaient servir de preuves à ce nouveau travail, mais il ne l'a jamais exécuté.

Léon Ménard ayant contracté un second mariage à un âge assez avancé, mourut à Paris d'une maladie de langueur le 1ᵉʳ Octobre 1767. Son éloge, que Lebeau prononça devant l'Académie des Inscriptions et belles-lettres, fut inséré dans le tome XXXVI des mémoires de cette société (3).

Il fut enterré dans le cimetière Saint-Sulpice. De son premier mariage, il laissa un fils nommé François-Hercule Ménard, avocat, au Parlement de Toulouse et qui devint plus tard, avocat au Présidial de Nimes et finit par remplir les fonctions d'avocat des pauvres, et de son second mariage une fille.

Malgré les secours que la ville de Nimes lui donna, Léon Ménard mourut pauvre, ruiné par la publication de ses ouvrages et par les dépenses occasionnés par ses recherches et ses déplacements.

RUE DE METZ

Allant de la rue de la Vierge à la rue Rangueil.

3ᵉ Canton. — Section 4.
Niveau 47ᵐ47, 47ᵐ15.

Dans le principe, cette nouvelle voie de communication, (car ce n'était que depuis le

---

(3) Voir Michel Nicolas, Tome 2, Pages, 194 et suivantes.

commencment du siècle que les terrains qui la bordent s'étaient couverts de maisons,) s'appelait rue d'Arles, mais les Commissaires de 1824 suivant un plan déterminé, choisirent pour les rues du faubourg des casernes, les noms des divers royaumes dont l'ensemble forme le royaume de France actuel.

Dans cet ordre d'idées, le nom de Metz devait être un des premiers adoptés; on sait en effet, que le royaume de Metz formait une partie de ce que l'on appelait l'Austrasie, royaume Franc qui subsista du VIe au VIIIe siècle et qui naquit du partage des possessions de Clovis entre ses quatre fils, et échût à Thierry.

Metz devint la capitale et la résidence de ce prince ainsi que de sept rois, ses successeurs. Après la mort de Chilpéric (573), l'Austrasie, un instant réunie à la couronne de Thierry III, par le Maire du Palais, Ebroïn se révolta, et prit pour gouverneur Pépin d'Héristal. Charles-Martel lui succéda, défendit l'Austrasie contre Rainfroi, maire de Dagobert III, roi de Neustrie et devint même en 721 sous Tierry IV, qui n'était roi que de nom, maître de tout l'empire des Francs.

A la mort de Charles-Martel, l'Austrasie fut le partage de Carloman, frère de Pépin-le-Bref; mais ce prince s'étant fait moine, céda son royaume à son frère élu roi des Francs en 751 et c'est à partir de ce moment que le nom d'Austrasie disparut de l'histoire.

RUE MOLIÈRE

Allant du Boulevard de la Comédie à la rue Antonin.

1er canton. — Section 1.
Niveau 50m15, 5m,13.

Comme dans beaucoup de villes, les rues qui avoisinent le théâtre portent des noms d'auteurs dramatiques et celui de Molière est un de ceux que l'on retrouve toujours.

Jean-Baptiste Poquelin dit Molière est trop connu pour que je fasse ici sa biographie, je me contenterai donc pour ceux qui pourraient l'avoir oubliée, de donner la liste et la date des différentes pièces qu'il a composées et qu'il jouait lui-même sur les divers théâtres de Province et de Paris.

L'Etourdi représenté à Lyon en 1653. — *Le Dépit Amoureux* à Montpellier en 1654. — *Les Précieuses ridicules* 1659. — *Le Cocu imaginaire* 1660. — *L'Ecole des Maris* 1661. — *L'Ecole des Femmes*. — *Le Mariage forcé* 1664. — *Le Festin de Pierre* 1665. — *L'amour Médecin* 1665. — *Le Misanthrope* 1666. — *Le Médecin malgré lui* 1666. — *Le Tartuffe* 1667. — *Amphitryon* 1668. — *L'Avare* 1668 — *Georges Dandin*. 1668. — *M. de Pourceaugnac* 1669. — *Le Bourgeois Gentilhomme* 1670. — *Les Fourberies de Scapin* 1671. — *Les Femmes Savantes* 1672. — *Le Malade imaginaire* en 1673.

A la 4e représentation de cette dernière pièce il mourut pour ainsi dire sur la scène le 17 février 1673 à peine âgé de 51 ans.

RUE DE LA MONNAIE

Allant du boulevard Saint-Antoine à la place du Marché.

1er Canton. — Section 10.

Niveau 45m21, 45m50.

Nous ne voyons pas figurer cette rue sur les anciens plans de la ville, ni même dans la nomenclature de 1824, car elle n'existait qu'à l'état d'impasse sans issue, limitée d'un côté par le rempart et de l'autre par la place du Marché ; ce n'est qu'en 1839, que le conseil municipal, sous l'administration de M. Girard, maire, accepta la proposition de M. Pourtal, entrepreneur de bâtiments, et consistant à ouvrir une rue allant jusqu'au boulevard, et traversant la maison qu'il avait acquise de M. Renaux.

Naturellement cette rue dût prendre le nom que le public avait toujours donné à la ruelle, et que le souvenir du passé justifiait du reste parfaitement.

Nous voyons, en effet, qu'autrefois on a fabriqué de la monnaie à Nimes. M. Eyssette nous dit que pendant l'existence de la colonie Romaine, il y avait à Nimes une fabrique spéciale de monnaie, qu'on y frappait de la monnaie d'or comme à Rome, et qu'un trésorier impérial, dont le titre figurait parmi les grandes charges romaines, résidait à Nimes sous le nom de *præpositus thesaurorum Nemausensium*. Arles, Lyon et Trèves avaient un pareil officier ; mais dans ces trois villes importantes des Gaules, on ne frappait que de la monnaie d'argent.

Ménard nous dit, qu'avant 1250, on fabriquait à Nimes, au nom du roi, des tournois et des parisis, qu'on sait avoir été la monnaie royale du temps.

Des anciens documents nous fournissent des preuves de cette fabrication. Pierre de Voisins, chevalier français, sénéchal de Toulouse, donna, le 1ᵉʳ août 1251, au nom d'Alphonse comte de Poitiers, le bail de la nouvelle monnaie de Toulouse, dans lequel il fut dit que le comte Alphonse se conformerait, sur divers points qui regardent les officiers et les ouvriers de la fabrique de Toulouse, aux usages et aux coutumes de la monnaie royale de Nimes, *ad usus et consuetudines monetæ Nemausi domini regis*. — On voit de plus un autre bail de la monnaie de Toulouse donné par le comte Alphonse lui-même, le jeudi avant la fête de saint Jacques et de saint Christophe de l'an 1253, dans lequel il règle le poids et l'aloi des sols Toulousains sur le pied de la monnaie royale qui se fabriquait à Carcassonne et à Nimes, *sicut debet fieri moneta domini regis apud Carcassonam et Nemausum*.

« Le bâtiment de la monnaie de Nimes
» nous dit Ménard, était placé dans l'enceinte
» de la ville, en un endroit qui est vis-à-vis
» du marché, près de la porte Saint-Antoine
» et du logis de l'Etoile, bâtiment qui est
» depuis longtemps converti à d'autres usages,
» mais qui ne laisse pas de conserver encore
» le nom de la monnaie ».

Nimes fût, en 1655, la ville désignée pour l'établissement des presses destinées à fabriquer les *liards de France* pour la province de Languedoc. Ces presses étaient au nombre de quatre, et travaillèrent sans interruption pendant les années 1655 et 1656.

L'émission de ces liards de France dont la fabrication avait été adjugée à des partisans Juifs nommés Isaac Blandin, Zacharie Duclessé et autres, donna lieu à Nimes à un véritable soulèvement populaire dont Ménard n'a laissé qu'un récit très-succint (1), et dans lequel Léon Trimond, avocat, premier consul de Nimes, joua le principal rôle.

Il existe à la bibliothèque de Nimes, sous le n° 13,790 du catalogue, un manuscrit très-intéressant, dont quelques extraits ont été publiés en 1872, qui nous donne sur cette affaire les renseignements suivants que nous allons résumer, en passant sous silence tous les détails inutiles.

On sait que de tout temps, la refonte des monnaies a été pour nos rois une source de bénéfices considérables, soit qu'il fissent eux-mêmes cette opération, soit qu'ils en donnassent l'adjudication à des comettants qui payaient à la cassette royale une forte somme, et exploitaient alors leur concession en pressurant les populations.

Pour justifier, tant bien que mal, une pareille mesure, le roi Louis XIV, suivant son édit daté d'Amiens le 12 juin 1649, prétendit que « ses prédécesseurs ayant fait
» fabriquer, pour la commodité du commerce,
» des espèces de liards de billon dans lesquels
» il entrait, sur chaque marc, quatre deniers
» d'argent fin ; que cette fabrication avait été
» reconnue dangereuse, à cause de la facilité

(1) V. Ménard, t. VI, p. 115 et 116.

» qu'il y avait de les altérer, et que les puis-
» sances voisines les contrefaisaient en en
» envoyant en France qui n'étaient que de
» cuivre blanchi ; que le roi François Ier, en
» 1546, en défendit la fabrication, si bien que
» (selon ses propres expressions) depuis ce
» temps il ne s'est fabriqué aucunes espèces de
» liards dans ce royaume, et néantmoins cette
» espèce s'est trouvée si commode pour le
» menu commerce et pour faire les aumônes,
» que dans la plus grande partie des provinces
» de nostre royaume nos sujets en reçoivent
» et exposent journellement de ceux qui sont
» envoyés par les princes étrangers , n'en
» ayant plus de ceux fabriqués en nos mon-
» nayes ayant esté une partie fondüe pour en
» tirer le fin, et l'autre partie perdüe à cause
» de la petitesse de l'espèce.... C'est ce qui
» avait obligé nostre feu roy, très-honoré sei-
» gneur et père, de glorieuse mémoire, pour
» faciliter le menu commerce, de faire fabri-
» quer des espèces de doubles à ses coins et
» armes ; mais comme ces fabriques avaient
» été établies sans les ordres de nostre cour
» des monnayes, et que la cognoissance leur
» en avait esté interdicte, il se seroit glissé
» tant d'abus à la dite fabrication pour avoir
» esté, les dits doubles, mal monnoyés, qu'il
» estoit impossible de discerner l'effigie et les
» armes de France, ce qui fit que les estran-
» gers, voisins de nostre royaume, en appor-
» tèrent en France une si grande quantité que
» l'on auroit esté contraint de les réduire tous
» à un denier, ne les pouvant discerner les
» uns des autres.

» .... Nous avons estimé que de toutes
» les propositions qui nous ont esté faites sur
» sur ce subject, il n'y avoit point de plus
» prompt et asseuré remède que de faire fon-
» dre et décrier tous les dits doubles, tant
» ceux des estrangers que ceux fabriquez en
» nostre dit royaume, et de faire fabriquer
» des espèces de liards de cuivre pur et sans
» aucun meslange de fin, par les ordres et
» sous la direction de nostre cour des mon-
» noyes, sous les poinçons de Maistre Jean
» Varin, graveur général de nos dites mon-
» nayes, le tout à la taille de soixante-dix
» pièces au marc, et quatre de remède pour
» chacun marc, le fort portant le faible, pour
» être exposés et avoir cours en nostre
» royaume, pays, terres et seigneuries de
» nostre obéissance pour trois deniers tour-
» nois....

» Enjoignons très-expressément à nos sub-
» jects qui auront en leur pouvoir des dits
» deniers, de les porter aux bureaux qui, pour
» cet effect, seront établis dans le temps de
» six mois, à compter du jour de la publica-
» tion des présentes, sans espérance d'aucune
» prolongation pour être la valeur rendüe,
» sçavoir : de la livre, poids de marc des
» doubles fabriquez aux coings et armes de
» France, dix-huit sols, et pour ceux des mon-
» noyes estrangères, seize sols la livre ou à la
» pièce, à l'option des particuliers qui les
» porteront esdits bureaux, en sorte que pour
» trois deniers on leur rende un liard, et pour
» faciliter la conversion et change des dits
» deniers, nous permettons d'en faire fabri-

» quer de cuivre neuf avec quatre vingt pres-
» ses pendant neuf mois, et de travailler au
» convertissement avec six vingts presses
» pendant deux années trois mois, à compter
» du jour de la première délivrance des dits
» liards qui sera faite un mois après la véri-
» fication des présentes ».

Cet édit fut enregistré par la cour des monnaies le 7 aout 1649.

Le 1er octobre de la même année, cette cour enregistra les lettres patentes par lesquelles le roi donna au sieur François Planque le privilége de la fabrication des dits liards.

Quelques observations ayant été faites au roi par la susdite cour, il fut toutefois décidé que les dites presses ne pourraient fonctionner que de cinq heures du matin à huit heures du soir, du 1er avril au 1er octobre, et de six heures du matin à sept heures du soir, du 1er octobre au dernier jour de mars, et que les commissaires délégués pour la surveillance de cette fabrication seraient chargés de fermer à clef chaque soir les lieux où sont les presses.

Le 30 juillet 1654, le roi en son conseil commit Isaac Blandin, bourgeois de Paris, pour la fabrication des liards de France, et celui-ci prêta serment le 21 octobre 1654. Probablement, à son tour, ne pouvant exploiter seul son privilége dans toute la France, il se substitua, pour la fabrication des dits liards dans la province de Languedoc, les sieurs Jean Terien, marchand et Zacharie Duclesse, maître orfèvre, de Nimes, qui commencèrent la fabrication et la mise en circulation de la nouvelle monnaie.

Les habitants de Nimes se trouvant lésés dans leurs intérêts par le retrait de l'ancienne monnaie sur laquelle ils faisaient une perte matérielle, et sur l'encombrement de menue monnaie résultant de la mise en circulation des nouveaux liards, ce qui rendait les paiements d'une certaine somme très-longs et très-encombrants, firent de nombreuses difficultés pour recevoir ces nouvelles pièces.

Les consuls durent nécessairement, alors, s'adresser à leurs défenseurs naturels au Parlement de Toulouse et aux Etats-Généraux de la province de Languedoc ; nous n'entrerons pas ici dans le détail des nombreuses procédures auxquelles toutes ces démarches donnèrent lieu, il nous suffira de constater que les protestations des Etats - Généraux furent des plus vives, et que les arguments sur lesquels ils se fondèrent furent les suivants :

1° La permission donnée par le roi pour fabriquer les susdites monnaies de cuivre était contraire aux ordonnances, qu'il résultait, en effet, de celle d'Henri III, de l'an 1577 et d'Henri IV, de l'an 1576, que la fabrique des liards, doubles et deniers de cuivre n'avait été établie que pour l'utilité du peuple, or, dans le cas actuel, cette utilité était loin d'exister ;

2° Cette refonte devait se faire dans les monnaies royales sous la surveillance des agents de l'autorité, et non pas dans des lieux au choix des adjudicataires ;

3° La quantité à frapper n'avait pas été déterminée avec le concours des consuls et des principaux habitants de la ville, qui seuls pouvaient connaître les besoins de la population;

4° Et c'était surtout ce dernier argument qui était le plus important, les conditions du *don gratuit* portaient que nul édit, déclaration ou autre provision du conseil contraires aux droits et privilèges de la province, n'auraient d'effet en icelle, lors même qu'il s'agirait d'une question d'intérêt général sans avoir été approuvés par les Etats-Généraux de la province de Languedoc.

Malgré toutes ces protestations, il intervint, à la date du 4 août 1655, un arrêt du roi en son conseil d'Etat qui, vu l'information faite par le sieur de Lamotte, conseiller en la cour des monnaies, commissaire député pour la direction de la fabrique des liards en Languedoc, ordonna que les sieurs Lamamye, syndic de la province de Languedoc ; Richard et Licheyre, consuls de Nimes, et les nommés Mahistre, Bergeron, Bourelly, la veuve Fenouillet et son fils, Roux, Rey, Mouche, Huguet, marchands ; Fabre, orfèvre ; Sarrazin et Gaillard, huissiers, seraient ajournés à comparaître devant le dit conseil, pour répondre sur les informations faites contre eux, sous peine de mille livres d'amende. Sur cet ajournement, le procureur général du Parlement de Toulouse et le syndic général de la province, présentèrent requête en déchargement des dites assignations, et à la date du 28 juin suivant il intervint un arrêt contradictoire du conseil d'Etat par lequel, sous le bon plaisir de Sa Majesté, les assignés furent relaxés ; mais les soustraitants ne s'en tinrent pas là et obtinrent deux autres arrêts de la cour des monnaies, ajournant les consuls de Nimes, M. de Caumels, conseiller au Parlement et le sieur de la Mamie, syndic général de la province, à comparaître devant le Parlement de Grenoble pour se voir suspendre de leurs fonctions et payer des indemnités aux dits soustraitants.

En présence de cette nouvelle procédure, les Etats-Généraux de Languedoc se réunirent le mardi 9 novembre 1655 à Pézénas, sous la présidence de l'archevêque de Toulouse, et il fut décidé qu'on enverrait une députation vers Monseigneur le prince de Conti et MM. les commissaires présidents pour le roi les dits Etats-Généraux, pour les supplier très-humblement de vouloir obtenir de Sa Majesté la révocation de ses arrêts qui portent atteinte aux droits des habitants de la province, d'être jugés par leurs juges naturels, et pour leur déclarer que les dits Etats-Généraux s'opposent de plus fort à la fabrication des dits liards, qu'ils prennent le fait et cause des consuls et habitants de Nimes comme de tous autres qui pourront être vexés ou molestés pour ces motifs ; que MM. du Parlement en la personne de M. le premier Président seront remerciés de leur bonne justice et suppliés de les continuer ; qu'il sera fait grande civilité au sieur de Caumels de la part de la Compagnie, lequel sera entièrement dédommagé aux dépens de la province, et pour porter les dites plaintes à Monseigneur de Conti et à MM. les autres commissaires du roi, les dits Etats déléguèrent Messeigneurs les évêques d'Uzès et de Saint-Pons, MM. les barons de Castres et Lanta, les sieurs Capitouls et Toulouse, et les consuls de Montpellier, de Carcassonne et de Nimes.

Sur ces entrefaites, et le 20 novembre 1655, le sieur de Cluzeaux, archer du roi, vint à Nimes pour la publication des arrêts du conseil, il requit les consuls Léon Trimoud, Jacques Richard, Jean Vigier et Jacques Lichière, de lui donner un de leurs valets, trompette de la ville, avec la livrée municipale, pour faire cette publication dans les divers quartiers de la ville. Quoiqu'il y eût d'autres trompettes, des sergents ou archers pour remplir cet office, cependant les consuls pour montrer leur respect envers le représentant de l'autorité royale lui donnèrent le sieur Antoine Benoit un de leurs valets, trompette de la ville, qui, revêtu de ses insignes, fit les criées demandées.

Cette publication ayant été faite précisément un jour de marché, grand fut l'émoi de la population, et le sieur de Cluzeaux ayant voulu commencer la mise en circulation de la nouvelle monnaie, se la vit refusée ; il joignit bientôt les menaces aux paroles et se porta à des voies de fait contre certains marchands ; aussitôt toutes les boutiques se fermèrent et les marchands étrangers quittèrent la ville.

Le sieur de Cluzeaux voulut alors contraindre les consuls de faire rouvrir les magasins et continuer les achats ; mais ceux-ci s'y opposèrent, prétendant que ce n'était pas de leur ressort, sur ce, de Cluzeaux s'emporta en injures contre eux, disant qu'ils méconnaissaient l'autorité du roi, et qu'il saurait bien les faire repentir de leur désobéissance.

Les consuls rédigèrent alors devant Mᵉ Pons Ferrand, notaire royal, une protestation qu'ils remirent à de Cluzeaux, et celui-ci se retira.

Les fermiers de la monnaie ne pouvant pas écouler leurs liards et retirer de leur opération le bénéfice sur lequel ils comptaient, voulurent alors exploiter à leur profit les scènes de Nimes, et le sieur de Cluzeaux en ayant, à la date des 19 et 23 mars 1656, dressé des procès-verbaux, il intervint, à la date du 19 août suivant, un arrêt que je crois intéressant de rapporter ici en son entier :

« Sur ce qui a esté représenté au roi, estant
» en son conseil, que nonobstant les soins que
» Sa Majesté a pris pour faciliter l'exposition
» des liards en sa province de Languedoc,
» ainsi qu'aux autres endroits de son royaume
» les consuls et habitants de la ville de Nimes
» s'y sont toujours opposez avec tant de ma-
» lice que, par le bruict séditieux qu'ils ont
» semé dans l'esprit des peuples de la dite
» province, ils ont tousiours empesché le
» cours des dits liards, et, par leurs fré-
» quentes députations, suscité le syndic de
» ladite province à présenter des requêtes au
» Parlement de Thoulouze, sur lesquelles ils
» auraient fait rendre des arrests contraires à
» l'intention de Sa Majesté et injurieux à son
» authorité. Et bien que les dits arrests ayent
» esté cassez comme attentats, néamoins les
» consuls et habitants de Nimes ont apporté
» tant d'artifice, ils se sont servis de si

» mauvaises pratiques, que, jusqu'à présent,
» ils ont privé le public de la commodité qu'il
» pouvait recevoir de l'exposition et débit de
» cette monnaye au menu commerce ; et pour
» comble de désobeyssance et de malice, ils
» font passer les deniers fabriquez es-princi-
» pautés étrangères, dont l'usage et l'exposi-
» tion est décriée par les déclarations de Sa
» Majesté, au lieu de recevoir les dits liards
» qui sont fabriquez par son ordre dans le
» royaume. Et d'autant que s'il n'y estoit
» pourveu, les dits consuls, capitouls et ha-
» bitants des dites villes pourroient prendre
» advantage de leur désobeyssance et con-
» tinueroient à faire apporter dans ce royaume,
» comme ils font, les deniers des principautés
» estrangères contre les défenses de Sa Ma-
» jesté, et que le fermier de la fabrique
» estably à Nimes pour la dite province de
» Languedoc succomberoit dans l'entreprise
» de la dite fabrication, et, en conséquence,
» Sa Majesté demeureroit privée du secours
» qu'elle en doit tirer dans l'estat présent de
» ses affaires. Veû les arrets du conseil du
» 15 septembre et 2 décembre dernier, la
» délibération des Estats de la province de
» Languedoc tenus à Pézénas le 9 novembre
» dernier, les procès-verbaux de Decluzeaux,
» archer des gardes du roy en la prévosté de
» son Hostel, des 19 et 23 mars dernier et
» autres jours suivants, faits en exécution de
» la déclaration du roy et des dits arrests ;

» Sa Majesté estant en son conseil, con-
» formément à ses déclarations et arrests pré-
» cédents, a fait et fait très-expresses

» inhibitions et déffences à toutes sortes de
» personnes de quelque qualité qu'elles soyent
» d'exposer ni reçevoir en payement aucuns
» deniers, à peine de trois mil livres d'amende,
» qui sera exécuté en vertu du présent arrest
» contre les contrevenans par emprisonne-
» ment de leurs personnes ; enjoint à ceux
» qui s'en trouveront chargez, de les porter
» à l'hôtel de la monnoye ou aux bureaux qui
» seront pour ce establis, pour estre à l'ins-
» tant convertis en liards de France ; que Sa
» Majesté veut et ordonne leur estre a mesme
» temps delivrez pour la valeur des dits
» deniers à raison du prix porté par les dites
» déclarations et arrest du dit conseil, afin
» que le public n'en reçoive incommodité. Et,
» en conséquence, ordonne Sa Majesté que les
» dits liards seront reçeus esdites villes de
» Nismes et Thoulouze et autres lieux de
» Languedoc, ainsi qu'ils sont es-autres pro-
» vinces du royaume, sur les pèines portées
» par les dites déclarations et arrests du dit
» conseil. Et, à cette fin, enjoint aux reçe-
» veurs des tailles, taillon et autres fermes et
» droicts de Sa Majesté, de les prendre et
» reçevoir en payement sans difficulté, con-
» formément au dit règlement, à peine d'en
» estre responsables en leurs privez-noms.

» Et pour aucunement dédommager le fer-
» mier de la dite fabrique de la perte qu'il a
» soufferte à cause de la non jouyssance et
» inexposition des dits liards depuis l'esta-
» blissement de la dite fabrique jusques à
» présent, a Sa Majesté condamné les consuls
» de la dite ville de Nismes en charge l'année

» dernière et de la présente, ensemble douze
» des principaux habitants d'icelle, payer au
» dit fermier la somme de soixante-cinq mil
» livres ; à quoi faire ils seront solidaire-
» ment contraints, comme et pour les deniers
» de Sa Majesté, mesme par saisie de leurs
» biens, marchandises et autres effets qui se
» trouveront à eux appartenans, lesquels
» seront vendus en vertu du présent arrest, et
» les deniers en provenans delivrez au dit
» fermier jusques à concurrence de la susdite
» somme de soixante-cinq mil livres.
» Ordonne en outre, Sa Majesté, que la
» publication des déclarations, arrests du con-
» seil et de la cour des monnoyes sera faite
» dans les villes de Thoulouze et de Nismes
» et autres de la province, aux lieux et places
» accoutumées, par les juges-mages, lieute-
» nants criminels et autres chefs des sénes-
» chaux des dites villes ou par les juges et
» viguiers d'icelles avec toutes les formalités
» à ce gardées et observées ; et que le nommé
» Gignoux, second consul de Nismes, des-
» nommé es-procès-verbaux de Decluzeaux,
» sera adjourné à comparoir en personne dans
» un mois, au dit conseil, pour respondre sur
» le fait des dits procès-verbaux et autres
» résultants d'iceux ; et à faute par le nommé
» Trimond d'avoir comparu à l'assignation
» à luy donnée en personne, en vertu de
» l'arrest du conseil du deux décembre der-
» nier, a ordonné et ordonne qu'il sera pris
» au corps et iceluy conduit en bonne et seure
» garde dans les prisons du fort l'Evesque à
» Paris pour luy estre le procez fait et parfait,

» et au cas où il ne pourroit estre apprehendé,
» sera cris à son de trompe à trois briefs
» jours, ses biens saisis et annotez sous la
» main de Sa Majesté suivant l'ordonnance.
» Et sera le présent arrest exécuté par le dit
» Decluzeaux, nonobstant opposition ou ap-
» pellation quelconque. Et, à cet effet, en-
» joint Sa Majesté à tous gouverneurs, ses
» lieutenants-généraux, intendants de la
» justice en Languedoc, consuls, prévost des
» marchands et autres, ses officiers et sujets
» de luy donner secours et main-forte si
» besoin est. Fait au conseil d'Etat du roi,
» Sa Majesté y estant, tenu à la Fère, le 19ᵉ
» jour d'août 1656. Signé : Lovis ».

Muni de cet arrêt, le sieur Decluzeaux se rendit à Nimes, et apprenant que le consul Trimoud se trouvait à Vienne en Dauphiné pour l'assiette de la province, il s'y transporta et procéda à son arrestation.

Dès que Trimoud fut arrivé à Lyon il écrivit à son frère pour le prévenir de ce qui venait de se passer. Les termes de cette lettre sont si dignes, si fermes, et dénotent une telle loyauté de sentiments que je ne crois pas pouvoir mieux faire que de la transcrire ici dans son entier.

Elle est datée de Lyon, le 19 septembre 1656, et est ainsi conçue :

« Monsieur mon très-cher frère, hier matin
» à Vienne au sortir de la messe, je feus
» arresté prisonnier par le sieur Decluzeaux,
» hoqueton, accompagné de deux huissiers et
» de deux archers de Lyon, où ils m'ame-
» nèrent dans un bateau. Au bruict de ma

» capture, M. le conseiller Guérin fils,
» M. l'advocat-général et quelque gentils-
» hommes et autres gens de condition de mes
» amis, accoururent à Lyon et m'en ayant
» trouvé parti, me suivirent dans un batteau
» jusqu'à ce qu'ayant abordé le nostre avec
» beaucoup de peine, par le refus que faisait
» le hoqueton, qui apprehendoit qu'on ne me
» vint enlever, et qui ne fit arrester qu'au
» nom des officiers en la cour des aydes, qui
» vouloient me voir, ils y entrèrent et luy
» ayant demandé sa commission, il leur fit
» voir un arrest du conseil du 19 août dernier,
» portant condemnation contre les consuls de
» Nismes de l'année dernière et de la présente,
» et de douze de nos principaux habitants, en
» la somme de soixante-cinq mil livres soli-
» dairement, pour le dédommagement des
» partisans, à cause de l'inexposition des
» liards ; adjournement personnel contre
» M. de Caumels, conseiller au Parlement,
» avec interdiction de sa charge et suppres-
» sion de ses gages et autres droits, nouvel
» adjournement personnel contre le sieur Ri-
» chard, mon collègue, et prise de corps
» tant contre le sieur de la Mamye, syndic
» général, que contre moy, à faute d'avoir
» comparu sur l'adjournement personnel à
» nous inthimé, et que nous serons conduits
» au fort l'Evesque à Paris. Après la lecture
» duquel arrest, mes amis voyant que c'estoit
» une affaire publique, non seulement de
» nostre ville et diocèse, mais encore de toute
» la province, et qu'ainsi, il n'y avait rien à
» risquer pour mon particulier, furent remis

» de leur crainte, et m'offrirent le plus obli-
» geamment du monde leurs services et tout
» ce qui dépendoit d'eux, de quoy je les re-
» merciay, et les ayant conjurés de ne faire
» aucune violence pour m'empirer l'affaire,
» ou plustôt pour ne la rendre mauvoise de
» bonne qu'elle est, ils se retirèrent avec
» grands regrets, et je ne garday avec moi
» que mon valet et le sieur Recordon à qui
» j'ay beaucoup d'obligation ; dequoy je vous
» prie remercier de ma part le sieur Restoin,
» et le prier mesme de l'en remercier par
» lettre ; et qui eût la bonté de s'en retourner
» à Vienne hier à soir presque nuict, pour
» m'y aller quérir les hardes qui me sont
» nécessaires pour le voyage de Paris que
» nous commençons demain, n'ayant pu ob-
» tenir du hoqueton que ce jour pour recou-
» vrer mes hardes. Je lui ay demandé avec
» instance, pour espargner des fraix à la
» ville, ou qu'il me laissât aller à Paris sur
» ma parolle et sur l'obligation des respon-
» dans que je luy ay offert en ceste ville ou
» au pis aller, qu'il m'y conduisist luy seul,
» ce qu'il n'a jamais voulu m'accorder, estant
» résolu de prendre encore avec luy un autre
» hoqueton et deux huissiers de ceste ville.

» Je vous prie très-instamment de con-
» férer de ceste affaire avec Messieurs les
» consuls et Messieurs de Vestric et de Vi-
» gnoles, afin qu'ils fassent au plustôt ce qui
» sera nécessaire pour ma délivrance, sans
» toutesfois se porter à aucune violence, dont
» je souffrirais, et sans faire non plus rien
» contre le service du roy et le bien public

» que je préféreray toujours à mon intérêt
» particulier. Il ne faut pas que nul de Messieurs les consuls, ny autre habitant soit
» député à Paris, parce qu'ils y seroient
» arrestés en vertu de l'arrest qui, comme je
» l'ay déjà dit, condamne en la somme de
» 65,000 livres les consuls de ceste année et
» de la dernière, et douze de nos principaux
» habitans sans les nommer. Il faut seulement
» que M. Ginhoux, second consul, m'envoye à
» Paris une lettre de crédit, pour y prendre
» l'argent qui me sera nécessaire pour ma
» despense et autres frais du procès, et qu'ils
» escrivent de puissantes et passionnées lettres
» en ma faveur à Monseigneur de Nismes,
» comme aussy à Monseigneur de Narbonne
» et à Monseigneur d'Uzès, M. de Gramon,
» député de la province, à M. Joubert, syndic
» général, et encore à Monseigneur l'évêque
» d'Agde ; dans toutes lesquelles lettres il
» soit parlé que je suis arrêté pour la cause
» publique, non seulement de nostre ville et
» diocèse, mais encore de toute la province,
» et qu'ils fassent absolument tout ce qui dé-
» pendra d'eux pour mon relaxe, tant du
» decret de prise de corps que de la condam-
» nation solidaire portée par l'arrest.

» Prennez, s'il vous plait, la peine de faire
» toutes ces lettres, les faire bien escrire par
» Aligre ou par le petit clerc du sieur Ferraud, et après les avoir faictes signer par
» Messieurs les consuls, me les envoyer par
» le prochain courrier à Paris, chez M. Tavernier, sur le quay de la Mégisserie à la
» Sphère royalle.

» Il faut, s'il vous plaist, que celle à Mon-
» seigneur de Nismes soit la plus affectueuse
» et la plus déferante qu'il se pourra. Il est
» encore nécessaire que Messieurs les consuls
» assemblent un conseil politique, et sur l'ex-
» position de ma capture fassent desliberer
» que je seray entièrement indemnisé aux
» frais de la ville, et qu'elle me relèvera et
» garantira de tous les dépens, dommages et
» interetz que je pourrai souffrir pour raison
» de ceste affaire, de laquelle deslibération je
» vous prie de m'envoyer un extrait, comme
» aussy de celle qui fut prinse l'année der-
» nière sur le decret d'ajournement personnel
» qui me fut intimé, et au sieur Richard,
» mon collègue, que le sieur Ferraud vous
» baillera d'abord, ou à son refus, le sieur
» Combes. Il faut aussi que Messieurs les
» consuls m'envoyent des inquisitions des
» mauvais traitements faicts par le sieur De-
» cluzeaux, boqueton, à nos habitans, et des
» soufflets, coups de pied et de poings qu'il
» leur donna l'année dernière, et que vous
» m'envoyiez, s'il vous plait, les actes que je
» luy fis, que vous trouverez sur la table de
» mon cabinet, dont je vous envoye la clef
» avec d'autres papiers concernant ceste
» affaire, vous conjurant de m'envoyer le tout
» aussy bien qu'un arrest de Parlement de
» Tholoze contre la cour des aydes de Mont-
» pellier, avec deux exploits d'assignation sur
» l'adjournement personnel et decret de prise
» de corps lancés contre moy, que vous
» trouverez sur la table de mon cabinet, pliés
» ensemble.

» Prenez aussi la peine de conférer particulièrement de mon affaire avec Messieurs de Saint-Denis et mes beaufrères que je salue humblement. J'en écris à M. Madrier, et peut-être trouverez-vous ensemble quelqu'expédient doux et paisible pour ma délivrance qui dépend absolument de M. Brun; car quoy qu'il puisse dire, je suis fort assuré, et je le tiens de bonne part, qu'il a escrit à Paris contre moy, qu'il y a donné avis de mon arrivée et séjour à Vienne, qu'il a mesme sollicité par lettre un decret de prise de corps seulement contre moy, et à l'exclusion du sieur Richard, mon collègue, quoiqu'il ne se soit pas présenté non plus que moy à l'adjournement personnel ; qu'il a encore donné avis aux autres traitans d'ici, qui n'ont nul intérest en l'affaire pour le regard de nostre province, que j'avais esté en ceste ville il n'y a pas longtemps, et que si l'on ne me faisait bientôt arrester à Vienne, on m'en trouverait parti, attendu que j'avais obtenu l'arrest que je poursuivois contre M. le Premier Président Bon ; ayant mesme envoyé une copie prétendue, et fausse en plus grande partie, d'une lettre que j'avois escrite à Nismes touchant le dit arrest; si bien que M. Brun m'a joué certainement ceste pièce, et en cela il recognoist mal l'obligation qu'il m'avoit de n'avoir pas voulu poursuivre contre luy un decret de prise de corps que j'eûsse facilement obtenu du Parlement de Tholoze.

» En un mot, il ne tient qu'à luy de me

» faire eslargir, et la chose lui est aisée s'il
» veut y aller de bon pied, ce que Messieurs
» de Saint-Denys et mes beau-frères pourront
» obtenir de luy. Que s'il le refuse absolu-
» ment, il le faut laisser et n'acheter point
» ma liberté et mon repos au prix d'aucune
» lâcheté. Dieu me fera la grâce de retrouver
» l'un et l'autre, et j'espère de sa bonté et de
» sa providence qu'il confondra les desseins
» injurieux des ennemis du peuple, et qu'il
» bénira une cause qui n'a jamais eû pour but
» que le service du roy et le bien public.

» Je vous conjure seulement, mon cher
» frère, de m'assister de vos utiles conseils et
» de vos bonnes prières, de consoler ma
» femme, de soigner ma famille, et de me
» croire inviolablement en quelque condition
» que je puisse estre, mon très-cher frère,
» vostre très-humble et très-obéissant frère
» et serviteur.

» *P. S.* — Depuis mon arrivée en ceste
» ville, j'ay reçeu une file continuelle de
» visites tant de Messieurs de Nismes que de
» ceux de Vienne et de Lyon. M. le Prevost
» des marchands mesme, nommé M. Gui-
» gnard, second président en la cour des
» aydes de Vienne, ma faict visiter deux fois
» par M. le Vietre, son oncle, et offrir toute
» sorte de services. M. de Boissac-l'Esprit,
» qui ma faict l'honneur de m'aimer, m'a veu
» deux ou trois fois, et ayant parlé très-pas-
» sionnément de mon affaire à M. l'Intendant,
» l'a obligé d'envoyer quérir le boqueton à
» ce soir, qu'il a fort pressé de me relascher
» sur ma parolle et sur celle de mes

» respondans ; mais il n'en a peu rien obtenir,
» si bien que nous partons, Dieu aydant,
» demain sur des chevaux le louage et irons
» prendre l'eau à Roanne. J'ay recouvré mes
» hardes de Vienne par le retour du sieur
» Recordon. Je vous conjure encore de m'en-
» voyer des lettres du sieur André, que je
» salue, pour quelques uns de ses particuliers
» amis de Paris, où il a de bonnes habitudes,
» et une lettre vostre pour M. de Dieusse,
» dont vous me marquerez, s'il vous plaist
» l'adresse aussi bien que celle de M. le thre-
» sorier Cassagne et de M. Bérard. Je vous
» prie de dire à Messieurs le chanoine de Ca-
» biac et d'Escudier, que je salue, que je leur
» escriray Dieu aidant, par le prochain cour-
» rier. Je salue très-humblement M. Baudan-
» l'Esprit ».

A la nouvelle de cette arrestation grande fut l'émotion dans toute la province de Languedoc, dont les administrateurs durent se croire ménacés dans leur liberté, et qui se voyaient tous exposés à être traînés en prison comme de véritables criminels à travers toute la France ; aussi chacun s'agita-t-il. Voyons d'abord ce qui se passa à Nimes ; comme l'avait demandé Trimoud, le conseil de ville s'assembla, et voici le procès-verbal de sa séance :

« L'an mil six cent cinquante six et du
» dimanche vingt quatrième jour du mois de
» septembre, heure de deux après-midy, le
» conseil général et extraordinaire de la ville
» de Nismes, assemblé en son de cloche en
» la forme accoustumée dans la grande salle

» de la maison consulaire, par devant Mon-
» sieur Charles de Palmire, conseiller du
» roy, juge criminel en la cour de M. le séné-
» chal de Nismes et Messieurs noble Philibert
» de Fabre sieur de Beauchamp, François
» Vinoux, bourgeois, Anthoine Chabran,
» marchand, et Claude Roux, premier,
» second, troisième et quatrième consul de la
» ville de Nismes, présans et assistans Mes-
» sieurs nobles Louis de Calvière de Bou-
» coyran sieur Delinqua, Maurice de Baudan,
» Jacques des Vignolles sieur du Pradier,
» Charles de Beaudan sieur de Villeneuve,
» Jean Duprocet, Tristan Dagulhonnet, Bon-
» navent Bastide, docteur et advocat, Fran-
» çois de Baudan sieur de Vestric, Jean de
» Vally, advocat, Jean de Rozel sieur de
» Saussine, Jean Dessally, Jean Daude, Ho-
» noré de Scudier, advocat, Jacques Richard,
» Jean Roux, Firmin Boufa, Gaspard He-
» raud, Emmanuel André, Pierre Boschier et
» François Hivert, bourgeois, Anthoine Fa-
» bre, Louis Couvras, Anthoine Guiraud,
» Fidèle-Jean Mollière, Jean Roux, Charles
» de Hugues et Fulcrand Maystre, marchand,
» Jacques Lichère, chapellier, Anthoine
» Dode, Abraham Valentin et Jacques Tur-
» quet, Phélipe Bouet, Marc Michel, Jean
» Picard, Jean Allier, Vidal, Verdier, Bar-
» bat, Jean Cabot, Isaac Roque et plusieurs
» autres.
   » A esté proposé par Messieurs les consuls,
» de l'organe de noble Philibert de Fabre
» sieur de Beauchamp, premier consul, comme
» ils ont receu lettre du sieur Trimond,

» accesseur, datée de Lyon, le 19e de ce mois
» par laquelle il leur donne advis qu'estant
» en la ville de Vienne, comme député de
» Messieurs tenant l'assiette du diocèse pour
» la poursuite du jugement du procès pen-
» dant entre la cour des aydes et Monsieur
» Bon, Premier Président en la cour des
» comptes, ayde et finances de Montpellier,
» et alors qu'il sortait de l'Eglise il a esté
» saizi et faict prisonnier par cinq ou six
» huissiers ou sergents à l'instance des par-
» tizans de la fabrique des liards, en vertu
» d'un arrest par eux obtenu portant con-
» demnation en la somme de soixante cinq
» mille livres contre la dite ville avec con-
» demnation solidaire et par corps contre les
» quatre consuls de l'année dernière et les
» quatre, de la présente, et encore contre
» douze des principaux habitans sans les nom-
» mer, et ainsi le dit sieur de Trimond est
» amené prisonnier en la ville de Paris pour
» y estre debtenu dans les prizons du fort
» l'Evesque. Ce qu'ayant été exposé par les
» dits sieurs consuls et leur conseil ordinaire,
» attendu l'importance de l'affaire quy re-
» garde non pas seulement l'intherets de toute
» la ville dont les habitants sur l'aprehension
» de grande execution sur leurs personnes
» n'ozeront sortir, et, par suite, tout com-
» merce et négoce cessera, mais aussy regarde
» l'interêt de toute cette province de laquelle
» les Etats généraux assemblés l'ont aussy
» recogneu par leur délibération du neufvième
» novembre dernier par laquelle ils prennent
» le fait et cause de ceste ville sur le subject

» de ceste fabrique des liards, en quoy il n'y
» a jamais esté rien faict contre le service et
» intantion du roy, et, néangmoins, soubs un
» faux narré et que sur premier manifeste
» sans que les dits sieurs consuls ayent estés
» ouys ry déffandus, les dits ont obtenu le
» dit arrest de condemnation et de prise de
» corps, la dit conseil ordinaire a pensé bon
» de convoquer le conseil général de la ville
» pour lui en donner cognoissance et prandre
» son advis sur ce qu'il jugera debvoir estre
» faict en ceste affaire.

» Le conseil général assemblé en corps de
» compagnie après avoir entandu la susdite
» proposition et recognoissant l'importance
» de ceste affaire, et comme il est notoire
» que sur l'aprehension de pareille exécution
» de ce prethendu arrest tout négoce et com-
» merce de la dite ville cessera, mesme la
» poursuite des affaires litigieuses d'ung chas-
» cun des habitans, comme de fait tout cesse
» viziblement depuy la nouvelle venue de
» l'emprizonnement du dit sieur de Trimond,
» au grand prejudice de tous les habitans, ce
» quy pourroit altérer les repos et tranquillité
» publique, et saschant dailleurs qu'ils n'ont
» rien faict en ceste affaire de la fabrique des
» liards contre le service et intantion du roy
» ainsi que Messsieurs des Etats de ceste
» province l'ont recognu par leur desliberat-
» tion sur ce prinze, et Monsieur le juge cri-
» minel après avoir recuelly les opinions d'un
» chascung des assistans, conclud par une
» uniformité de voix qu'il demeure desliberé
» que la ville doit prendre le fait et cauze du

» dit sieur de Trimond et le retractant, la ré-
» vocation du susdit arrêst comme obtenu par
» une surprize manifeste et par fraude. Ont
» été nommés Messieurs de Leauga, Bocoy-
» ran des Vignolles, de Pierre Dostally,
» Richard Hermet, Fabre Marchand et Va-
» lantin, auxquels le conseil ordinaire donne
» plain pouvoir de chercher et prandre tous
» les moyens qu'ils jugeront propres et rai-
» sonnables avec promesse d'aprouver et
» trouver bon tout ce qui par eux sera fait ».

A part cette délibération qui mettait à couvert les intérêts matériels du sieur Trimond, celui-ci se fit délivrer, le 23 octobre 1656, un certificat par les principaux habitants de Nimes constatant l'attitude qu'il avait toujours eue vis-à-vis les représentants de l'auterité royale dans la question de la fabrication des liards et son respect pour les droits de tous.

Pour ne pas entrer dans des détails inutiles je ne donne pas ici le texte de ce certificat délivré par M. Hector de Montenard, seigneur de Faulin, baron de la Pierre, marquis de Montfrin, chevalier, conseiller du roi en ses conseils, maréchal de camp en sesarmées, sénéchal de Nimes ; mais comme document d'histoire locale je signalerai les noms des témoins qui à la requête de Me Antoine Bourrely, procureur, agissant pour le sieur Trimoud, vinrent témoigner de son honorabilité.

Ce sont : MM. Barthelemy Volle, prieur de Saint-Germain, prêtre et archidiacre de l'église cathédrale de Nimes ; noble Honoré de Baucs, sieur de Cabiac, chanoine en la dite église; François de Baudan, conseiller du roi en la sénéchaussée et présidial de Nimes; Claude de Fabre, conseiller en la dite cour; Scipion de la Croix, conseiller et avocat du roi; Jacques de Fabre, docteur ès-droits, prêtre et prieur du lieu de Bord au diocèse de Nimes; Messires Louis de Nicolay, sieur de Meas, baron de Sabran, seigneur de Cavillargues et autres places du diocèse d'Uzès; Antoine du Roy, baron de Saint-Victor de la Coste, seigneur de Baquôme et autres places du diocèse; nobles Jean de Sibert, docteur ès-droits et juge de monseigneur le prince de Conty, en sa ville de Bagnols, Henry Calvin, aussi docteur ès-droits et premier consul de la dite ville; Henry Bouschas, habitant à Nimes; Jean de Fontfroide, docteur et avocat; MM. Simon de Rouverié de Cabrières, Michel Teissier, Honoré d'Escudier, docteurs et avocats postulants ès-dite cour; Pons Ménard, docteur en médecine; sieur Jean Reboul; Pierre Pelatan; Accurce Georget, procureur; Aymé Bouzon, maître apothicaire de Nimes; François Taradel et Louis Garrit, marchands de la ville d'Uzès.

Tous ces témoins prêtèrent serment dans la forme suivante:

Les sieurs de Saint-Germain, de Banc et Fabre la main mise sur la poitrine, attendu leur qualité.

Les sieurs de Baudan, de Fabre, de la Croix, de Sabran, de Saint-Victor. Calvin, Sibert, Bouchas, de Rouverié, d'Escudier, Ménard, Reboul, Georget, Bouzon, Taradel et Garrit, la main mise sur les saintes

Evangiles comme faisant profession de la religion catholique, apostolique et romaine.

Et les sieurs d'Arbaud, Teissier, Fontfroide et Pelatan, la main levée à Dieu comme faisant profession de la religion réformée.

Pendant que toutes ces démarches se faisaient dans l'intérêt de Trimond, les adjudicataires de la fabrication des liards voulant forcer le cours et la circulation de la nouvelle monnaie, employaient des moyens violents pour arriver à ce résultat, nous trouvons la confirmation de la chose dans un procès-verbal du 24 octobre 1656, ainsi conçu :

« L'an mil six cent cinquante six, le mardy
» vingt-quatrième jour du mois d'octobre sur
» l'heure de neuf du matin, nous Philibert de
» Fabre, sieur de Beauchampz, Jean Binoux,
» Antoine Chalas et Claude Roux, consuls
» gouverneurs de la ville de Nimes, estant
» dans l'Hostel de Ville, avons esté advertis
» que Lauzé, huissier au présidial de la dite
» ville et neuf ou dix archers du prevôt,
» armés d'espées et pistolets, estoient à la
» place du marché, forcoient les estrangers
» qui estoient venus vendre du bled, des
» chastagnes et aultres provisions pour les
» habitants, de se payer en liards de cuivre ;
» usant, pour cest effect d'amprizonnement,
» d'efraction des portes et autres rigoureuses
» contraintes. Ce qui avoit esté cauze que
» presque tous ceux de la campagne qui
» estoient à ce marché s'estoient retirez sans
» rien vendre ; et par ce moyen nos habitants
» reçoivent un préjudice notable. Pour aquoy

» remédier, nous avons pris nos livrées con-
» sulaires, et avec l'assistance des sieurs
» Boschier et Borrely nos ouvriers, et de
» M. Combes notre secretaire, sommes allés
» à la dite place du Marché où il nous a esté
» dit que les dits huissiers et archers avoient
» fait effort d'enfoncer les portes de la maison
» Malhan, revandeur, afin de le constituer
» prizonnier pour avoir refuzé deux ou trois
» solds de liards ; mais qu'ayant apris que
» cet homme n'estoit point dans le dit logis,
» il s'en estoient pris à des pauvres estran-
» gers, et qu'ensuite ils s'étoient retirez dans
» l'hôtel de la monnoye, après quoy estant
» allés à l'hostellerie de l'Estoile pour vérif-
» fier sy le pain estoit du poidz porté par nos
» réglemens.

» Tost après, y est arrivé Monsieur Che-
» valier, commissaire du roy en la cour des
» monnoyes à la suite d'une vingtaine d'huis-
» siers ou archers, lequel s'estant addressé à
» mes dits sieurs de Beauchampz, Binoux et
» Roux, premier, second et quatrième con-
» sulz, nous a dit avec un ton de voix extre-
» mement haut qu'il estoit là pour nous
» sommer de l'assister à contraindre nos ha-
» bitants pour le payement des amandes
» auxquelles il les avoit condamnez. Ce qu'en-
» tendu, nous avons doucement dit au dit
» sieur Chevalier que le dit M. Combes qui
» estoit personnellement versé aux affaires
» lui répondroit suivant la charge que nous
» luy en avions donnée, et, de fait, il luy a
» remonstré avec beaucoup de civilité et de
» respect que par l'acte qui lui fut signifié le

» xbj (20) de ce mois, nous luy avions déduit
» les raisons pour lesquelles nous ne pouvions
» pas l'assister aux rigoureuses executions
» que l'on faisait à son nom à l'encontre des
» habitants, jusqu'à ce qu'il eût plu à Sa
» Majesté de faire droit aux plaintes et aux
» remonstrances que la dernière assemblée
» des Etats de la dite province avoit deslibéré
» touschant la révoquation de la déclaration
» qui ordonne la fabrique et le débit des
» liards, auquel effet, Messieurs députés en
» faisoient incessamment les poursuites, et
» qu'il n'y avoit pas lieu maintenant que
» nous fissions des chozes toutes contraires,
» mais bien que le dit sieur Chevalier sursit
» l'execution de ses contraintes, d'empescher
» que par son autorité l'on ne fît plus dezerter
» nos marchez n'y que l'on s'emportât à
» d'autres violances, la continuation des
» quelles y pourroit faire grand préjudice au
» service de Sa Majesté et troubler le repos
» public, à quoy nous protestons par exprès
» contre luy. Ensuite le dit sieur Chevalier
» a répliqué avec menasse qu'il sauroit escrire
» et dresser un bon procès - verbal contre
» nous, et il s'est retiré. Ayant de ci-dessus
» fait le nôtre suivant la vérité, nous sommes
» signés avec nos dits procureur et secre-
» taire ».

On comprend que les choses étant arrivées à ce degré de résistance de part et d'autre, il fallait que l'autorité royale intervint d'une manière définitive et incontestée, il était indispensable pour la tranquillité de la province, pour la garantie de la rentrée des impôts, pour la sauvegarde des droits de tout le Languedoc, qu'une solution eût lieu — le roi devait se soumettre ou sévir — c'est le premier moyen qu'il adopta, et par arrêt rendu en son conseil d'Etat, à Paris, le 17 mars 1657, sans s'arrêter aux arrêts antérieurs du dit conseil des 18 février, 5 juin, 18 juillet et 2 décembre 1655 et 19 août 1656 qu'il révoqua, il déchargea les consuls et habitants de Nimes et autres de la province de Languedoc de toutes les condamnations contre eux prononcées, donna main-levée de toutes les saisies opérées, et ordonna la mise en liberté de Trimond.

Les traitants ne pouvant plus forcer le peuple à accepter des liards, cessèrent la fabrication, et c'est la dernière fois, que je sache, que le marteau de la monnaie a battu à Nimes.

PLACE MONTCALM

1er Canton. — Section .

Niveau 43m60, m .

Au milieu du XVIIIe siècle à une triste époque de nos annales nationales alors que le drapeau de la France était souvent abaissé, celui de l'armée française d'Amérique fut tenu haut et ferme au Canada par un de nos compatriotes, et s'il tomba dans un jour de malheur, ce fut pour servir de linceul au général de cette vaillante armée.

Le devoir de tout patriote est donc de mettre en lumière les grands dévoûments, de faire voir que malgré son deuil la France sait se souvenir et qu'il est toujours temps de s'incliner pieusement devant toutes les grandes victimes de l'honneur national. C'est ainsi qu'une nation peut se relever à ses propres yeux. C'est ce sentiment qui bien certainement a inspiré nos édiles lorsqu'ils se sont souvenus du nom de Montcalm pour le donner à une de nos places.

Comme je suis à peu près certain que la plupart des Nimois ignorent quels sont les titres de cet enfant du Gard à la reconnaissance publique, je vais en quelques lignes retracer l'existence de ce héros dont la statue devrait orner une de nos places publiques,

Louis Joseph de Montcalm-Jozon, seigneur de Saint-Véran, Candiac, Tornemire, Vestric, Saint-Julien d'Arpans, baron de Gabriac, naquit au château de Candiac. près Vauvert, arrondissement de Nimes, le 29 février 1712. Son père s'appelait Louis Daniel et sa mère Marie-Thérèze-Charlotte de Lauris de Castellanne-Dampuis.

Il fut élevé par Louis Dumas de Nimes, l'auteur du *bureau typographique.*

Le 6 août 1724, il obtint une charge d'enseigne dans le régiment de Hainaut-infanterie dont son père était lieutenant-colonel et fit en cette qualité les campagnes d'Allemagne et d'Italie de 1733 à 1738. Dans cet intervalle et le 3 octobre 1736, il avait épousé Angélique-Louise Talon de Boulay, fille de feu le marquis de Boulay, colonel du régiment d'Orléanais et petite-fille de Denis Talon, avocat-général.

Chevalier de Saint-Louis depuis le 22 juillet 1741, il reçut le 29 septembre la permission de suivre en Allemagne le marquis de Lafare en qualité d'aide-de-camp. Colonel du régiment d'Auxerrois en 1743, il fut blessé de cinq coups de sabre et fait prisonnier sous les murs de Plaisance en 1744 ; rendu à la liberté et nommé brigadier en 1747, il fut de nouveau blessé à la bataille de l'Assiette dans les Alpes à coté du chevalier de Belle-Isle qui fut tué. En 1749 nommé par le roi mestre-de-camp d'un régiment de cavalerie, il conserva ce poste jusqu'en 1756, époque à laquelle, nommé maréchal de camp, il fut choisi par le roi Louis XV pour aller commander les troupes françaises au Canada.

S'étant embarqué à Brest le 21 mars, sur la *Licorne*, il débarqua à Québec le 13 mai et se trouva avec les renforts qu'il amenait, à la tête d'une armée composée de 3752 soldats réguliers, 1800 hommes de milice canadienne et de quelques sauvages fidèles. C'est avec ces éléments qu'il dût tenir tête à une armée anglaise bien supérieure par le nombre et qu'il eut à lutter contre une administration incapable et hostile.

Le 14 août de la même année, il remporta une victoire importante sur les Anglais en s'emparant de la place de Chouegan où il fit 1700 prisonniers dont 80 officiers, prit cinq drapeaux, trois caisses militaires, 121 bouches à feu, un amas de provisions pour trois mille hommes pendant un an et six barques armées.

L'année suivante, en 1757, il s'empara du fort William-Henry avec 43 bouches à feu, 35,835 livres de poudre, vingt-neuf bâtiments et une grande quantité de vivres et de projectiles. Si à ce moment des secours en hommes et en argent avaient été expédiés de France, cette superbe colonie eût certainement été conservée à la France mère-patrie, mais complètement oubliée et délaissée par l'incapable gouvernement de Louis XV, la série des revers arriva bientôt.

Avant d'entrer dans cette triste phase de notre histoire, nous pouvons à la louange de notre compatriote, constater que Montcalm sût cependant tenir haut le drapeau de la France et montrer combien la valeur et le sentiment du devoir étaient l'apanage des braves qu'il commandait. A la tête de 4,000 français, il battit à Carillon une armée anglaise, forte de plus de 20,000 hommes ; dans cette bataille, le brigadier général Howe, plus de cent officiers et près de 3,000 hommes furent tués.

En récompense de ce haut fait d'armes, Montcalm reçut bien le grade de lieutenant-général et de grand-croix de Saint-Louis, mais on ne lui envoya pas les secours en hommes, en argent et en munitions qu'il réclamait avec la plus vive instance, il comprit alors quel sort lui était destiné car l'Angleterre faisant un suprême effort, allait l'accabler sous le nombre de ses soldats. Son énergie et son activité ne firent que redoubler et retirant sa demande plusieurs fois renouvellée de rentrer en France, il écrivit au ministre, cette phrase rendue récemment célèbre: *j'y suis, j'y reste*! il savait quelle tache lui était imposée ; répondant au ministre de la guerre, le maréchal de Belle-Isle qui, avouant son impossibilité de lui envoyer des secours, lui écrivait que le roi comptait sur lui, il lui disait : « *J'ose vous répondre de mon entier dévoûment à sauver cette malheureuse colonie ou à mourir!* »

Pitt, en effet, avait résolu d'en finir avec cette poignée d'enfants perdus de la France, et les mesures prises par lui furent proportionnées aux ressources immenses dont disposait le gouvernement britannique.

Trois armées d'invasion, une flotte composée de vingt-deux vaisseaux de ligne, de trente frégates et d'une multitude de transports, des soldats aguerris commandés par un général habile de 32 ans, James Wolfe choisi entre tous par le grand Pitt lui-même tout convergea vers Québec, capitale de la Nouvelle-France.

Malgré quelques succès partiels, les troupes françaises furent obligées de se replier pour défendre ce dernier rempart représentant la patrie. En prolongeant la défense de la ville, nos soldats auraient peut-être forcé l'armée ennemie à cause de l'approche de l'hiver à en lever le siége, lorsque par une surprise hardie, le général Wolfe trouva le moyen de pénétrer dans la place, et tomba percé de balles, mais victorieux.

Dans cette lutte suprême, Montcalm sût rester à la hauteur de son rôle de chef d'armée et, comme son digne adversaire, il eut l'honneur de tomber sur le champ de battaille. Transporté dans la ville affolée, combien ce temps à vivre ? demanda-t-il au chirurgien qui sondait sa blessure ? — *Quelques heures seulement, mon général.* — Tant mieux, répondit-il, je ne verrai pas les Anglais à Québec.

Avant de mourir, songeant à ses compagnons d'arme qui restaient à la merci du vainqueur, il écrivit à Townshead, successeur de Wolfe dans le commandement, la lettre suivante :

« Général, l'humanité des Anglais me
» tranquillise sur le sort des prisonniers fran-
» çais et sur celui des Canadiens ; Ayez pour
» ceux-ci les sentiments qu'ils m'avaient ins-
» pirés, qu'ils ne s'aperçoivent pas d'avoir
» changé de maîtres. Je fus leur père, soyez
» leur protecteur. »

Il expira le 14 septembre 1759 à l'âge de 47 ans et fut enterré le jour même au bruit de la cannonade dans l'église des Ursulines.

Pour terminer cette notice, je ne crois pas pouvoir mieux faire que de citer le passage suivant de M. Charles de Bonnechose :

« Dans son agonie, Montcalm s'était
» écrié : « Ma consolation est d'avoir été
» vaincu par un ennemi aussi brave. » L'An-
» gleterre a retenu cet hommage d'un héros
» mourant, et en 1827, elle a fait élever à
» Québec un obélisque de soixante pieds de
» hauteur, sur lequel on lit ces deux mots :
» Wolfe-Montcalm. C'était avec sa dette,
» payer celle de la France où pas une

» pierre ne garde le souvenir de Louis de
» Montcalm.

« Si la France n'élève de statues qu'aux
» victorieux, elle devait au moins à Mont-
» calm un tombeau. Les Canadiens s'en sont
» souvenus pour elle. Le mausolée que la
» mère-patrie devait à son héroïque repré-
» sentant, a été élevé par souscription na-
» tionale des habitants de Québec et béni
» le 14 septembre 1859, anniversaire cen-
» tenaire de la mort du vaincu. *La Nou-
» velle-France et Montcalm*, « le malheur
» avait autrefois unis ces deux noms, l'histoire
» ne les séparera jamais. »

Cette dette, que la France doit encore à son défenseur, c'est à nous, habitants du Gard, à la payer à notre compatriote et maintenant que notre municipalité est en règle vis-à-vis d'Antonin le Pieux et de Reboul, Nous croyons qu'une statue de Montcalm ne déparerait pas une de nos places publiques.

RUE MONJARDIN

Allant de la place de l'Esplanade à la rue Roussy.

3e canton. — Section 9.

Niveau 43m02, 40m75.

Tous les terrains sur lesquels cette rue s'est formée étaient autrefois occupés par des jardins potagers appartenant à divers particuliers ; c'est près de là que se trouvait l'Eglise des chevaliers de Saint-Jean de Jérusalem. On sait que cet ordre fut établi à Jérusalem après la prise de cette ville par les croisés en 1099, par Gérard Tom, né aux Martigues, en Provence, qu'il avait d'abord eu pour but de recevoir les pélerins, de pourvoir à leurs besoins et de les soigner dans leurs maladies; que plus tard sur la proposition de Raymond-Dupuy deuxième grand-maître, il se chargea de les défendre par les armes contre les attaques des Infidèles, et qu'il devint ainsi un ordre à la fois religieux et militaire. Il suivait la règle de Saint-Augustin.

Après la prise de Jérusalem par Saladin en 1188, les Hospitaliers se retirèrent successivement à Acre, à Rhodes, à Malte et vinrent fonder dans le Midi de la France un grand nombre d'établissements aussi importants par leurs richesses que par la noblesse des membres qui les dirigeaient.

La chapelle des Chevaliers de Saint-Jean était contigüe au jardin des Capucins, et les bâtiments et dépendances en étaient séparés par le chemin.

C'est dans cette chapelle, nous dit Ménard, tome 2, page 59, qu'eurent lieu les pourparlers entre le commissaire du roi Pierre de Preuville et les Consuls de Nimes à propos de l'exemption accordée aux habitants par Philippe de Valois des droits de francs-fiefs, pour les biens et héritages qu'ils avaient acquis des nobles, à la charge de cens, de rentes et d'autres devoirs roturiers. Ces lettres d'exemption étaient datées de Paris le 29 décembre de l'an 1330.

Près de cette chapelle il existait, en 1335, un monastère et une église des Augustins, mais le tout fut détruit pendant les troubles religieux. L'église des chevaliers de Saint-Jean de Jérusalem disparut à son tour, et le seul souvenir qui en reste est le nom de quartier Saint-Jean que porte encore cette partie de la ville.

Quant à l'appellation de rue Monjardin, elle est due, paraît-il, à la présence dans ce quartier d'un jardin appartenant à l'historien nimois Ménard, et à l'indication suivante par lui faite sur un plan par lui dressé des terrains voisins, *rue de mon jardin*. Pendant longtemps les plaques placées par la municipalité portaient rue *Montjardin* ; mais il y a quelques années que l'orthographe a été rectifiée, et le *t* a disparu.

Le jardin Ménard était situé sur les terrains occupés aujourd'hui par le pensionnat de l'Assomption, et ce qui le prouve c'est que, lorsque M. Prophète, précédent propriétaire, vendit ce terrain à M. d'Alzon, il transporta, dans son jardin du Mont-Duplan, plusieurs inscriptions que Ménard avait indiquées comme se trouvant dans son jardin.

Une de ces inscriptions, aujourd'hui au musée de la Maison-Carrée, n° 3 du catalogue de M. Pellet, est ainsi conçue :

LARIBVS AVGVSTIS

SACRVM

NATALIS · LVTTACI

Consacré aux Lares Augustes de Natalis Lutacus (1).

Les autres inscriptions telles que les donne Ménard, étaient les suivantes :

N° 64
        DIS MANIB.
    C. SENI PYRAMI
       TIOCCIA
      PEREGRINA
    SIBI ET VIRO
        V. F.

Aux dieux manes de Cornelius Senius Pyrame Tioccia Peregrina a fait ce vœu pour elle et pour son mari.

N° 3.
        MARTI
   ET G FLAVIANI. N.
MARCUS ET LUCIUS HERMOLAI F.

A Mars et au génie de notre Flavianus, Marcus et Lucius fils d'Hermolaius.

N° 21.
      TI. CAESARIS
   DIVI AVG. F. AVGVSTI
 MILES MISSICIVS T. IVLIVS
FESTVS MILITAVIT ANNOS XXV
IN LEGIONES XVI. DECRETO DECVRION
ACCEPIT FRVMENTI M. L. BALNEVM ET
SVI GRATVITVM IN PERP. ET AREAM IN
TER DVOS TVRRES PER PVSONIVM PERE
GRINVM IIII VIR. ET. XI VIR. ADSIGNATAM.

Titus Julius Festus soldat libéré du divin Fitus Cœsar Auguste fils d'Auguste, fit la guerre pendant vingt-cinq ans, dans la 16° lé-

(1) Voir dans le catalogue du Musée de Nimes, page, 29, la dissertation de M. Auguste Pellet, sur les Dieux Lares.

gion ; il reçut par décret du décurion cinquante muids (27 salmées) de blé, le droit au bain public à perpétuité et un terrain placé entre deux tours, désigné par Pysonius Peregrinus quatuorvir et un decemvir.

N° 10.

D. M.
IVLIAE RHODIAE
L. IVL. EPICTETVS
VXORI KARISS. ET
IVLII PERPETVVS
ET PATERNVS
MATRI PIISSIMAE.

Lucius Julius Epictetus aux dieux Mânes de Julia Rhodia son épouse chérie, Perpetuus et Paternus à leur mère très-pieuse.

Ménard en indique encore quelques autres mais incomplètes et qui ont du reste disparu.

Dans le prolongement futur de cette voie de communication, de l'autre côté du quai Roussi, et dans ce qu'on appelait le jardin Payzac, aujourd'hui Girard, on remarque les inscriptions suivantes :

IIIII VIR AVG.
C. MARCIVS
PHILOLOGVS
V. S. P.

Caïus Marcius Philologus Sexvir Augustal a accompli librement ce vœu.

Ménard, n° 57, indique cette inscription comme se trouvant dans la maison de M. Galepin de Varangles.

D. M.
P. CALVIl
NASONIS
HELVIA
SECVNDILL
MARIto OPTIM

Aux dieux mânes de P. Calvius Naso, Helvia Secundilla au meilleur des maris.

(Ménard, n° 67, dit que cette inscription se trouve dans le jardin potager de M. de Cernai, lieutenant-criminel.)

Une troisième inscription dont les caractères sont très-fatigués et d'une mauvaise conservation a été donnée par Ménard, n° 63, d'une manière incorrecte ; elle doit être restituée de la manière suivante :

C. GNATIOC. F. SVADUCCCONI HISTRIAE
.... PATRI MATRI VXSORI PIAE JVLIO
C. GNATIVS JULIVS SIBIET SVIS VIVO FECIT

C. Gnatius Julius a élevé ce monument à C. Gnatius fils de C. Svaducconius, à Histria ... à son père, à sa mère, à son épouse fidèle, à lui-même et à tous les siens.

RUE DU CHEMIN DE MONPTELLIER

Partant de la place des Arènes.

1er canton. — Section 12.
Niveau, 44m82, 42m37.

Au dixième siècle, la ville de Montpellier n'était qu'un petit village à deux kilomètres de Maguelonne Devenue riche et grande à mesure que Maguelonne décroissait, elle forma une seigneurie et passa par mariage aux rois d'Aragon (1204), fit partie du royaume de Majorque (1276) et puis fut cédée à la France par Jayme II (1349). Charles V la céda en 1365 à Charles le Mauvais et elle ne revint à la France que sous Charles VI. L'Evêché de Maguelonne y fut transféré en 1538.

La route de Montpellier en sortant de Nimes suit le même tracé que la Voie Donitienne allant en Espagne.

Tout le quartier qu'on appelle le chemin bas de Montpellier, a été construit avec les pierres provenant de la demolition des maisons qui existaient autrefois dans les Arènes, aussi appelait-on les habitants de ce quartier les Aréniers ou habitants des Basses-Arènes.

RUE DU MURIER-D'ESPAGNE.

Allant de la rue des Lombards à la rue du Grand-Couvent.

2º Canton. — Section d.

Niveau 48m:5, 47m49.

Ainsi appelée à cause d'un vieux mûrier qui avait pris d'énormes proportions et qui ombrageait toute la cour de la maison Levat. Ce mûrier légendaire n'a disparu qu'en 1828. Elle portait aussi autrefois le nom de rue de la Roserie à cause du couvent de ce nom qui se trouvait à peu près derrière l'hôtel actuel de la Banque de France.

C'est dans cette rue que se trouvait le couvent des Augustins, et l'on en voit encore au n° 32, le clocher, l'escalier et la cheminée du réfectoire.

Fondé dans le cours du XIII° siècle, ce couvent fut abandonné en 1355, époque à laquelle ces religieux mendiants s'établirent dans un monastère situé hors la ville non loin de la porte de la Couronne. Il devint alors propriété particulière et en 1552 il appartenait à un bourgeois de Nimes, originaire de Saint-Gilles, Claude Besserié, qui l'habitait avec son frère, Tanneguy Besserié, conseiller au présidial de Nimes, dès la création de cette cour.

Ce Tanneguy Besserié, nous dit M. Auguste Pellet (1), émule de son ami Poldo d'Albenas, recueillit dans sa maison une grande quantité d'inscriptions et de débris d'antiquités et y fonda comme un musée épigraphique. Mais la famille s'étant éteinte ou ayant quitté le pays, la corporation des teinturiers loua d'abord et acheta ensuite cet immeuble que le voisinage de l'Agau rendait propre pour ce genre d'industrie.

Ce n'est qu'en 1863-64 que cette maison ayant été démolie en partie, la municipalité a profité de l'occasion pour faire transporter au musée de la Maison-Carrée quatorze inscriptions ou fragments d'inscriptions antiques et divers débris d'architectures de différentes

---

(1) Voir Mémoires de l'Académie du Gard 1864-1865 page 130.

époques qui ont été offerte à la ville par M. Dussaud, propriétaire.

La description de ces diverses inscriptions ayant été donnée par M. Pellet dans son catalogue du musée de Nimes, je crois n'avoir rien de mieux à faire que de renvoyer le lecteur à ce document qu'il me faudrait reproduire en entier, ce qui dépasserait les limites que je me suis imposées. Il existe cependant encore dans la même maison d'autres inscriptions, et c'est à celles-là seulement que je m'arrêterai pour les signaler à la municipalité afin qu'à l'occasion elle puisse les faire transporter avec le consentement du propriétaire, dans le musée épigraphique du boulevard Saint-Antoine.

D M	aux dieux Manes
QVIN FOCELI°	de Quintus Eocœlius
EPITVNCANO	Epituncanus
ELVIA· SECVNDILIA	Elvia Secundilia
SODALI	Sa compagne ou camarade.

C. FVLVIOC· FIL. VOL
LVPO SERVILIAN.
ADLECTO INTER PRAETOR
AB. IMP. CAESARE AVG. VESPAS
PRAEFECTO ALAE LONGINIAE
InI VIR. AD AERARIVM
PONTIFICI PRAEFECTO. VIGI.
IVLIA. D. FIL. CONCESSA.
VIRO

A. C. Fulvius Lupus Servilianus, distingué parmi les préteurs par l'empereur Auguste Vespasien, commandant de la compagnie de cavalerie, nommé Longinia Duumvir, préposé au trésor, pontife et commandant des Vigiles, Julia sa fille a élevé ce monument.

Cette inscription est intéressante en ce sens que Fulvius Lupus en l'honneur de qui elle a été gravée, devait être un personnage assez important puisqu'il avait été l'objet d'une distinction particulière de la part de l'empereur, et qu'il réunissait sur sa tête plusieurs fonctions qui ne s'accordaient qu'aux citoyens les plus honorables.

Deux autres inscriptions se trouvent encore dans la maison Dussaud.

D. M.
RVSTICAE AVXES
HONORATA PATRON.

Honorata aux dieux manes de Rustica Auxes sa patrone.

D. M.
C. IVL. ZOSIMI
ET PROTI F.

Aux dieux manes de C. Julien Zosimus et fils de Protus.

Ces diverses inscriptions sont indiquées par Ménard comme existant de son temps dans le susdit couvent des Augustins, rue de la Roserie.

M. Dussaud a aussi trouvé en démolissant un mur de sa maison deux fragments de bas-reliefs

RUE NANTILDE

Allant de la rue Bec-de-Lièvre à la rue du Cyprès.

1er canton. — Section 10.
Niveau 49m,55 48m31.

Nantilde, reine de France, femme de Dagobert 1er et mère de Clovis II, gouverna au nom de ce jeune prince avec le Maire du Palais Ega et mourut en 642. Le choix de ce nom pour une des rues de la ville ne s'applique que par cette seule circonstance que tout ce quartier dans la classification générale de 1824 a reçu des noms de rois et de reines de France de la première race.

RUE NERVA

Allant de la rue de la Fontaine à la rue des Bénédictins.

1er Canton. — Section 1.
Niveau 56m35. — 52m84.

Marcus Cocceius Nerva qui fut un empereur romain né vers l'an 25 à Narni, avait pour père un jurisconsulte qui fit école et dont les disciples se nommèrent Cocceiens.

Il fut proclamé en 96 après Domitien et régna de 96 à 98. Son règne fit contraste avec celui de son prédécesseur par la simplicité, la modération et la justice. Les prétoriens qui regrettaient Domitien se révoltèrent contre lui, mais sans succès, se sentant trop faible pour supporter seul le poids de l'empire, il adopta Trajan qui fut son successeur.

On voit dans cette rue, l'inscription suivante:

VIRILI IONII
MONTANII
ET SECVNDAE
VXORI

Aux dieux Manes
de Virilius Ionius Montanus
et à sa seconde épouse.

RUE NEUVE.

Allant du boulevard de la Madeleine au Cours-Neuf.

1er Canton. — Section 10.
Niveau 50m80, 48m60.

De création relativement récente et n'offrant rien de curieux au visiteur, si ce n'est l'Eglise Saint-Paul dont nous parlerons plus tard, cette rue a d'abord été créée sur l'emplacement d'anciens jardins, mais elle n'aboutissait pas au boulevard, barrée qu'elle était à la hauteur de la rue Porte de France par le jardin des Récollets.

Avant que le vaste faubourg de la Madeleine eût été construit, il existait en dehors de la ville et probablement sur le terrain compris entre la rue Neuve et la rue Saint-Pierre, l'ancienne rectorerie de Saint-Vincent qui a complétement disparu.

Nous savons qu'il est question de cette église en 991 dans une pièce du cartulaire de la cathédrale, qu'elle appartenait comme la rectorerie de Saint-Martin-des-Arènes au monastère de Saint-Baudile et plus tard à l'abbaye de la Chaise-Dieu. Elle revint à l'évêque de Nimes par l'acte du 6 janvier 1150.

Saint-Vincent eût des titulaires jusqu'à la révolution. En voici la liste telle que nous la donne M. l'abbé Goiffon dans sa statistique des paroisses de Nimes :

« Bernard Pellissier, 1446 — Thomas
» Reboul, 1466 — Jacques Boissier, qui mou-
» rut en 1558 et eût pour successeur le 8 oc-
» tobre Jean Alesti. Celui-ci s'étant démis,
» Pierre Alesti lui succéda le 31 juillet 1560
» — Vincent Cavalézy 5 octobre 1567 —
» N. Clavel 1605 après lequel Philippe de
» Fabrique jouit de la rectorerie jusqu'en
» 1633. Sur la démission de ce dernier, Pons
» Bouchard du diocèse d'Arles en prit pos-
» session le 9 mai 1636. Il se démit bientôt
» et fut remplacé le 22 janvier 1637 par Jean
» Bouchard qui mourut après dix ans de
» possession.

» Le 5 novembre 1647 la rectorerie de St-
» Vincent passa à Charles Magne qui en
» jouit jusqu'en 1709. Sur sa démission, elle
» fut donnée à Antoine Planchon. Celui-ci
» prit possession le 28 janvier 1709 et mourut
» en 1763. Son successeur fut, le 30 septem-
» bre 1763, Jacques Froment, du diocèse de
» Carpentras, qui la conserva jusqu'à la Ré-
» volution. Cette rectorerie était à la colla-
» tion de l'évêque de Nimes, elle valait, au
» milieu du xviiie siècle, cinquante livres de
» rentes, sans aucune charge ».

Nous avons dit à la page 166, tome Ier du présent ouvrage, que dans la maison Breton, située rues Neuve et du Château-Fadèse, on avait trouvé une plaque en marbre blanc, sur laquelle sont gravés deux canons avec deux pyramides de boulets, le tout surmonté d'un tonneau et de deux écussons fleurdelysés avec ces mots : *Sauvegarde du Roy. — Selpétriers de Sa Majesté.*

Les deux écussons qui figurent en première ligne représentent l'un l'écusson royal aux trois fleurs de lys, l'autre les armoiries d'un prince du sang, bâtard de Louis XIV, et qui doit avoir été gouverneur de Languedoc. Ce pourrait être Louis-Auguste de Bourbon, duc du Maine, fils de Louis XIV et de Madame de Montespan, né en 1670, qui fut colonel-général des Suisses et gouverneur de Languedoc en 1689

Voici, à propos de l'établissement d'une salpétrière à Nimes, les détails que nous donne Ménard, tome IV, chap. LXI, liv. XII : « En
» vue de mettre les principales villes de
» France en état de défense, le roi François Ier
» y établit des salpétrières. Celle de Nimes
» fut de ce nombre. Ce fut par des lettres
» données à Lyon le 4 avril 1538 adressées
» aux consuls et gouverneurs de cette ville.
» Elles donnaient permission aux habitants
» d'avoir jusqu'à huit milliers de salpêtre
» pendant deux années des deniers communs,
» dons, octrois et revenus annuels de la ville,
» et de tenir deux hommes experts et enten-
» dus pour la composition et cuite des salpê-
» tres ».

» Ces lettres ajoutaient que les salpêtriers
» auraient pouvoir d'aller dans les maisons,
» caves, celliers, rochers et autres lieux pour

> y prendre de la terre et autres matières
> nécessaires à la composition du salpêtre,
> avec injonction aux propriétaires de leur
> en donner la libre entrée, de quelque état
> et condition qu'ils fussent; que les salpêtres
> seraient placés en un grenier, dont le fonds
> serait plancheié ou bâti avec de la pierre
> de liais et du plâtre, élevé de trois ou qua-
> tre pieds au-dessus de terre, afin qu'il pût
> se conserver et être garanti de l'humidité;
> que lorsqu'on y prendrait du salpêtre, qui
> serait payé à un prix raisonnable par le
> trésorier des salpêtres du roi, les deniers
> que la ville en retirerait seraient aussitôt
> convertis à en acheter et à remplacer la
> même quantité, et qu'enfin les consuls de
> Nimes enverraient tous les ans leur certifi-
> cat au maître et au contrôleur général de
> l'artillerie pour justifier de la qualité de
> salpêtre qu'ils auraient mis dans le grenier.
> Le roi envoya ces lettres au Sénéchal
> de Nimes, pour qu'il les présentât de sa
> part aux consuls et retirât d'eux cette re-
> connaissance qui établit qu'il les avait reçues
> et il le chargea d'envoyer une recon-
> naissance au chancelier dans trois se-
> maines au plus tard. Elles furent accom-
> pagnées d'une lettre particulière, que le roi
> écrivit aux consuls de Nimes, datée de la
> Baume, le 14 avril, pour leur enjoindre d'en
> exécuter ponctuellement le contenu » (1).

Ménard nous dit encore qu'en 1625 il existait à Nimes diverses fabriques de salpêtre et de poudre, et que pour favoriser ce genre

---

(1) Voir Ménard Preuves, Titre LXXVII

d'industrie, le bureau de direction, sur la demande des maîtres salpétriers et poudriers, les exempta de toutes les charges extraordinaires et personnelles ainsi que du travail des fortifications, conformément aux ordonnances du duc de Rohan et aux délibérations de la ville pendant les mouvements arrivés en 1622 (2).

C'est près le jardin des Recollets que se trouvait autrefois le lavoir des Juifs.

RUE NOTRE-DAME

Allant de la place de la Couronne au chemin d'Avignon

3er canton. — Section 9.
Niveau 44m 16, 46m 43.

Cette rue s'appelait autrefois rue de Luxembourg à cause de la présence d'une hôtellerie de ce nom qui plustard est devenue l'hôtel aujourd'hui existant. Nous trouvons dans les Archives Départementales Série G, Numéro 194, la mention du Cazal du Luxembourg, hors la porte de la Couronne au quartier des Gosses, et d'un procès intenté par le Chapitre au marquis de Montfrin en payement de droits et de lods pour le Cazal et jardin du Luxembourg.

Plus tard, une autre hôtellerie, probablement plus importante ou plus achalandée dût détroner l'ancienne et donner son nom de

(2) Voir Ménard, Tome 5, Page 447.

Notre-Dame à cette voie de communication l'une des plus fréquentées.

Ménard cite une inscription chrétienne enchassée dans le mur de cette hôtellerie et qui était ainsi conçue :

ANNO DNI INCARNATII M COC
XLI XXIY DIE MARCII. FECERT DNS RO
STAGS DARGILERIIE EI VXOR
ISTVD MONIMETV IN HONORE DEI
FT GLORIORE VIRGINI MARIE
ET OMNIV SCORVM EIVS

L'an de l'incarnation du Seigneur 1541 et le 29e jour de Mars, le seigneur Rostaing Dargilier et son épouse élevèrent ce monument en l'honneur de Dieu à la gloire de la vierge Marie et de tous les saints.

Au dessous, se trouvait un écu terminé en pointe par le bas et portant gravée la figure d'un agneau tenant un drapeau, telle qu'on représente celle de l'agneau pascal Cet écu contenait sans doute les armoiries de Rostaing Dargilier l'auteur du monument.

On peut lire aux Archives Départementales, Série G, Numéro 198, les détails d'un procès entre les sieurs Borelly, Séguier, Jacques Dalizon et la dame de Maltret au sujet d'un jardin et d'une maison appelée le logis de Notre-Dame située en partie dans la directe du Chapitre.

Ce procès fut terminé par une transaction entre les parties le 9 mars 1769.

C'est dans la rue Notre-Dame qu'ont été créés en 1877 la buanderie et le grand bassin de natation Bérard, alimentés par les Eaux du Rhône.

RUE NICOT
Allant de la Rue Sully au Chemin de Beaucaire

1er Canton.— Section 12.
Niveau, 42m12, 41m60.

Cette rue s'appelait autrefois rue de l'Enclos Mathieu du nom d'un propriétaire d'un vaste terrain qui en occupait presque toute la longueur, et ce n'est que par arrêté municipal du 8 Décembre 1857 approuvé par le ministre, le 27 Mai 1858 qu'elle a officiellement reçu le nom de Jean Nicot.

Ce Nimois a en effet joui d'une célébrité assez grande et assez universelle pour mériter d'être rappelé au souvenir de ses compatriotes et voici les détails biographiques que nous donne M. Michel Nicolas dans son histoire littéraire de Nimes.

Jean Nicot naquit à Nimes en 1530, son père, notaire fort estimé de ses concitoyens, mais peu riche, ne négligea cependant rien pour son éducation et lui donna les moyens de se perfectionner à Paris tant dans les lettres et les sciences que dans la gestion des affaires publiques.

Henri II et François II l'honorèrent de leur confiance, le premier le nomma maître des requêtes et le second l'envoya en ambassade à Lisbonne en 1559.

C'est dans cette ville et pendant le cours

de cette mission qui dura deux ans, qu'il reçut d'un marchand flamand de la graine de pétun, plante d'Amérique alors inconnue en France et qui depuis, s'y est si abondamment répandue sous le nom de tabac. Nicot en envoya à Catherine de Médicis et à son retour de Portugal, il lui présenta la plante elle-même, à laquelle cette circonstance fit donner le nom d'Herbe à la Reine.

Thevet a disputé en vain à Nicot la gloire d'en avoir enrichi la France, mais le nom de Nicotine qui fut d'abord donné au tabac et qui lui est resté dans le langage scientifique, constate les droits de notre compatriote à la reconnaissance du fisc pourqui cette plante a toujours été une source d'abondantes richesses, on sait qu'actuellement l'impôt sur le tabac fournit au trésor un revenu annuel de plus de cents millions.

Pour recompenser les services qu'il avait rendus pendant son ambassade en Portugal, le roi lui accorda des lettres de noblesse et le fief de la terre de Villemain, située près de Brie-Comte-Robert (Seine-et-Marne).

Depuis son retour en France, Nicot se consacra exclusivement à la culture des lettres.

En 1567, il publia une édition de l'histoire d'Aimoin, moine bénédictin, mais son principal ouvrage qui ne parut qu'après sa mort, fut un dictionnaire de la langue française, le premier ouvrage de ce genre qui ait été publié.

La langue française s'étant perfectionnée, ce livre qui est d'une époque où elle n'était pas encore fixée, a nécessairement perdu de son autorité, mais comme vocabulaire du vieux langage, il pourrait être encore de quelque utilité. Un mérite qu'on ne peut lui contester, c'est d'avoir servi de base aux travaux semblables exécutés plus tard.

Nicot laissa plusieurs autres ouvrages inédits.

Le principal est un *Traité sur la Marine*, volumineux écrit destiné à expliquer les termes usités dans le le langage nautique.

Il mourut à Paris en 1600 et fut inhumé dans l'église Saint-Paul où l'on voit son épitaphe.

Sa tombe est dans la chapelle de Notre-Dame et porte dans son épitaphe outre les titres d'Ambassadeur en Portugal et de maître des requêtes, celui de conseiller du roi en ses conseils d'état et privé.

Voici ce que nous dit Ménard tome V sur ses descendants :

Nicot se maria et laissa postérité. Jean Nicot, son fils, seigneur de Villemain, posséda une charge de secrétaire du roi, maison et couronne de France et de ses finances. Il épousa Catherine Bochard, dont il eût, entr'autres, deux enfants mâles ; savoir François, seigneur de Villemain et Jean qui fut trésorier des menus plaisirs du roi. Catherine Bochard survécut à son mari. Elle en était veuve dès le 17 Mai de l'an 1632 car ce jour-là, elle fit une procuration étant dans la maison seigneuriale de Villemain, tant en son nom que comme tutrice et ayant la garde noble de ses enfants mineurs, par laquelle elle donna pouvoir à François Nicot, son fils, de vendre, céder et aliéner les maisons, moulins, terres, olivets, rentes et autres biens à lui appartenant situés dans la ville de Nimes et aux environs.

Nous savons que la maison paternelle de Jean Nicot se trouvait à Nimes dans la rue actuelle de l'Aspic. Un des descendants de cette famille est mort il y a quelques années à Nimes, recteur de l'Académie.

RUE DES ORANGERS

Allant de la rue des Lombards à la place du Château

2er Canton. — Section 7.
Niveau 45m80, 45m05.

Pendant longtemps cette rue a été désignée sous le nom de rue des Cardinaux, et l'on voit encore à l'angle de la rue Arc du Gras une plaque de marbre qui porte cette mention, au coin de la rue des Lombards, cette inscription est aussi gravée sur la pierre.

L'opinion généralement répandue pour expliquer cette dénomination, veut que pendant le séjour des Papes à Avignon, plusieurs cardinaux aient établi leur résidence à Nimes dans cette rue. Nous croyons que c'est là un erreur, et qu'un seul prélat, le cardinal Albani a en effet habité la maison qui est à l'entrée de la rue de l'Arc du Gras.

Ménard dans son histoire de Nimes parle bien de la rue des Cardinaux mais sans entrer dans d'autres détails, il cite seulement la maison Lézan dans laquelle il avait signalé plusieurs inscriptions qui existent encore aujourd'hui et qui se trouvent dans la maison Vermeil, n° 6.

D M MVSICI	Aux Dieux Manes de Musicus

La pierre est toute unie, sans ornements ni moulures, les caractères paraissent être du Bas-Empire.

D M M. IVLII LVCVLLI	Aux Dieux Menes de Marcus Julius Lucullus

Les trois autres inscriptions au contraire sont en beaux caractères.

SEX. IVLIO QVARTVLO	à Sextus Julius Quartulus

D M METTIAE. T. FIL FIRMINAE TERTVLLA MATRI	Aux Dieux Manes de F. Mettia fille de Firmina Tertulla à sa mère

La rue des Cardinaux a été débaptisée pour s'appeler rue des Orangers parce qu'à une certaine époque, M. Rolland propriétaire de la maison qui fait le coin de la rue Arc du Gras, avait l'habitude de sortir sur sa terrasse un certain nombre de caisses ou de vases renfermant des orangers, le public ayant remarqué la chose, cela avait suffi pour que chacun adoptât cette nouvelle appellation.

Il existe dans cette rue plusieurs anciennes maisons qui offrent un certain intérêt au point de vue de la construction intérieure. La maison Magne notamment, renferme une série d'escaliers en galerie qui méritent l'attention des artistes.

PLACE DE L'ORATOIRE
Niveau 48ᵐ39, 47ᵐ23.

Cette place servait autrefois de marché aux bœufs.

En 1856, le conseil municipal décida la construction sur cet emplacement d'une école communale protestante mais sur la demande du Consistoire et en présence de l'augmentation de la population protestante ; le conseil vota une somme de cent mille francs pour l'érection d'un nouveau temple qui prit le nom d'Oratoire. Les travaux commencèrent en 1857 et ne furent terminés qu'en 1865.

La dédicace de ce temple eut lieu le 29 novembre 1866 en présence de MM. Fabre maire; Balmelle, Planchon et Roman adjoints. La cérémonie d'inauguration fut faite par M. Viguié, président du Consistoire en présence de toutes les autorités et d'une foule nombreuse.

Sur la façade de ce monument dont M. Chambaud fut le premier architecte, on voit une bible ouverte avec cette inscription: *Je suis la lumière du monde.*

En 1865, pendant qu'on faisait les fouilles de la sacristie, les ouvriers mirent à jour une grande mosaïque dont M. Révoil, architecte, a relevé le dessin.

En 1868, on s'aperçut que l'édifice n'offrait pas de garanties suffisantes de solidité; que les murs trop surchargés par le poids de la toiture avaient donné, et que les bois de la charpente, par l'effet de la chaleur, s'étant aussi retirés, il y avait danger pour la population. En conséquence, l'Oratoire fut fermé, et ce ne fut qu'en 1870 qu'un nouveau vote du conseil municipal accorda une somme de 83,239 francs 25 centimes pour sa réédification.

Les travaux commencés alors et dirigés par M. Granon, architecte de la ville, n'ont été terminés qu'en février 1874 et se sont élevés à la somme de 124,324 francs 08 centimes, mais ce n'est qu'en 1876 que le culte a pu être de nouveau célébré dans cet édifice.

RUE D'ORLÉANS

Allant de la rue Rangueil à la rue de l'Enclos Rey.

3e Canton. — Section 4.
Niveau 49m88, 53m82.

Ainsi que nous l'avons dit plus haut, les commissaires de 1824 ayant choisi pour les rues avoisinant les casernes, les noms des divers royaumes dont l'ensemble forme le royaume de France actuel, la rue d'Orléans devait trouver sa place.

On sait en effet, que le royaume d'Orléans fut formé à deux reprises des dénombrements qui eurent lieu à la mort de Clovis et à celle de Clotaire Ier. La première fois sous

Clodomir et ses fils (511-533) il comprit le Maine, l'Anjou, la Tourraine et le Berry ; — la deuxième sous Gontran (561-593) il fut grossi du royaume de Bourgogne et la capitale au lieu d'être Orléans, fut Châlons-sur-Saône.

Dans les partages subséquents, le royaume d'Orléans ne fut plus nommé.

Cette rue de créatiion moderne n'effre rien d'intéressant à signaler.

RUE PAPIN

Allant de la rue Sully au chemin d'Uzès

3e canton. — Section 4.
Niveau 48m09, 48m27.

Cette rue s'appelait autrefois rue du Pigeonnier à cause de la présence dans une ancienne maison d'une construction de ce genre ; lorsque le chemin de fer de Nimes à Beaucaire a établi sa gare de voyageurs au quartier d'Uzès, la population s'est naturellement portée de ce coté et de nouvelles rues se sont créées ou se sont prolongées ; de ce nombre s'est trouvée la rue du Pigeonnier qui par arrêté municipal du 2 juillet 1857 est devenue la rue Papin.

Comme en publiant cet ouvrage local, j'ai voulu compléter l'éducation de ceux de nos compatriotes qui pourraient avoir oublié les titres de ceux dont ils prononcent le nom chaque jour, je crois utile de donner ici quelques renseignements biographiques sur Denis Papin, français d'origine et auquel revient l'honneur d'avoir découvert la force expansive de la vapeur.

Denis Papin, célèbre physicien né à Blois vers 1650, d'une famille protestante, exerça d'abord la médecine à Paris avec succès, il s'occupa beaucoup de physique, se lia en Angleterre avec Boyle qui l'associa à ses belles expériences sur la nature de l'air, professa les mathématiques à l'Université de Marbourg (Hesse-Electorale), devint en 1699 correspondant de l'Académie des Sciences de Paris, et mourut en 1710 laissant, outre un grand nombre de lettres et mémoires disséminés dans le *Journal des Savants*, dans les *transactions philosophiques* et les *Acta eruditorum*, divers ouvrages, entr'autres, *manière d'amollir les os* etc....

Il est le premier qui ait connu toute la puissance de la vapeur et le parti qu'on en pouvait tirer pour les machines. Tout le monde connait son *Digesteur*, dit vulgairement *Marmite de Papin*, dont les *autoclaves* ne sont qu'un perfectionnement.

L'Angleterre et l'Amérique ont voulu ravir à la France la gloire d'avoir donné le jour à l'inventeur des machines à vapeur, tantôt on a attribué cette découverte à Jonathan Hull, tantôt à Patrick Miller Barther dit que la navigation à vapeur est dûe à l'Américain Fulton, mais les dates sont là, pour démontrer des erreurs qui ont pris leur source dans l'amour-propre de ces nations.

Les œuvres de Denis Papin datent de 1695, celles de Hull sont de 1737, l'essai fait par Miller est de 1787 et la naissance de Fulton qui, à la vérité, d eNew-York à Albany conduisit en 1817 le premier bâteau à vapeur employé au transport des voyageurs, n'est que de 1795.

Rappelons en passant à titre de document d'histoire locale que le premier bâteau à vapeur établi sur le Rhône par un Nimois, M. Rossière, s'appelait le Papin.

RUE DE PARIS

Allant de la rue de l'Enclos Rey à la rue Rangueil.

3me canton. — Section 4.
Niveau 47^m87 — 49^m26.

Pour ne pas répéter ce que nous avons dit plus haut au sujet des rues de Metz et d'Orléans, nous nous contenterons de rappeler que le Comté de Paris à l'avénement d'Hugues Capet, arrière petit-fils de Robert-le-fort fut réuni à la couronne (987) en même temps que le duché de France.

RUE DE LA PARISIÈRE.

Allant de la rue Graverol au boulevard du Grand'Cours.

2e Canton. — Section 2.
Niveau 49^m11. — 47^m74.

En appelant ainsi cette rue, nos édiles ont voulu conserver le souvenir d'un prélat qui a occupé le siége épiscopal de Nimes pendant vingt-six ans.

Le 11 juillet 1710, Louis XIV nomma

Jean-César Rousseau de La Parisière à l'évêché de Nimes par la protection de Mme de Maintenon. Ce prélat était né à Poitiers le 3 mai 1667 d'une famille noble. Son père s'appelait César Rousseau et sa mère Marie Reveau de Bretigni. Le nom de La Parisière est celui d'un fief situé près de Poitiers, qui était depuis longtemps dans sa famille (1). Il fit ses études au collége de Poitiers, prit le grade de bachelier en Sorbonne, celui de docteur à Bourges, s'adonnna à la prédication et prêcha avec succès devant le roi le jour de la Pentecôte de l'an 1706.

Jean-César de la Parisière fut sacré à Paris le 8 février 1711. Ce fut le cardinal de Noailles, archevêque de Paris, qui en fit la cérémonie dans la grande chapelle de l'archevêché, assisté de l'évêque de Tournai et de celui de Séez; mais ce ne fut que le 22 novembre suivant qu'il vint à Nimes et donna un exemple de modestie qui a été rarement suivi, refusant les honneurs et les cérémonies d'une entrée solennelle, il descendit directement à l'évêché et c'est seulement de là qu'il se rendit processionnellement à la Cathédrale.

En 1714 l'évêque la Parisière dut soutenir un procès avec le chapitre de la Cathédrale au sujet des prébendes de l'évêque pendant la vacance du siége. Le roi les lui avait accordées, mais les chanoines prétendaient vouloir s'en tenir à l'usage suivi lorsqu'il meurt un chanoine, auquel cas les prébendes de ce chanoine sont partagées entre tous les autres chanoines tant que dure la vacance.

Voir Ménard, Tome 6 Page 397.

Le procès s'engagea au Parlement de Paris et y fut jugé la même année en faveur de La Parisière. Pendant le séjour que ce prélat fit dans cette ville, il fut choisi pour prononcer l'oraison funèbre de la reine d'Espagne, Marie-Louise-Gabrielle de Savoie, femme de Philippe V ; mais une indisposition de La Parisière fit renvoyer la cérémonie de semaine en semaine pendant près d'un mois ; enfin le jour fut fixé au 2 juin. Toute la famille royale se trouva dans l'église Notre-Dame ainsi que le duc d'Orléans, oncle de la feue reine d'Espagne.

Ménard nous raconte dans les termes suivans les péripéties de cette prédication :

« La veille de la cérémonie, La Parisière
» eut le malheur d'avoir presque subitement
» une extinction de voix qui le menaçait
» d'être hors d'état de prononcer son dis-
» cours ; il crut réparer cet inconvénient en
» se faisant saigner. La voix lui revint en
» effet, en sorte que, sans se défier de ses
» forces, il monta en chaire. Il commença son
» exorde, mais peu à peu sa voix s'affaiblit et
» lui manqua complètement avant de l'avoir
» achevé. Il fit tous ses efforts pour la recou-
» vrer, mais inutilement. D'un autre côté, la
» mémoire lui manqua aussi par l'inquiétude
» qu'il en ressentait. Le duc d'Orléans,
» voyant la peine où il se trouvait, eut la
» bonté de lui présenter de l'eau de la reine
» de Hongrie, et il en prit, mais sans jamais
» pouvoir se remettre. Enfin le prince lui dit
» ces paroles obligeantes : Le plaisir que
» nous avions de vous entendre nous faisait
» oublier le soin de votre santé ; cessez de

» vous contraindre, Monsieur, descendez. Il
» ne put donc plus s'en défendre et descendit
» de chaire. Le duc d'Orléans l'envoya aus-
» sitôt visiter par un de ses gentilshommes,
» et lui fit faire compliment sur ce fâcheux
» accident. »

» Les ennemis de ce prélat ne laissèrent de
» publier que sa mémoire ne lui avait manqué
» que parce qu'il l'avait voulu et qu'il n'avait
» composé que l'exorde. On lui conseilla de
» faire promtement imprimer la pièce entière;
» il se rendit à cet avis et envoya le discours
» à l'imprimeur. C'était sans doute le moyen
» le plus sûr pour désabuser le public, mais
» deux jours après, il retira son manuscrit,
» croyant qu'il était plus prudent de laisser
» tomber ces bruits. »

De retour à Nimes, ce prélat présida les Etats-Généraux qui se tinrent dans cette ville le 25 octobre 1714 et il fut délégué en 1715 pour porter au roi le cahier des doléances de la Province. Ayant mis, paraît-il, un peu de retard dans la publication de la constitution *Unigenitus*, ses ennemis en profitèrent pour le desservir auprès du roi qui lui fit défense de se présenter à la cour; mais après explication, cette défense fut levée et il pût se présenter devant le roi qui l'accueillit très-bien et voulut le gratifier de secours pour achever la construction de l'évêché, mais la Parisière refusa. Sur ces entrefaites Louis XIV étant mort, la Parisière resta à Paris pour présenter les cahiers de la Province au régent qu'il harangua et qui le reçut très-bien le 30 septembre 1716.

En 1718, il retourna à Paris pour un p[...] qu'il avait au conseil pour le prieuré [...] bies. De retour à Nimes, il fixa sa rés[...] d'été au château de Cardet sur les bor[...] Gardon.

En 1730, La Parisière, député de la province de Narbonne à l'Assemblée générale du clergé de France, harangua le roi à Versailles. Sa harangue fut fort critiquée comme contenant des maximes contraires à l'Eglise et à la Royauté.

En 1731, le roi le gratifia de l'abbaye de Saint-Jacques de Provins au diocèse de Sens qu'il abandonna en 1732 lorsque le roi lui eût donné l'abbaye de Saint-Gilles vacante par la mort de l'évêque de Lodève qui la possédait.

Le 15 novembre 1736, frappé par une attaque d'apoplexie, La Parisière rendit son âme à Dieu, et fut inhumé dans la Cathédrale. Son cœur fut, dit-on, porté dans l'église de l'Hôtel-Dieu.

RUE DES PATINS

Allant de la rue de l'Aspic à la rue Fresque.

3ᵐᵉ canton — section 11.
Niveau 40ᵐ42 — 45ᵐ26.

Cette rue s'appelait autrefois rue de la Vieille Triperie et c'est par décision du conseil municipal de 1824 qu'elle a pris le nom de rue des Patins. Le motif qui a pû déterminer les commissaires municipaux à choisir cette appellation vient probablement de ce

... dans cette rue s'étaient réunis les fabri-
... patins, anciennes chaussures sans
...

Cette rue très étroite n'offre d'intérêt à aucun point de vue.

RUE SAINT-PAUL

Allant de la rue des Chassaintes à la rue du Mail.

1er Canton. — Section 10.
Niveau, 52m 45. — 47m36.

Saint Paul, apôtre des Gentils, né l'an 2 de Jésus-Christ, d'abord persécuteur du christianisme naissant, devint un des plus ardents apôtres de cette religion, à la suite d'une vision qu'il eût sur le chemin de Damas. Il portait originairement le nom de Saul. Il prêcha l'Evangile dans toute l'Asie mineure et dans la péninsule grecque, et vint à Rome où il fut décapité l'an 66.

Cette rue, qui part du Séminaire, est très-longue et va aboutir en ligne droite devant la grille du nouveau marché aux bestiaux ; elle n'offre rien d'intéressant au point de vue archéologique et, comme presque toutes ses voisines, elle porte un nom de saint.

PLACE SAINT-PAUL.

1er Canton.
Niveau 49m61. — 49m49.

C'est sur cette place limitée par les rues des Frères-Mineurs, Porte de France et des Saintes-Maries, que se trouvait autrefois le couvent des Récollets dont la Chapelle devint plus tard l'église Saint-Paul.

M. l'abbé Goiffon dans une interessante brochure sur la paroisse Saint-Paul a publié de très-curieux détails sur la création du service religieux dans l'immense faubourg de l'ouest de la ville, création qui rencontra beaucoup d'opposition de la part du chapitre jaloux de ses droits. De tous ces divers documents il résulte que l'évêque Séguier, en 1680 conféra bien la cure de ce quartier à Chabaud des Iles, mais rien ne prouve que cette collation ait eû un effet quelconque, et ce n'est qu'en 1771 que l'évêque Bec-de-Lièvre créa définitivement la paroisse Saint-Paul.

Son décret d'érection portait que jusqu'à la construction d'une église paroissiale le service curial serait fait dans l'église conventuelle des Frères-Récollets, moyennant une rétribution annuelle de trois cents livres payables à ces religieux, les deux tiers par la ville de Nîmes et l'autre tiers par le chapitre de la cathédrale. Ce fut M. Henry-Abraham Bragouze, bâchelier en droit, qui fut le premier curé de cette paroisse.

Le couvent des Frères-Récollets possédait tous les terrains qui l'entouraient et qui s'étendaient jusqu'à la Fontaine. C'est dans leur jardin qu'eût lieu, le 17 mai 1704, l'entrevue entre Cavalier, chef des camisards, le maréchal de Villars et l'intendant Bâville, et après laquelle Cavalier fit sa soumission au roi.

L'église conventuelle des Frères-Récollets était construite sur l'emplacement occupé aujourd'hui par la maison Thourneysan, le café de l'Univers et l'hôtel Balazard.

Ce monument étant devenu insuffisant pour la population de ce quartier qui comprend tout le faubourg de la Fontaine, du Cours-Neuf et va jusqu'au chemin de Montpellier, l'administration municipale, sous la présidence de M. Ferdinand Girard, maire, décida, en 1835, l'érection d'une nouvelle église et la création d'une place en face de la rue de la Madeleine.

Le sujet avait été mis au concours et trente projets furent envoyés et exposés publiquement dans la Maison-Carrée. Celui de M. Charles Questel, architecte, conservateur du Palais de Versailles, obtint la préférence. Le style est celui du XIIe siècle, appelé Roman secondaire ou Bysantin. On remarque dans cette église de très-belles fresques dûes au pinceau de M. Hippolyte Flandrin, l'auteur des belles peintures murales de Saint-Germain-des-Prés à Paris ; les peintures de décors et d'encadrement ont été exécutées par M. Denuelle ; les vitraux par MM. Maréchal et Gugnon, de Metz ; les orgues, par M. Cavaillé-Coll, de Paris ; les sculptures de la façade par M. Collin.

Les portes extérieures et intérieures sont ornées de pentures en fer forgé et ciselé venant des ateliers de M. Boulanger de Paris, les autres serrureries et grilles d'un ajustement assez remarquable ont été exécutées à Nimes par M. Marius Nicolas ; les mosaïques sont l'œuvre des frères Mora, enfin les quatorze bas-reliefs représentant le Chemin de la Croix sont dûs au ciseau du sculpteur nimois, M. Auguste Bosc. M. Henri Durand, aujourd'hui architecte du département, a été l'architecte inspecteur des divers travaux ; ceeux de maçonnerie, commencés en 1841, ont été finis en 1847 et ont été exécutés en grande partie par MM. Auphan et Arnavieille, entrepreneurs.

Sur une plaque de marbre, placée dans l'intérieur de l'Eglise près de la porte d'entrée, sont gravés les noms de tous les artistes qui ont contribué à l'erection et à la décoration de ce monument. Les portraits même, de la plupart d'entreux, on été peints par M. Flandrin, qui a donné aux saints qui composent la série du côté gauche en entrant les traits de ses collaborateurs.

Voici le devis officiel des dépenses occasionnées par l'érection de ce monument qui mérite à tous égards l'attention des visiteurs :

Acquisition des maisons et frais,	238,950 35
Travaux principaux,	506,731 22
Travaux accessoires,	219,980 78
Dépenses supplémentaires,	28,629 23
Total général,	994,291 59

Le conseil municipal a voté, le 20 novembre 1877, une nouvelle somme de 20,000 fr. pour l'établissement d'une grille autour de ce monument, dépense bien inutile et fâcheuse, car la circulation qui est très-grande dans la rue Neuve ne pourra qu'en souffrir si l'on diminue l'espace réservé aux piétons.

Tous ces devis qui se sont successivement augmentés par tous les frais imprévus d'installation intérieure, portent la dépense totale à plus d'un million. Dans ce chiffre, l'Etat n'est intervenu que pour 23,000 fr.

La consécration de la nouvelle église Saint-

Paul a eu lieu le 14 novembre 1849. Le pontife consécrateur fut l'archevêque d'Avignon, assisté des évêques de Montpellier, de Viviers et de Nîmes. M. Eyssette était alors maire de Nîmes, et M. Reynaud, curé.

Le 24 novembre de la même année, l'ancienne église des Récollets fut vendue au prix de 83,600 fr. et a été remplacée par de belles maisons construites sur les plans de MM. Feuchères, Durand et Chambaud.

En démolissant ce vieux monument, on a découvert plusieurs pierres tombales et notamment celles de deux marchands lombards qui avaient été ensevelis dans ce couvent, j'ai déjà donné la description d'une de ces pierres à l'occasion de la rue des Lombards (1), d'après la description qui en avait été donnée par M. Germer-Durand père. Quant à la deuxième, je l'ai récemment retrouvée dans le jardin de M. Foulc où elle avait été transportée. Elle est ainsi conçue :

✱ Ano : dni : m : cc : nonage
simo : ciiii : sntesimo :
primo : mensis : de
cebris : obiit : Rufin
etus · d' : Rezano : Pla
cetin : de : societate :
Claponoro : d' : Plac
eucia : cj : aia : Reqⁱ
escat : i : pace : am :
orhte pco : eo :

---

(1) Voir le présent ouvrage, T. 2, page 121.

L'an du Seigneur mil deux cent nonante quatre, le vingt-un du mois de Décembre est mort Rufinetus de Reggiano Placentia, de la société Clavonostro de Plaisance dont l'âme repose en paix. — Amis, priez pour lui.

RUE PAULET.

Allant de la rue de la Biche à la rue Sully.
3ᵉ canton. — Section 4.
Niveau 52ᵐ19, 51ᵐ08.

C'est par arrêté municipal du 8 décembre 1856 que le nom de Paulet a été donné à cette rue en souvenir d'un de nos compatriotes qui a rendu de grands services à l'industrie nîmoise.

Jean Paulet, né à Nîmes, en 1731, dessinateur et fabricant d'étoffes de soie, proposa et exécuta une foule d'améliorations dans la fabrique des soieries ; après avoir passé quelques années à Lyon, où les moyens d'accroître ses connaissances étaient plus nombreux que dans sa ville natale, et à Paris où il compléta ses études, il conçut le projet de publier un traité sur l'art du tissage, qui fût, d'après ses expressions mêmes, *assez étendu pour y puiser les lumières suffisantes pour éclairer toutes les manufactures de la France. De sorte que chacun y trouvât les connaissances dont il avait besoin pour parvenir à l'exécution de tous les genres d'étoffes possibles.*

En 1773, il commença la publication de son ouvrage sur l'*Art du fabricant des étoffes de soie*, dont les principaux chapitres sont les suivants : Dévidage des soies teintes ; — l'art du plieur de chaines et de poils pour les étoffes de soie unies et façonnées et celui de faire les cannettes pour les étoffes de soies et les espolins pour brocher ; l'art du remisseur ou faiseur de lisses ; — l'art du peigneur ou faiseur de peignes ; — fabrique des taffetas, serges et satins unis et de toutes les étoffes façonnées à la marche et à la petite tire ; — Description des ustensiles pour la fabrication des étoffes de soie façonnées par la tire ; — l'art de dessiner sur *papier réglé* qu'on appelle *mise en carte* etc......

Jean Paulet dédia son travail à l'administration municipale de la ville de Nimes, mais soit jalousie de la part de ses confrères ou de ses concitoyens, son ouvrage, qui avait reçu l'approbation de l'Académie des Sciences n'obtint un véritable succès que chez quelques hommes amis du progrès et justes appréciateurs du mérite modeste. Cependant cette cruelle injustice ne pouvait se prolonger longtemps ; l'Angleterre adopta avec empressement le livre que la France semblait dédaigner, la traduction en fut immédiatement faite et dès lors la fortune de cet ouvrage parut assurée.

Il faut cependant ajouter, pour être dans le vrai et rendre justice à nos édiles, que le conseil général composant le directoire de notre département ayant reçu à la date du 12 août 1793 une pétition dans laquelle Paulet exposait que ses ressources ne lui permettant pas de terminer l'impression des dernières parties de son ouvrage, il espérait que le gouvernement lui viendrait en aide, le conseil général, dis-je, déclara dans une délibération

prise : « que les circonstances sont seules
» cause de l'oubli dans lequel on a laissé son
» travail, que le citoyen Paulet a sacrifié six
» à sept mois de temps pour faire jouir les
» manufactures de Nimes des avantages que
» promet son invention, et que le sacrifice est
» d'autant plus généreux que tout a été fait
» aux frais de l'inventeur qui est venu exprès
» à Nimes.

» Le conseil général déclare en outre que le
» citoyen Paulet est digne des encouragements
» que la nation accorde aux auteurs d'inven-
» tions utiles, et qu'il a remis au citoyen
» Jean Pierre Ribes le mécanisme à lire les
» dessins et le métier de son invention propre
» à la fabrication des étoffes de soie ».

En conséquence, il lui accorda dans la séance du 21 août 1793, une somme de 1000 livres à titre d'indemnité, de récompense et d'encouragement pour ses utiles découvertes.

L'édition française publiée en 1773 de l'ouvrage de Paulet dût être tirée à très-petit nombre d'exemplaires car il est presque impossible d'en trouver et c'est à peine si la bibliothèque de la ville en possède un sous le numéro 1669 du catalogue (3ᵉ volume). C'est l'exemplaire déposé par Paulet lui-même entre les mains du président du directoire du département et qui s'est retrouvé dans les archives de la préfecture.

L'époque de la mort de Paulet est complétement inconnue, quant à celle de sa naissance il est facile de la connaitre à peu de choses près, puisque dans son mémoire au directoire du département en date du 12 août 1793 il dit :
« Je n'ai pas de temps à perdre, je suis dans

» ma 62ᵉ année, cependant je me sens encore
» la force de poursuivre cette pénible car-
» rière. » Il était donc né en 1731.

On peut dire avec raison que Paulet a précédé Jacquard dans la découverte des procédés de fabrication et que l'ouvrier auquel la ville de Lyon a élevé une statue n'a fait que mettre en œuvre les intelligentes conceptions de son devancier.

Cette réflexion en amène une autre qui vient naturellement à l'esprit des amis de la science et qui peut se traduire par cette question. La ville de Nimes a-t-elle payé sa dette de reconnaissance envers un de ses plus illustres enfants en se contentant de donner son nom à une des rues de nos faubourgs ? Ne devrait-on pas au moins, placer son buste dans une des salles de notre nouveau Musée ?

RUE PAVÉE.

Allant du Cours-Neuf à la rue Racine.

1ᵉʳ Canton. — Section 10.
Niveau 51ᵐ55 , 49ᵐ79.

Avant la classification de 1824, cette rue portait déjà ce même nom qui lui a été maintenu et l'on peut se demander quel a été le motif qui a déterminé cette dénomination. Faut-il l'attribuer à ce simple fait matériel et brutal que cette rue aurait été la première ou la seule pavée dans tout ce quartier ou faut-il chercher une origine plus noble, c'est ce que je ne me permettrai pas de décider, car aucun document officiel n'a pu me démontrer la chose : chacun est donc libre de prendre l'explication qui lui conviendra le mieux. Quant à moi, en chroniqueur fidèle, je me contenterai de citer les habitants de Nimes qui portant le nom de Pavée ont joué un role quelconque à une époque éloignée de nous.

Ménard (1) nous apprend qu'en 1562 les protestants étant au pouvoir dans Nimes, prirent leurs précautions pour veiller à la sûreté de la ville, pour empêcher les séditieux étrangers de s'y introduire et pour maintenir les habitants dans l'obéissance au roi; qu'en conséquence, ils décidèrent dans une assemblée générale tenue devant le président Calvière que la ville serait distribuée en quatre quartiers dont on donnerait la conduite et le gouvernement à quatre capitaines qui auraient François Pavée seigneur de Servas pour colonel. Celui-ci fut incontinent appelé devant le conseil et accepta la charge qu'on lui confiait et Jean-Michel Capitaine fut nommé sergent-major avec pouvoir de commander.

François Pavée dût donc veiller au désarmement de tous les habitants sans distinction de culte d'après l'ordre du comte de Crussol envoyé par le roi pour pacifier le pays.

En 1687, le premier consul de Nimes s'appelait Raimond Pavée sieur de Villevielle, fonction à laquelle il avait été nommé par le roi. Au moment où la population allait procéder à une nouvelle élection, il arriva une lettre de cachet datée de Versailles du 22 décembre 1687, par laquelle le roi maintenait Raymond Pavée dans sa charge. En consé-

---

(1) Ménard, T. 4, page 302 de la nouvelle Edition.

quence, le conseil de ville s'étant assemblé le mardi 13 janvier 1688, on fit la lecture de la lettre du roi et il fut délibéré de s'y conformer et de continuer ce consul dans sa charge, sans l'obliger de prêter un nouveau serment (2). Enfin dans ses mémoires pour servir à l'histoire de Languedoc, page 117, Lamoignon de Basville, intendant de la province de Languedoc, en parlant de la famille Pavée, dit qu'elle est de bonne noblesse, et que MM. de Villevielle et de Montredon en sont.

Il y a quelques années qu'en faisant une tranchée dans cette rue, les ouvriers ont découvert les débris d'une statue en marbre, débris qui ont été recueillis et qui viennent de permettre de reconstituer à peu près toute la statue représentant une Vénus.

RUE PEPIN-LE-BREF

Allant de la rue de l'Abattoir à la rue Charles-Martel

1er canton. — Section 12.
Niveau. 45m12, 43m80.

Il était naturel que Pépin-le-Bref trouvât sa place parmi les autres rois qu'on a cantonnés dans ce quartier de la ville, aussi, pour l'éducation du lecteur qui pourrait avoir perdu de vue la biographie de ce premier roi de la dynastie Carlovingienne, je me contenterai de résumer sa vie en quelques lignes :

Fils de Charles-Martel, il obtint à la mort

---

(2) Ménard, T. 6, page 278 de la nouvelle Edition

de son père (741) la Neustrie et la Bourgogne, tandis que Carloman, son frère, eut la Souabe et l'Austrasie. Il fit cesser l'interrègne qui durait depuis 737 en Neustrie en couronnant Childéric III, et devint, lors de l'abdication de Carloman en 747, duc d'Austrasie au préjudice de ses neveux, qu'il fit *moines*. En 752, il déposa le roi Childéric III, se fit proclamer roi au champ de Mai et couronner par le pape Etienne II. De 753 à 756, il fit deux expéditions en Italie contre les Lombards, fut de nouveau sacré par Etienne II, donna à l'Eglise romaine la campagne de Rome, l'Emilie et la Pentapole, et mourut en 768 après avoir partagé ses Etats entre ses deux fils, Carloman et Charlemagne.

RUE SAINTE-PERPÉTUE

Allant de l'ancienne route d'Arles à la nouvelle.
3º canton.

Cette rue doit son nom à une ancienne église rurale dont les ruines elles-mêmes ont aujourd'hui disparu, mais dont la place est encore marquée par une grande quantité de pierres romaines qui forment les limites du terrain où elle s'élevait autrefois.

L'église Sainte-Perpétue avait été bâtie presque toute entière avec les débris d'une nécropole gallo-romaine qui occupait encore au xe siècle l'emplacement où elle fut construite.

Une bulle d'Innocent IV, donnée à Lyon le 15 des calendes de mars, confirma l'union faite en 1228, à la meuse capitulaire de Nimes; des églises de Sainte-Perpétue; Saint-André-de-Codoles et Saint-Guilhem. Cette union fut encore confirmée par bulle donnée à Agnani le 6 de juillet 1256 par Alexandre IV, et par bulle donnée à Pérouse au nenes d'août 1265 par Clément IV (1).

Les masures de Sainte-Perpétue (c'était le nom qu'on donnait aux ruines de cette église rurale) furent pendant plus de deux siècles, de 1567 à 1790, une véritable carrière, où les propriétaires des nombreuses métairies répandues dans le quartier de la Magalhe (haute et basse) et les meuniers des divers moulins établis non loin de là, sur le ruisseau de la Fontaine, venaient chercher de longues dalles, de grosses pierres de taille et des auges.

C'est grâce à cet emprunt fait par les propriétaires voisins qu'on doit la conservation de quelques inscriptions qui sont arrivées jusqu'à nous.

Ainsi l'enseigne du maçon Spinus, dent nous avons précédemment parlé (2), a été trouvée sur ce terrain ; chez M. Bigonnet on lit les inscriptions suivantes :

D. M	Aux dieux manes
L. IVL HER	L. Julius Hermes
MES	à Lycidias son
LYcYDÆ	frère bien aimé.
FRTR(i.piis)	
SI(mo)	

(1) V. aux Archives du dép. du Gard, G. 192, et celles de l'Edition. — V. l'Abbé Goiffon.

(2 V. le présent ouvrage, T. 2 page 102.

QVINTVLO
Q.F.ET ALLIAE
CONIVGI . DVLCIS
ET . NEPOTI . QVIETINO

A Quintilus, fils de Quintus, et à Allia, son épouse bien aimée, et à son petit-fils Quintinus.

RUE PETIT

Allant du plan de Bachalas à la rue Sorbière.
2ᵉ Canton. — Section 3.
Niveau 52ᵐ47. — 53ᵐ10.

Nous trouvons dans l'histoire littéraire de Nimes de M. Michel Nicolas les détails les plus circonstanciés sur la vie et les œuvres du célèbre Samuel Petit, et je ne saurais mieux faire dans cet ouvrage qui n'est qu'un recueil de citations et de documents sérieux, que d'emprunter à cet historien les renseignements suivants :

« La famille Samuel Petit était originaire
» de Paris. En 1572 son aïeul, François Petit,
» qui avait embrassé la réforme, se sauva en
» Allemagne et passa de là en Suisse, où il
» finit ses jours. Son fils, après avoir étudié
» la théologie à Genève, fut appelé par
» l'Eglise réformée de Nimes, et vint exercer
» dans cette ville le ministère évangélique. Il
» se maria avec Noémie Olivier, et c'est de
» ce mariage que naquit Samuel Petit, le 25
» décembre 1594. Son père, qui le destinait à
» l'étude de la théologie, le forma de bonne

» heure à l'étude des lettres anciennes. Le
» succès dépassa ses espérances. Samuel Petit
» n'était encore qu'un enfant qu'il possédait
» déjà à fond le latin, le grec et l'hébreu.

» En 1620, Samuel Petit, de retour de Ge-
» nève, pasteur à Nimes, et chargé de l'en-
» seignement de la langue et de la littérature
» grecque, épousa Catherine Cheiron, dont le
» père, docteur en droit, et successivement
» professeur public et principal du collége
» des Arts, venait de mourir l'année précé-
» dente. Adam Abrénethée ayant eté déposs-
» sédé de l'emploi de principal du Collége des
» Arts, Samuel Petit fut nommé son succes-
» seur d'une voix unanime, mais il resta ce-
» pendant chargé de la chaire de grec ».

La réputation de nôtre compatriote s'était répandue au loin et de nombreuses tentatives furent faites pour l'arracher aux modestes et pénibles fonctions qu'il remplissait à Nimes. — Le cardinal Bagni plein d'admiration pour ses vastes connaissances, avait engagé le pape Urbain VIII à l'attirer à Rome et offrit à Petit de la part de ce pontife le poste important de bibliothécaire du Vatican, avec la promesse solennelle de ne l'inquiéter jamais en rien au sujet de ses croyances religieuses. — D'un autre côté, les Etats de Frise firent tous leurs efforts pour lui faire accepter une chaire à l'Université de Franecker, une des plus florissantes écoles de cette époque, et pour rendre leurs instances plus pressantes, ils le nommèrent professeur honoraire de cette Académie. Enfin un de ses cousins, le père Petit, général des Trinitaires, lui fit les offres les plus séduisantes pour le décider à se fixer à Paris, lui promettant de mettre à sa disposition la belle bibliothèque de son ordre, de le laisser entièrement libre dans ses croyances et d'obtenir en sa faveur la restitution des biens que sa famille avait perdus en 1572 par suite de l'émigration de son aïeul.

Samuel résista à toutes ces nombreuses et flatteuses solliciations et consacra entièrement sa vie à ses fonctions de pasteur et de professeur, à l'étude des ouvrages de l'antiquité classique et à la composition des écrits qu'il a laissés.

En 1633 il fut envoyé à Paris par le Consistoire pour tacher de faire échouer les démarches des Jésuites qui voulaient s'emparer du collége des Arts et demandaient l'expulsion de deux pasteurs de Nimes sous le prétexte qu'ils étaient étrangers. Samuel Petit obtint assez aisément le maintien de ses deux collégues, mais il lui fut impossible de sauver le collége qui, en 1634, fut partagé entre les catholiques et les protestants, et qui, bientôt après, fut livré tout entier aux Jésuites.

Cet homme remarquable ne survécut que quelques années à cette perte, il mourut le 12 décembre 1643, âgé seulement de 49 ans, après avoir été pendant vingt-huit ans professeur de littérature Grecque à l'Académie de Nimes.

Il a publié de nombreux ouvrages qui se distinguent tous par une profonde érudition, une grande élévation de sentiments, une rare largeur de vûes, une politesse exquise dans la discution, une finesse de goût et un solidité de jugement qui en font un des écrivains les plus distingués auxquels la ville de Nimes a donné le jour.

Il possédait l'Hébreu à fond; à ce sujet, on raconte qu'un jour, attiré par la curiosité dans une synagogue d'Avignon, il entendit un rabbin déclamer en Hébreu avec violence contre les Chrétiens, et qu'irrité de cet excès d'animosité, il prit la parole et réfuta le prédicateur Juif dans sa propre langue à la grande stupéfaction de l'auditoire et surtout du rabbin.

RUE PHARAMOND

Allant de la rue Massillon au chemin de Montpellier.

1er canton. — Section 12.
Niveau 43m55, 42m12.

Cette rue n'offre rien d'intéressant malgré le nom pompeux qu'elle porte. Du reste, les historiens ne sont pas bien fixés sur l'existence même de ce personnage qu'on a longtemps donné comme le premier roi de France, mais qui ne fut en réalité qu'un chef ou duc des Francs.

Ceux qui l'acceptent comme tel, le font fils de Marcomir et supposent qu'il passa le Rhin vers 419, s'avança au plus jusqu'à Tongres ou jusqu'à Trèves et fut enterré à Frankerberg. Clodion était, dit-on, son fils et lui succéda en 428.

RUE SAINT-PHILIPPE

Allant de la rue Saint-Pierre à la rue du Mail.

1er Canton.— Section 10.
Niveau, 50m00, 46m70.

Saint-Phillippe, un des douze apôtres, né à Bethsaïde en Galilée, fut appelé un des premiers par Jésus et le suivit jusqu'au jardin des oliviers ; il alla prêcher l'Evangile dans la Phygie et y mourut vers l'an 80 dans un âge avancé. Sa fête est célébrée le 1er mai.

RUE SAINT-PIERRE

Allant de la rue Porte-de-France au Cours-Neuf.

1er Canton. — Section 10.
Niveau 49m88, 48m19.

Saint-Pierre, en latin Petrus, en hébreu Cephas, dit le prince des apôtres, était frère de Saint-André, premier disciple du Sauveur, et s'appelait d'abord Simon Bar-Jone. Jésus le choisit pour son vicaire en lui adressant ces paroles : « *Tu es Pierre et sur cette pierre, je bâtirai mon Eglise.* » Effrayé pendant la passion de Jésus, Pierre renia son maître, mais il se repentit bientôt et fut un de ceux qui furent instruits de la résurrection de Jésus-Christ. Il prêcha avec succès le christianisme dans Jérusalem, convertit en un jour 5,000 juifs ou étrangers, siégea d'abord à Antioche, puis passa à Rome où il fut martyrisé avec saint Paul l'an 65. On célèbre sa fête le 29 juin. On a de lui des épîtres aux juifs convertis.

Cette rue, comme toutes celles de ce quartier, se trouve sur l'emplacement de l'ancienne ville romaine, et le sol renferme encore des richesses artistiques qui de temps en temps sont mises au jour ou simplement signalées. C'est ainsi que le 18 janvier 1812 on trouva, à un mètre au-dessous du sol, une superbe mosaïque au n° 21 de cette rue, dans une maison qui appartient à la famille Im-Thurn et qui porte le nom de Petit-Genève. La mosaïque ainsi découverte n'a pas été enlevée ni détruite ; il est donc probable qu'un jour on pourra la retrouver, et il est utile de signaler le fait à nos autorités municipales pour qu'une intelligente sollicitude en surveille la découverte et la conservation. Le nom de Petit-Genève donné à cette maison vient probablement de ce que ses habitants devaient dans le principe être tous protestants et y célébraient peut-être leur culte de famille.

RUE DE LA PITIÉ.

Allant de la rue Porte de France à la Placette.

1er canton. — Section 10.
Niveau 48m,49 47m16.

De même que quelques-unes des rues qui avoisinent l'Hôpital, celle qui nous occupe a reçu un nom qui comme celui de la Maternité et de la Charité rappellent le caractère du monument le plus voisin.

C'est sur le milieu du parcours de cette rue que se trouve la place de l'Oratoire sur laquelle on a construit le temple protestant dont j'ai parlé à la page 217 du présent ouvrage.

Dans le projet de classification de 1824, la commission avait proposé pour cette rue le nom de Marie-Thérèse, mais celui de la Pitié prévalut.

AVENUE DE LA PLATE-FORME

Allant du quai de la Fontaine à la route d'Alais.

1er Canton. — Section 1.
Niveau 56m42, 52m75.

Le plan de Maréchal pour l'ornementation de la Fontaine se terminait par une plate-forme faisant face au canal et regardant la ville. Cette plate-forme dont le but était de cacher les terrains vagues qui se trouvaient derrière, était composée d'une esplanade à laquelle on arrivait par deux volées doubles d'escaliers, et devait être couronnée d'un groupe équestre, mais ce projet qui aurait été d'un effet très-grandiose, n'a jamais été exécuté.

En 1866, on a démoli cette plateforme et détruit ainsi toute l'harmonie de l'œuvre de Maréchal. Qu'on se figure, en effet, quel tableau on aurait eu devant les yeux, si du square Antonin, orné aujourd'hui d'une belle statue, on avait eû comme fond de tableau l'aspect d'un immense groupe équestre se détachant sur le ciel ! Peu de villes auraient pu offrir aux étrangers un plus beau panorama. Au lieu de cela, on a ouvert une prosaïque avenue qui ne sera jamais ornée de belles maisons et dont le nouvel alignement, comme tous ceux de notre bonne ville, offre des irrégularités fâcheuses.

C'est immédiatement après l'ancienne plateforme qu'un riche particulier, plein de dévouement pour ses coreligionnaires, M. Léon Noguier, a commencé, en 1865, la construction d'un hôpital protestant.

Ce vaste bâtiment, élevé sur les plans de M. Héraut, architecte, sera bientôt terminé, grâce aux sacrifices de M. Louis Noguier, qui a tenu à continuer et mener à bonne fin l'œuvre de charité entreprise par son frère.

RUE PLOTINE

Allant du pont de la Bouquerie à la rue de la Fontaine.

1er Canton. — Section 1.
Niveau 52^{m}41, 50^{m}70.

Parmi les noms Romains donnés à toutes les rues de ce quartier, celui de Plotine devait naturellement trouver sa place, car on sait que Plotina Pompeia, femme de Trajan, n'usa du pouvoir que pour seconder les vues généreuses et sages de son époux. Elle eut une grande part à l'adoption d'Adrien et garda sous le règne de ce prince l'influence dont elle avait joui précédemment.

C'est à l'angle de cette rue et du quai de la Fontaine que M. Samuel Guérin, faisant construire une grande et belle maison, a trouvé les vestiges d'une habitation romaine dont la porte d'entrée était indiquée par deux bornes usées par le frottement des roues ; dans les fouilles il découvrit aussi un gros bloc de marbre sculpté et un sabot de cheval en cuivre doré, de grandeur naturelle ; le tout a été offert par lui à la ville, on peut voir la pierre dans l'enceinte de la Maison-Carrée et le sabot dans les vitrines de la Bibliothèque municipale.

Sous cette maison passe un très-bel aqueduc romain qui vient de la Fontaine et se dirige vers la ville. Cet aqueduc devait recevoir les eaux distribuées par le bassin (castellum) de la Lampèze, dont une branche se dirige en effet du côté de la source, quartier autrefois occupé par de riches Romains.

RUE DE LA POISSONNERIE
Allant de la Grand'Rue à la place du marché du Chapitre.

2e Canton. — Section 7.
Niveau 44m67. — 43m93.

L'ouverture de ce tronçon de rue qui donne un débouché très-utile au marché du chapitre qui n'avait d'issue que par la rue de la Prévoté et par la Poissonnerie, fut votée dans la session du conseil municipal du mois de janvier 1848 sous l'administration de M. Girard, ainsi que l'asphaltage des boulevards, seulement ces deux projets ne furent mis à exécution que plus tard. C'est sur l'emplacement de la maison Dombre que cette percée a eu lieu.

Malgré cela, par suite de l'augmentation de population les marchés de la ville, si l'on peut appeler ainsi la rue étroite de Saint-Castor et les deux petites places de la Cathédrale et de la Bellecroix sont plus qu'insuffisants et indignes d'une ville de plus de 60,000 âmes, le besoin se fait donc impérieusement sentir de halles couvertes, d'un abord facile et sous lesquelles les marchands soient à l'abri. Espérons que notre municipalité, qui dans l'espace de 40 ans a construit trois églises neuves, une chapelle et un oratoire, qui ont coûté près de cinq millions, comprendra que continuer d'affecter les ressources de la ville à des édifices de ce genre alors que tant d'autres travaux utiles sont de la dernière urgence tels que la couverture des lavoirs publics, établisement de halles et reconstruction d'un lycée, serait complétement faillir à son mandat et méconnaître les véritables intérêts de la cité.

Le monument de la Poissonnerie construit sur l'emplacement de l'ancien réfectoire des chanoines que ceux-ci avaient cédé aux pénitens-Blancs, a été construit sur les plans de M. Cler, architecte.

RUE PORTE-D'ALAIS

Allant du boulevard du Grand-Cours à la Poudrière.

2me canton. — Section 2.
Niveau 47m22 — 57m92.

Cette rue portait autrefois deux noms, rue de la Basique et rue Porte-d'Alais ; mais par arrêté municipal du 27 mars 1857, approuvé par arrêté préfectoral du 22 avril même année, elle a été classée dans toute sa longueur sous le nom unique de Porte-d'Alais.

L'origine du mot Basique est assez obscure et semblerait se rapprocher du mot Bachique qui n'éveillerait dans ce cas qu'un souvenir de cabaret ou de tripot placé d'abord en dehors de l'enceinte de la ville et servant de lieu de réunion aux disciples de Bacchus.

En 1688, après qu'on eût construit la citadelle, on voulut relier cet ouvrage avec les anciennes fortifications de la ville ; on commença donc par construire deux longues murailles, l'une qui vint rejoindre l'enceinte à la porte de la Bouquerie, et l'autre qui, traversant le faubourg des Prêcheurs, vint se relier à la porte dite des Casernes. Comme dans cette dernière partie il était urgent de pratiquer une ouverture pour permettre l'accès de cet immense faubourg, on ouvrit une porte qu'on appel Porte d'Alais, parce que c'est à elle que venait aboutir l'ancienne route qui conduisait dans les Cévennes ; on l'appelait aussi le Portail Rouge, probablement a cause de la couleur dont il était peint.

Lorsque M. Adolphe Maury fit construire sa maison au n° 4, derrière l'Hôtel actuel des Postes, il retrouva les traces de deux belles mosaïques, dont MM. Baumes et Vincens, dans leur *Topographie de Nimes*, page 545, ont fait mention dans les termes suivants :

« L'un de ces pavés a 9 mètres de longueur
» et 6 m. 60 de largeur ; il règne tout autour
» un cadre blanc, bleu et rouge ; le fond se
» compose de carreaux de un décimètre dans
» tous les sens, alternativement noirs avec
» une bordure blanche et une rosette de la
» même couleur au milieu, et blancs avec une
» bordure et une rosette noire.

» Au centre, un cadre carré, nuancé de di-
» verses couleurs et de 1 m. 949 c. de lon-
» gueur sur une largeur proportionnée aux
» dimensions générales, embrasse un dessin
» formé de triangles très-aigus en marbres
» blanc, rouge et bleu, et dont les sommets
» correspondants sont séparéspar de petits
» points noirs. Un canal en marbre blanc
» de 0 m. 487 de largeur, enduit, dans sa
» partie creusée, d'un ciment couleur de rose,
» suit le pavé dans toute sa longueur sur le
» côté occidental. Cette particularité doit
» faire croire que l'appartement qu'il traver-
» sait était une salle de bains ; et, comme
» l'aqueduc du Pont-du-Gard passait très-
» près de là, on peut conjecturer avec quelque
» apparence de raison, que ce canal allait s'y
» embrancher et y puiser l'eau nécessaire au
» service de cette maison dont les débris an-
» noncent la magnificence. »

Le second pavé, contigu au précédent, a été découvert en 1859, lors de la construction d'un mur qui a provoqué la destruction de la mosaïque sur toute l'épaisseur de ce mur ; M. Auguste Pellet qui l'a vu a constaté que la longueur de ce pavé du Nord au Midi est de 8 mètres 50 ; sa bordure toute noire a dix centimètres d'épaisseur, avec une bande blanche de 5 centimètres, le milieu en petits cubes blancs, est divisé par des cubes noirs, en hexagones réguliers de 10 centimètres de coté ; il est à 1m. 20 c. sous la façade nouvellement bâtie à l'ouest (1).

(I) Voir Mémoires de l'Académie du Gard, 1875, page 14.

C'est à l'extrémité de cette rue qu'on a construit le premier bassin de distribution des Eaux du Rhône. Ce bassin qui contient 4000 mètres cubes, a commencé à distribuer l'eau dans la ville le 1er janvier 1872.

En 1722, il existait en dehors de la Porte d'Alais un jardin avec pavillon appartenant à un sieur Denis Pison marchand nimois. C'est là qu'on faisait subir la quarantaine aux marchandises qui arrivaient des Cévennes.

On peut voir à ce sujet dans les archives municipales (2) des documents très curieux qu'il serait trop long de reproduire ici en entier, mais que je me fais un véritable plaisir de résumer, tant à cause de la singularité du fait en lui-même que pour les indications qu'ils nous fournissent sur certaines personnes.

Le mardi 10 février 1722, le bureau de santé se rassembla. Il était composé de MM. Jean Louis Poustoly docteur et avocat ; Louis Parran fils bourgeois, Gabriel Corrand marchand pelletier, François Bouvier marchand facturier de laine tous quatre consuls, François Morel chanoine vicaire-général de Mgr. l'Evêque de Nimes, Abauzit curé perpétuel de Nimes, François Lambert, de Bérard et Graverol avocats ; Durand médecin, Monteils bourgeois, Etienne Lapie bourgeois, Dalon marchand droguiste et Traucat teinturier, conseillers de santé.

Il fut décidé que vû la grande quantité de marchandises qui arrivaient des Cévennes et autres lieux suspects de contagion, toutes les étoffes de laine, soie, fil et autres susceptibles de contagion seraient mises à l'*Event* pendant

(2) Archives municipales, L. 32, fo 208 vo.

vingt jours; qu'il serait nommé des commissions pour faire exactement observer cette quarantaine, qu'on choisirait un ou plusieurs endroits pour mettre ces marchandises à l'*event*, et que durant cet intervalle de vingt jours les commissaires auraient soin de faire ouvrir et déballer toutes ces étoffes pendant dix jours sur un coté, et retourner ensuite sur l'autre côté pendant les dix derniers jours.

Les lieux désignés furent du côté de la Porte d'Alais, les pavillons des sieurs Pison, Paul Mathieu, Jacob et Calvas

Du coté de la Fontaine, l'enclos des Dames de Beaucaire, celui des sieurs Ardissan, Mascle et Guirauden au jeu de mail.

Du côté de la Porte des Carmes à l'enclos du sieur Angellier.

Toutes les étoffes ainsi purifiées étaient marquées d'un sceau et payaient un droit fixé par les consuls.

Ce sceau qui a été retrouvé il y a quelques années. donnait l'empreinte suivante:

Event du commissaire établi depuis la désinfection 1722 (3).

(3) Voir Mémoires de l'Académie du Gard 1875, page 147.

RUE PORTE-DE-FRANCE.

Allant de la place Saint-Paul à la Porte-de-France.

1er canton. — Section 12.
Niveau, 47m16, 44m10.

Il était tout naturel que cette rue prit le nom du monument qui la décore, aussi nos édiles n'ont pas hésité à réunir sous cette appellation unique les diverses parties de cette rue qui portait autrefois plusieurs noms, tels que *Puits-de-l'olivier*, de *l'Enfance* et de la *Charité*. C'est par arrêté municipal en date du 27 mars 1857 que cette mesure a été prise.

Cette porte, qui faisait partie de l'enceinte romaine, s'appelait autrefois Porte-Couverte, *PortaCooperta*, soit parce qu'elle était couronnée d'une plate-forme couverte sous laquelle les soldats pouvaient s'abriter, ou bien à cause de l'étage ou attique orné de pilastres qui la surmontait, de là vient l'expression populaire de *Pourtalas* ou grand portail. Cette porte est formée d'un seul arceau à plein cintre, de 6m58 de hauteur, sa clef est de 4m12 de largeur, les pieds droits et l'architecture sont en pierre de taille et les espaces intermédiaires en moëllons smillés.

Voici la description qu'en donne M. Germer-Durand fils dans son ouvrage intitulé : *Promenades d'un curieux dans Nîmes* :

« On remarque sur les côtés, comme sur la Porte d'Auguste, de larges rainures dans lesquelles descendait la herse en bois garnie de fer (*cataracta*), que les gardiens, du haut des chemins de ronde, manœuvraient à l'aide d'anneaux et de chaînes ou au moyen d'un tour muni de cordes. Un peu en arrière de ces rainures ou coulisses on voit des trous où s'encastrait la barre transversale (*vectis*), qui maintenait les ventaux des portes, de chaque côté desquelles on remarque aujourd'hui encore les amorces de deux tours semi-circulaires ».

Elle prit le nom de Porte d'Espagne (*Porta Hispana ou Spana*), parce qu'elle se trouvait sur le parcours de la voie Domitienne. Polybe nous apprend en effet que les Romains, avant la conquête des Gaules, avaient déjà établi entre Empurias, en Espagne et la rive droite du Rhône, une voie militaire sur laquelle étaient élevées des colonnes miliaires plantées de huit en huit stades. A l'occasion des grands travaux que le proconsul Domitius Œnobarbus fit exécuter sur cette voie plus d'un siècle avant l'arrivée d'Auguste à l'empire, elle reçut le nom de *Via Domitii*.

« Cette route, après avoir franchi la Porte d'Espagne, passait devant la Maison Carrée (Capitolium), prenait la rue appelée aujourd'hui de l'Agau et sortait par la Porte d'Auguste ou Porte d'Arles. »

« La Porte d'Espagne est désignée comme nom de quartier dans plusieurs donations faites au chapitre de Nimes en 920, 943, 973, 1043 et en 1080 (1). »

« Sa structure solide, les deux tours qui la défendaient, les eaux des anciens fossés de la ville de laquelle elle était séparée depuis la ruine de l'enceinte romaine par Charles-

---

(1) Cartulaire du Chapitre de Nimes, Ch. 25, 45, 60, 134.

Martel (838), tout avait contribué à en faire comme une sorte d'ouvrage séparé. »

« Aussi, dès 1037, la voyons-nous s'appeler C âteau (Castrum de Porta-Spana), dans le contrat de mariage de Pons, fils aîné de Guillaume dit Taillefer, comte de Toulouse, avec Majore (2) qui reçoit, à titre de domaine, ce château ainsi que divers autres biens plus considérables. »

« Dn 1105 et 1114, ce quartier contenait quelques maisons (stare), jardins (ferrago) ou vignes, et comme fief donnait son nom à divers personnages, tels que Willelmus de Porta Spana et Petrus Stephanus de Porta Spaniœ (3). »

« Cette porte devint le noyau d'un faubourg, et parmi les hôtelleries (Deversoria) qui s'y groupèrent, il y en eut bientôt une spécialement affectée par la dévotion publique aux pèlerins de Saint-Jacques de Compostelle et qui devint plus tard un hôpital. . En 1210, on donna cette appellation : Porta cohoperta in horto infirmorum (4). »

Au XIVe et au XVe siècle les noms de *Porte Couverte, Maladrerie, Maison de Saint-Jacques* et *hôpital des Chevaliers à Porte Couverte* se retrouvent dans les Chartes.

C'est au XVIIe siècle, probablement à l'occasion de l'arrivée à Nîmes de Louis XIV (1660) après la paix des Pyrénées (5) que les

(2) *Histoire de Languedoc*, II, Pr., p. 200.

(3) Layette du Trésord des Chartes, t. 1. p. 35 et Cartulaire de St-Sauveur de la Fontaine.

(4) Ménard, 1, pr., p. 51-58.

(5) V. Ménard. VI, p. 149.

inscriptions suivantes furent peintes dans les panneaux du premier étage.

Dans le premier on voit encore :

W. AETERNVM (REX) FRANCIAE

dans le second :

W. AETERNVM REX FRANCIAE

et dans le troisième :

W. PAX IN AETERNVM.

Le mot FRANCIAE répété sur ce monument attira surtout l'attention populaire et lui fit donner le nom de Porte-de-France qu'il a conservé jusqu'à aujourd'hui.

Les murs de l'enceinte romaine en partant de la Porte Couverte, après avoir fait un angle saillant, allaient en droite ligne au Pont de l'Abattoir.

Une chapelle dite de Saint-Jacques de la Porte-Couverte avait été adossée à l'ancienne Porte ; les recteurs de cette chapelle dont les noms sont venus jusqu'à nous, sont :

En 1446 Michel de Castanet ; — 1466 N. de Mari ; — 1533 Claude Priati ; — 1572 Deleuze ; — 1605 Jean Barbier, chanoine de Nimes ; — 1616 Noble Louis de Georges, chanoine ; — 1650 Raymond Martin, chanoine ; — 1656 Pierre Tombarel ; — 1658 Barthélemy Brunel ; — 1679 Mathieu Séguret ; — 1726-1774 Louis-Antoine Séguret ; — 1774 Jean Giraud qui a été le dernier titulaire (6).

Ainsi que nous l'avons dit plus haut, la rue dont nous nous occupons s'appelait sur une

---

(6) V. Abbé Goffroy, (note sur St-Paul, p. 31).

partie de son parcours rue de la Charité soit à cause de son voisinage avec l'hôpital général, soit en souvenir de la *Charité de Nimes.*

Au XIIIᵉ siècle, il existait à Nimes deux institutions de bienfaisance qu'il est intéressant de faire connaître, la *Charité de Saint-Césaire* qui avait son siége dans une maison voisine de celle de Louis Raoul, le fondateur de l'avocaterie des pauvres, et la *Charité de Nimes.*

La Charité de Saint-Césaire existait dans la première moitié du XIIIᵉ siècle. Le cartulaire du chapitre de la Cathédrale de Nimes nous révèle l'existence de l'église de ce village au Xᵉ siècle et un document des archives de l'Hôtel-Dieu qui porte la 1ᵉʳ mars 1241 nous fait connaître un accord intervenu entre Pierre de Cadols, recteur de cette église, et les deux frères Pierre et Pons Francluse, au sujet de trois sétiers de blé légués à la charité de Saint-Cézaire par leur père. En 1263, la Charité de Saint-Cézaire entrait en part avec l'hôpital de Nimes dans le legs de deux vignes fait par Guillaume André. En 1301, Guillaume d'Estampes, dit Guillaume de la Vigile, concède par donation entre vifs à Pons de Romeguières et à Pierre Cossonelle, *caritadiers* de Saint-Cézaire, un sétier de froment. On pourrait citer ainsi plusieurs dons de vignes de blé ou de vin.

La Charité de Nimes est moins ancienne que celle de Saint-Cézaire. Le premier acte qui, dans les archives de l'Hôtel-Dieu nous révèle son existence, est le testament de Jeanne Cabrieyrès de Nimes, qui lègue, en 1347, à la charité de cette ville qui se fait le jour de l'Ascension par les consuls, un sétier de *mescle* (mélange de seigle et de froment) à prendre annuellement sur une olivette située en Mégaurie.

C'est le jour même de l'Ascension qu'avait lieu cette aumône à la porte de la cathédrale. Les pains étaient bénis à l'autel et portés à la porte de l'église par les consuls qui faisaient eux-mêmes la distribution aux indigents en présence du peuple assemblé.

La Charité de Saint-Césaire fut supprimée en 1545. Les administrateurs de cette œuvre ayant négligé de rendre compte des revenus qui leur étaient confiés, furent cités à la requête des consuls. Un conseil fut réuni extraordinairement le 3 octobre 1546, et le lieutenant du roi, d'Albenas, qui le présidait, fit déposer les clefs de la maison de charité avec tous ses titres, et ordonna provisoirement que les revenus de cette œuvre, qui étaient consacrés tous les ans à faire une aumône publique le jour de la Pentecôte, seraient employés à l'entretien des pauvres de l'hôpital avec injonction aux consuls de veiller à l'exécution de cette ordonnance (7).

La suppression de la Charité de Nimes suivit de près celle de Saint-Césaire et ses revenus reçurent la même destination. Ce fut l'hôpital des Chevaliers qui hérita des biens de cette institution; mais les titres et concessions royales qui autorisaient cette concession s'étant égarés, le roi Louis XIII par lettres datées de Paris, le 28 février 1614 confirma

---

(7) V. Ménard, t. 4, p. 179 et Mémoires de l'Académie du Gard, 5 juin 1875. — Etude de M. l'Abbé Azaïs.

et ratifia en faveur de l'hôpital tous les droits et incorpora de nouveau à cet établissement tous les biens qui lui provenaient des deux charités.

Après la Révolution de 1789, les juifs ayant obtenu l'autorisation de s'établir où ils voudraient, quittèrent le Comtat Venaissin et vinrent en assez grand nombre se fixer à Nimes. Voulant avoir un lieu pour célébrer leur culte, ils louèrent dans la rue Porte de France, la maison qui appartient aujourd'hui à M. Léon Dombre et conservèrent ce local jusqu'au moment où ils firent bâtir une synagogue dans la rue Roussy. Dans la maison Dombre on voit encore le bassin dans lequel les femmes juives venaient faire leurs ablutions soit avant le mariage soit quarante jours après leur couches; il existe aussi encastré dans le mur un petit autel qui porte l'inscription suivante :

QUARTANF
VOTUM. RED
DET. LIBENS
MERITO
BYRRIA. SEVE
RILLA

Byrria Sévérilla fille de Quartannus fit ce vœu de sa propre volonté.

A côté de ce petit autel on remarque un fragment de chapiteaux de colonne représentant le buste d'un ange ailé, ce morceau de sculpture quoique privé de la tête de l'ange était d'une bonne époque et provient peut-être de l'ancienne chapelle de Saint-Jacques dont nous avons parlé plus haut. C'est dans cette maison qu'une charitable personne, Mlle Mavit, originaire de Genève, et M. Boissier ont jeté les premières bases de l'établissement des orphelines protestantes, qui fut transporté plus tard dans la maison de Paul Rabaud.

Dans la même rue se trouvait le moulin à huile de Paulhan, aujourd'hui converti en auberge, et la maison dans laquelle M. Roman père avait fondé le pensionnat qui au commencement de ce siècle était en grande réputation.

On se demande comment les inscriptions de la Porte-de-France peintes en 1660 à la simple détrempe ont pu se conserver jusqu'à aujourd'hui, car ce n'est que depuis quelques années que les ravages du temps se sont fait sentir et je me souviens d'avoir pu les lire toutes. Voici un détail d'histoire locale qui pourrait donner cette explication.

En 1814 et le 10 octobre, le comte d'Artois (plus tard Charles X) parcourant le Midi de la France traversa Nimes ; à cette occasion des arcs de triomphe lui furent élevés, il en fut construit un sur place Montcalm et la Porte-de-France fut ornée de guirlandes de buis.

Il se pourrait qu'à ce moment on ait fait revivre les anciennes inscriptions de Louis XIV qui se trouvaient de circonstance, je ne garantis pas cependant cette explication.

RUE PRADIER

Allant de l'Avenue Feuchères au quai Roussy.

3e canton. — Section 9.
Niveau 41m43, 39m77.

Cette rue qui s'appela d'abord rue de la Luzerne changea de nom en 1856 pour prendre celui de l'artiste éminent auquel la ville doit les statues qui ornent la Fontaine monumentale de l'Esplanade. C'est par suite d'un arrêté municipal du 8 décembre 1856 approuvé par le ministre le 27 mai 1857 que ce changement a eu lieu.

James Pradier naquit à Genève le 23 mai 1794, il était encore enfant lorsque son père vint s'établir à Paris et se fit naturaliser Français, de bonne heure il annonça de telles dispositions pour la sculpture, que ses parents s'appliquèrent à les développer et le confièrent au premier sculpteur de l'époque, M. Lemot, l'auteur de la statue d'Henri IV. Celui-ci le prit en affection et lui fit obtenir une pension du ministre de l'intérieur.

En 1812, à l'âge de 18 ans, Pradier concourut pour le grand prix de Rome et obtint une médaille d'or qui l'exempta du service militaire. L'année suivante, il obtint le grand prix et partit pour Rome où pendant cinq ans il se livra au travail le plus assidu. De retour à Paris, il vit les commandes lui arriver en foule et l'on peut dire que peu d'artistes ont produit autant de chefs-d'œuvre que lui.

Voici la liste de ses diverses productions qui ornent presque toutes les capitales et les musées de l'Europe :

Pensionnaire de France à Rome, il envoie *Aristée pleurant ses abeilles*, bas-relief actuellement au musée de Genève.

Un Centaure et une Bacchante, groupe en bronze appartenant au musée de Rouen ; *Un fils de Niobé percé d'une flèche*, au musée du Luxembourg.

Gaston de Foix, le général Danremont, le maréchal Soult, les Trois Grâces, le duc de Beaujolais, statues faisant partie des collections du musée de Versailles.

Quatre magnifiques Renommées, de six mètres de proportion sur l'Arc de Triomphe de l'Etoile.

La ville de Strasbourg, sur la place de la Concorde.

Deux génies domptant des tigres et *Une amazone à cheval*, bronzes au cirque des Champs-Elysées.

L'Education, bas-relief, et *Louis Philippe*, statue autrefois au Corps législatif.

Le *Mariage de la Vierge* et *Quatre figures d'Apôtres*, à l'église de la Madeleine, à Paris.

Prométhée, Phidias, Vénus grondant l'amour, dans le jardin des Tuileries.

La Muse comique et *la Muse sérieuse*, à la fontaine Molière, rue Richelieu, à Paris.

Le buste de *Gérard*, au Palais du Louvre.

Le buste de *Cuvier* à l'institut.

Le *duc de Vendome, le connétable Anne de Montmorency* au palais de Versailles. Les bustes de MM. de *Sismondi, Aubert, Paillet, Salvandy, Barbier, Ducamp*, etc.

La Toilette d'Atalante au Luxembourg.

Sapho, Médée, Chloris chassé par le Zéphir, Nyssia, Anacréon et l'Amour, la Sagesse re-

poussant les traits de l'Amour, groupes en bronze.

La statue de *Jouffroi*, celle du *duc d'Orléans* à Alger, un *Christ en croix*.

Le *Faune et la Bacchante*, chez M. le comte Demidoff à Saint-Pétersbourg ; *Une odalisque* au musée Lyon.

Cassandre, au musée d'Avignon.

Un groupe de la *Vierge Immaculée* dans la cathédrale d'Avignon.

La statue de *Jean-Jacques Rousseau* à Genève.

Celle de *Saint Louis* à Aiguesmortes.

La *Poésie légère* au musée de Nimes.

La ville de Nimes, le Rhône, la Fontaine de Nimes, le Gardon et la fontaine d'Eure, grandes statues en marbre blanc qui ornent la fontaine de notre Esplanade.

Une *Figure allégorique* pour un tombeau dans le cimetière protestant à Nimes.

Le buste du *général de Feuchères* à l'Hôtel-Dieu de Nimes.

Les statues du *duc de Penthièvre* et de *Mlle de Montpensier* dans la chapelle de Dreux.

Pandore, statuette appartenant à la reine d'Angleterre.

Pradier a produit en outre un très-grand nombre de statuettes et de figurines gracieuses qui sont, pour ainsi dire, connues de tout le monde. Une de ses plus importantes compositions décore le tombeau de Napoléon Ier élevé sous le dôme des Invalides, et consiste dans les *Douze Victoires colossales*.

Le talent de Pradier était loin d'être épuisé; il avait commencé un *Soldat spartiate mourant*, une *Baigneuse* et d'autres travaux moins importants. Il projetait en outre l'exécution en grand d'un groupe de l'*Amour et Psyché*. pour lequel il venait de donner ses dernières instructions aux praticiens chargés de dégrossir le marbre, lorsque la mort le saisit au milieu de sa carrière, le 4 juin 1852.

La ville de Nimes, qui possède de si nombreux ouvrages de ce grand artiste, a donc bien fait de conserver son souvenir et de le considérer comme un de ses enfants. D'un talent facile, d'un goût pur, d'une fécondité merveilleuse, Pradier se complaisait surtout dans la reproduction de la beauté féminine, empruntant ses plus heureux sujets à la mythologie grecque ; on a dit, avec juste raison, qu'il était le *dernier des paiens*.

RUE DE LA PRÉVOTÉ.

Allant de la rue du Chapitre à la place du Chapitre.

2e Canton. — Section 7.
Niveau 44m67. — 43m93.

C'est dans cette rue, du reste très-courte, et dans la maison appartenant aujourd'hui à M. de Rouville, que résidait le prévôt du chapitre et c'est à cette circonstance que cette rue doit son nom.

Le *præpositus*, le chef du chapitre, le père de la règle, le président de l'assemblée des chanoines était élu par ceux-ci sur l'avis ou la proposition de l'évêque ainsi qu'on le voit dans la constitution du chapitre régulier de l'église de Narbonne, aux preuves de l'histoire de Languedoc.

L'*archidiacre* était nommé directement par l'évêque sur l'avis du chapître.

Les divers autres dignitaires étaient : le *précenteur* (pre-cantor), ou chef des chantres ; le *sacristain*, préposé aux cérémonies et à la garde du mobilier sacré ; le *prieur claustral* et le *camérier* pour l'intérieur du cloître ; l'*aumonier* et l'*infirmier* pour le service de l'hôpital Saint-Marc desservi par les chanoines et dont les bâtiments ont été cédés plus tard par le chapître pour l'agrandissement du collége des Arts.

Les chanoines étaient ensevelis dans leur cimetière particulier, c'est-à-dire dans le cloitre dont l'ancien sol forme aujourd'hui la place du Chapître. C'est là qu'étaient aussi ensevelis les bienfaiteurs de l'Eglise sous l'habit monacal de saint Augustin. Des chapelles funéraires y furent construites et nous voyons dans le testament du jurisconsulte Raoul que l'usage des chanoines était de venir tous les lundis, après l'office des morts, faire l'absoute sur ces tombes.

Le chapître élisait l'évêque et assistait ce prélat dans toutes ses fonctions, même civiles et municpales ; il rendait avec lui la justice et c'est en sa présence que se passaient les actes publics intéressant les seigneurs, les églises et les communautés. Le sceau de son administration portait l'image de la Vierge tenant dans ses bras Notre-Seigneur enfant, avec l'exergue *Sigillum capituli Nemausensis sedis*. Autrefois, l'évêque de Nimes avait le droit de scelller *en plomb* ses décisions.

RUE DU PUITS-COUCHOUX

Allant de la place Saint-Charles à la place de la Porte d'Alais.

2e Canton. — Section 2.

Niveau 49m04 — 51m80.

A une époque où le service des eaux municipales n'existait pas à Nimes, l'attention publique se portait facilement sur les points où existaient des puits publics ou particuliers, et c'est pour cela que la rue dont nous nous occupons prit le nom d'un propriétaire sur le terrain duquel se trouvait un puits fournissant de l'eau en abondance.

C'est sur son emplacement même que la municipalité a établi une pompe.

Cette rue, de création toute moderne, n'offre rien d'intéressant au point de vue artistique.

PLACE DU PUITS-DE-LA-GRAND-TABLE

2me canton — section 7.
Niveau 45m80. — 45m98.

Cette rue doit son nom à un puits public qui existe encore au milieu de cette petite place ; et à côté duquel devait probablement se trouver une grande table de pierre à l'usage des voyageurs étrangers et des malheureux. Ce puits dont il est souvent parlé, fut fermé en 1745 sur la plainte des propriétaires voisins qui donnaient pour raison que la circulation des chars et des voitures était presque impossible, l'espace laissé libre étant insuffisant.

En conséquence le conseil de ville fit fermer ce puits avec de grandes pierres plates munies d'anneaux de fer pour pouvoir les enlever au besoin les années de grande sécheresse.

On remarque au coin de l'ancienne maison Lacoste quelques traces de sculpture qui évidemment ont été rapportées et proviennent probablement de la démolition de la cathédrale.

Au coin de la rue Four-des-Filles il y avait un arceau appelé *Ave de la Romaine* : Alors que la ville était divisée en îles, la place du Puits-de-la-Grand-Table faisait partie de l'île de Servas.

RUE RABAUT-SAINT-ETIENNE

Allant de la rue du Grand-Couvent à la rue Saint-Baudile.

2e Canton. — Section 6.
Niveau 48m59. — 46m76.

Cette rue s'appelait autrefois rue de la Roserie à cause d'un couvent de ce nom qui existait près l'ancienne rue Caguensol; plus tard, on l'appela rue des *Babouins*, à cause de quelques figures grotesques qui étaient sculptées sur la façade d'un maison. On sait que le mot *Babouin*, en vieux languedocien, veut dire *crapaud, petit enfant, babi*.

Aux archives départementales, série G. H., on peut lire une reconnaissance féodale par messire Pierre IV de Valernod, évêque de Nimes, d'une maison dite des Babouins au sieur Jacques Roqueyrolles, marchand de Nimes, 1598.

Le prolongement de cette rue portait aussi le nom de *rue de la Figuière*, à cause d'un gros figuier qui avait poussé dans une muraille. C'est par arrêté municipal du 8 décembre 1856, approuvé par le ministre le 27 mai 1857, que le nom de Rabaut Saint-Etienne lui a été donné d'une manière définitive, en souvenir d'un Nimois dont la ville peut être fière.

Jean-Paul Rabaud, surnommé Saint-Etienne, naquit à Nimes vers 1742. Il était le fils de Paul Rabaud dont le nom est si célèbre dans l'histoire du Protestantisme français au XVIIIe siècle; frappé dès sa naissance par les lois de proscription qui pesaient sur les protestants, il passa toute sa jeunesse dans des retraites cachées, et termina son éducation en Suisse sous la direction de Court de Gébelin, son premier maître.

Dans l'exercice du ministère évangélique, il marcha sur les traces de son père et se distingua à une époque si troublée par la modération des pensées et des actions.

A la mort du vénérable Bec-de-Lièvre, évêque de Nimes, Rabaud Saint-Etienne se rendit l'interprète des regrets qu'inspira la perte de ce prélat dont la génération qui existait alors avait admiré la modération et la tolérance, et composa son éloge. Prenant en mains la défense de ses co-religionnaires, il forma le projet de faire convertir en droit la tolérance dont ils étaient l'objet et alla à Paris pour solliciter plus activement la concession d'un état civil pour les protestants. Appuyées par le respectable Malesherbes, par des magistrats distingués et surtout par l'opinion publique, ses démarches eurent un plein succès et l'édit de 1788 mit fin à la grande erreur de Louis XIV. C'est en 1784 qu'il publia à Paris *le Vieux Cévenol ou anecdotes de la vie d'Ambroise Borely.* Ses *Lettres à Bailli sur l'histoire primitive de la Grèce* lui donnèrent une place honorable dans le monde littéraire. Le succès de cet ouvrage et ses démarches dans l'intérêt de ses coreligionnaires attirèrent sur lui l'attention publique et le firent choisir par les habitants de sa ville natale comme député du tiers-état aux Etats-Généraux. Dans cette assemblée, il fut le champion et le défenseur de l'égalité entre les trois ordres, de la liberté de conscience, de la liberté de la presse et de l'institution du jury pour les délits de la presse ; nommé président de l'Assemblée nationale en 1790, il organisa le corps de la gendarmerie qui remplaça l'ancienne maréchaussée. Ce fut aussi sur sa proposition que fut proclamée l'unité indivisible de la France

Un décret ayant arrêté que la Constituante ne serait composée que d'hommes nouveaux, Rabaut Saint-Etienne ne put pas faire partie de cette assemblée, mais il resta à Paris et s'occupa de la rédaction de son *Précis de l'histoire de la Révolution française.*

En 1792, il fut nommé membre de la Convention dans le département de l'Aube où il ne connaissait personne et sans qu'il eût sollicité cet honneur qu'il ne désirait pas et qui devait lui être si funeste. Voyant la tournure fâcheuse que prenaient les discussions, et le danger que courait la liberté, il fit partie du groupe des Girondins qui auraient voulu arrêter la France sur la voie des changements qui paraissaient inévitables mais pour lesquels ils comprenaient que le peuple n'était pas mûr.

Malgré cela, quand sur la proposition de Grégoire l'abolition de la royauté fut acclamée le 21 septembre 1792 par l'Assemblée toute entière, Rabaut Saint-Etienne suivit l'entraînement général, mais il vota pour la réclusion ; malgré ses efforts, la sentence de mort ayant été prononcée, il ne resta plus à Rabaut Saint-Etienne qu'à voter pour un sursis.

Nommé le 23 janvier 1793 président de l'Assemblée nationale, il fut mis en accusation après les événements du 31 mai et arrêté chez lui le 2 juin, mais il s'évada et se réfugia dans les environs de Versailles. Mis hors la loi le 28 juillet, il revint à Paris où il trouva un asile dans une maison du faubourg Poissonnière, chez M. et Madame Payzac, auxquels il avait eu occasion de rendre quelques services. Une malheureuse indiscrétion fit découvrir sa retraite. On prétend que Fabre d'Eglantine, voulant faire pratiquer chez lui une cachette, fit appeler un menuisier qui, pour lui donner une preuve de son adresse en ce genre, lui dit qu'il en avait exécuté, chez M. Payzac, une dont il était bien sûr qu'on ne soupçonnerait pas même l'existence. Fabre d'Eglantine fit aussitôt connaître le fait et Rabaut Saint-Etienne fut découvert et arrêté ; c'était le 4 décembre. Comme il était hors la loi, et qu'il était, par cela même, condamné, il fut envoyé le lendemain à l'échafaud. Le 6, M. et Mme Payzac payèrent leur dévouement de la même peine.

Rabaud Saint-Etienne avait alors cinquante ans. (1)

RUE LOUIS RAOUL

Allant de la rue Fresque à la rue de l'Etoile.

3me canton. — Section 11.
Niveau 45m54 — 45m54.

Cette rue doit son nom à la munificence d'un de ses habitants qui au xve siècle créa une œuvre existant encore aujourd'hui et qui rend de très-grands services à la classe peu fortunée.

Louis Raoul, bachelier ès-lois, originaire de Bernis mais fixé à Nimes, institua un défenseur pour les indigents, les veuves et les orphelins, auquel il donna le nom d'*avocat des pauvres*.

Par son testament en date du 25 février 1459, il substitua ses biens aux pauvres qui auraient besoin d'un défenseur devant les tribunaux de l'époque et il choisit lui-même le premier titulaire de cette charge, qui fut Jean-Auban, bachelier en droit. Quant à ceux qui devaient remplir cet office après lui, il en attribua l'élection aux officiers royaux soit de la sénéchaussée soit de la cour royale ordinaire de Nimes et aux avocats de ces deux cours et alternativement aux consuls et aux

Voir, Michel Nicolas, T. III.

conseillers de ville. Toutes ces personnes, avant de procéder au vote, devaient prêter serment de bien remplir leur mandat et de choisir un sujet capable. De son côté, l'avocat élu devait jurer de bien fidèlement remplir ses fonctions et cela gratuitement ; il devait aussi défendre gratuitement toutes les causes de la communauté et des habitants de Bernis, lieu de naissance de Raoul. C'était une obligation pour lui sous peine de perdre sa charge de loger dans la maison par lui léguée et de conserver les livres existant dans la bibliothèque, à moins que pour payer les legs qu'il pourrait faire, il fallut les vendre ou tout en partie.

Ce testament fut remis le 27 septembre 1460 dans les archives de la Trésorerie Royale et dans celles de l'Hôtel de Ville.

Jean Auban premier titulaire étant mort avant Louis Raoul, ce dernier porta son choix sur Rolland Capon, bachelier ès-lois.

Louis Raoul mourut le 31 août 1484 laissant une succession assez considérable composée de trois maisons dans l'intérieur de Nîmes, d'un jardin dans un des faubourgs, de champs de vignes, d'olivettes et de diverses censives.

Selon son désir, on plaça sur sa maison une pierre sur laquelle étaient sculptées les armes du Roi et celles de la ville avec cette inscription latine DOMVS ADVOCATI PAVPERVM.

Cette inscription a depuis lors disparu et la maison qu'habitait Louis Raoul ne se distingue plus aujourd'hui que par quelques vestiges d'une galerie en pierre qui courait le long de la toiture.

A la fin du XVIᵉ siècle, un des anciens avocats des pauvres Jean d'Agulhonet avait, paraît-il, réuni dans cette maison des fragments et des inscriptions antiques, comme Tanneguy Besserié l'avait fait antérieurement dans l'ancien couvent des Augustins, rue de la Roserie, mais tous ces trésors archéologiques ont disparu à l'exception d'une plaque de marbre retrouvée en 1854 chez un propriétaire de la rue de l'Etoile et devenue la propriété de feu M. L. de Bérard, sous-bibliothécaire de la ville (1).

L'institution de l'avocat des pauvres s'est perpétuée jusqu'à nos jours, et fonctionne encore mais avec quelques modifications que la force des choses a dû amener.

Les derniers titulaires sont : MM. Paul Manse — Drouot — Prosper Manse — Allaud — Dupin.......

RUE RACINE

Allant de la place Saint-Paul à la rue Antonin

1ᵉʳ Canton. — Section 1.
Niveau 50ᵐ13, 46ᵐ61.

Placée près du théâtre, cette rue porte un nom que l'on retrouve dans toutes les villes qui ont tenu à conserver le souvenir de nos illustrations nationales.

Jean Racine est, en effet, l'un des plus grands poètes tragiques de la France. Né en 1639, à la Ferté-Milon près Chateau-Thierry

---

(1) Voir, pour les détails Germer-Durand, *Mémoires de l'Académie du Gard* 1872, pages 112 et 118.

(Aisne), Racine avait pour père un contrôleur du grenier à sel de cette ville. Elevé à Port-Royal, il y puisa le goût de la littérature classique et se fit connaître dès l'âge de vingt ans par une ode (*la Nymphe de la Seine*) qu'il composa à l'occasion du mariage de Louis XIV et qui lui valut les bonnes grâces de la cour. Il eut le bonheur de se lier dès sa jeunesse avec Molière et Boileau qui guidèrent ses premiers pas. Se vouant à la carrière dramatique, il débuta par une tragédie *Théagène et Chariclée*, essai fort imparfait encore que Molière lui fit supprimer, fit jouer, en 1661, la *Thébaïde*, en 1665 *Alexandre* et révéla tout son talent en 1667 dans *Andromaque* qui eut un grand succès mais qui éveilla l'envie.

Racine se délassa du genre tragique par la spirituelle comédie des *Plaideurs* en 1668, imitée des Guêpes d'Aristophane; depuis, il se consacra tout entier à la tragédie et donna successivement *Britannicus* (1669), *Bérénice* (1670), *Bajazet* (1672), *Mithridate* (1673), *Iphigénie* (1674) et enfin *Phèdre* en 1677. Il eut la douleur de voir siffler cette admirable pièce par une cabale à la tête de laquelle étaient le duc Nevers et la duchesse de Bouillon et dont Mme Deshoulières eut le tort de faire partie.

Froissé par ce traitement, Racine renonça au théâtre quoiqu'il n'eût encore que trente-huit ans et que son génie fut dans toute sa force.

Il se maria en 1677, fut nommé la même année historiographe du roi; il ne voulut plus s'occuper que du soin de sa famille et des devoirs de sa charge. Cependant il consentit, à la prière de Madame de Maintenon et après un silence de douze ans, à traiter des sujets sacrés et composa *Esther* en 1689 et *Athalie* en 1691, qui furent jouées à Saint-Cyr par les demoiselles de la maison royale.

La première de ces tragédies eut du succès, mais la seconde, livrée au public par l'impression, fut entièrement méconnue, et Racine, découragé par cette nouvelle injustice, cessa définitivement de travailler pour la scène. Louis XIV continuant ses faveurs, lui assura une pension, le fit trésorier de la Généralité de Moulins et gentilhomme ordinaire ; il l'admettait même dans sa familiarité. Mais un *mémoire* sur la misère du peuple que Racine avait rédigé à la sollicitation de Madame de Maintenon (1697) étant tombé entre les mains du roi, ce prince s'en offensa, et adressa au poëte des paroles dures qui lui portèrent un coup fatal. Une maladie dont il souffrait depuis longtemps (un abcès au foie) s'aggrava, et il ne fit plus que languir et mourut deux ans après en 1699.

Il avait été reçu de l'Académie Française dès 1673.

Outre ses tragédies, on a de lui quelques *odes*, quelques *épigrammes* et des *cantiques spirituels* composés pour Saint-Cyr (1674). Une *histoire* (en prose) du règne de Louis XIV qui a péri dans un incendie (1726), un *abrégé de l'histoire de Port-Royal* (1693) et des discours académiques.

Il laissa un fils, Louis Racine, qui se voua aussi aux lettres, mais pas avec le même succès que son père.

RUE RAYMOND-MARC.

Allant de l'avenue Feuchères à la rue Briçonnet.

1er Canton.— Section 12.
Niveau, 40m17, 39m81.

C'est le souvenir d'un homme de bien et qui dans le monde politique et littéraire s'est fait un nom estimé et respecté qui a été pour moi le véritable inspirateur des recherches auxquelles je me livre. En publiant ces notes qui ne sont que les premiers jalons d'un travail plus complet, j'ai crû répondre au désir si souvent exprimé par le regretté M. Félix de Lafarelle, ancien député du Gard, de forcer les Nimois à apprendre leur histoire locale, non pas en recherchant, comme l'ont fait plusieurs, les événements déplorables qui ont animé les habitants les uns contre les autres, mais en voyant mis en lumière et continuellement sous leurs yeux des noms qui leur sont pour la plupart inconnus et dont ils ne pourraient pas donner l'explication à ceux qui les interrogent.

Dans cet ordre d'idées et en première ligne, devait se trouver le nom de Raymond-Marc, l'un des quatre commissaires du roi Saint-Louis à Nimes. M. de Lafarelle a publié en 1841 une étude historique des plus intéressantes sur le consulat et les institutions municipales de la ville de Nimes ; c'est dans ce travail que j'ai puisé les renseignements suivants :

Le 12 avril 1229, par suite d'un traité passé à Paris entre le roi Louis IX, qui venait de succéder à son père, et Raymond VII, comte de Nimes, cette ville et tout son comté furent définitivement réunis à la couronne de France.

A son retour de la première croisade en 1254 saint Louis visita Nimes et accorda à ses habitants le renouvellement de leurs priviléges, immunités et franchises, il nomma en même temps quatre commissaires pour rendre aux habitants des sénéchaussées de Beaucaire et de Carcassonne les biens et droits dont ils avaient pû être dépossédés; c'était : l'archevêque d'Aix, deux moines et Guy Foulquois.

L'accord par ces quatre commissaires entre les consuls et les officiers royaux subsista pendant quelques années, mais des discussions s'étant élevées plus tard entre les consuls, les bourgeois de Nimes et les chevaliers des Arènes sur la manière de partager le consulat, toutes les parties résolurent de soumettre leur différent à l'arbitrage et à la décision suprême de Raymond-Marc docteur en droit, l'un des quatre commissaires du roi à ce moment.

Le 5 du mois de novembre 1272, Raymond-Marc, à la réquisition et prière des quatre consuls du château des Arènes, fît convoquer selon l'usage, par le crieur public et à son de trompe, l'assemblée générale (*parlementum*) des citoyens de la ville et des chevaliers du château. Là, du consentement et de la volonté de tous, les huit consuls jurèrent solennellement, la main posée sur les saintes Evangiles, tant pour eux que pour leurs successeurs à perpétuité, d'en passer par ce que statuerait ledit Raymond-Marc ; celui-ci devait cependant prendre l'avis et l'assentiment de quatre assesseurs ou mandataires (*tractatores*) qui lui furent donnés, deux par chacun des consulats, mais il resta maître de corriger, interpréter, augmenter et même dénaturer ce qui serait par eux énoncé et ordonné.

En conséquence, voici quelle fut la décision qui intervit :

Les huit consuls en exercice devront se réunir dans l'espace de quinze jours, terme qui leur est donné pour la réflexion, à l'effet de choisir neuf conseillers pris parmi les neuf états, rangs ou échelles de la ville, *de novem officiis ministeriis vel scalis*. Si les consuls ou la majorité d'entr'eux ne peuvent tomber d'accord sur le choix de ces neuf conseillers, les consuls de la ville en désignent neuf, un dans chaque échelle, ceux du Château font de même et le sort décide entre les deux candidats proposés pour chaque classe par l'un et par l'autre consulat.

Les huit consuls prennent ensuite six conseillers parmi les chevaliers des Arènes et douze de la place de la cité, *de plateâ civitatis*. En cas de désaccord, on procède d'une façon analogue à ce qui vient d'être dit pour les conseillers des échelles, c'est-à-dire que chacun des consulats fait une désignation de candidats réduits ensuite par le sort au nombre exigé.

Raymond-Marc et ses assesseurs procédèrent ensuite à la constitution de ces neufs échelles, ordres ou rangs :

La première échelle fut composée des changeurs, apothicaires, épiciers et autres qui vendent à la balance ;

La deuxième des drapiers, lingers, pelletiers et tailleurs ;

La troisième des tisserands, corroyeurs et tanneurs ;

La quatrième des bouchers et bouviers.

La cinquième des taillandiers et des peaussiers ou mégissiers.

La sixième des serruriers, fourniers et de tous ceux qui travaillent au marteau.

La septième des charpentiers et maçons.

La huitième des laboureurs et autres qui travaillent à la terre.

La neuvième des jurisconsultes, des médecins et des notaires.

La bourgeoisie proprement dite ne trouva pas sa place dans cette classification de la population nimoise, et cela par une raison bien simple, elle constituait précisément à elle seule, comme le démontrent une foule de documents postérieurs, ce que le règlement de Raymond-Marc appelle la place de la cité *platea civitatis*, dénomination empruntée sans doute à ce que la bourgeoisie avait en général ses maisons d'habitation sur la principale place de la ville.

Ainsi donc, le corps politique nimois se composa dès lors de trois éléments bien distincts, la noblesse qui résidait dans le château des Arènes, *milites castri arenarum*, la bourgeoisie groupée autour de la place, et le restant de la population distribuée, selon l'usage général à cette époque en un grand nombre d'états, arts-et-métiers dont on forma neuf classes ou échelles, *scalæ*.

D'après l'ordonnance de Raymond-Marc, la noblesse ne fournissait donc plus que six conseillers, la bourgeoisie en avait douze à elle seule, et les neuf échelles neuf, mais le premier de ces éléments municipaux était dédommagé de son désavantage numérique dans le conseil, par le partage égal des honneurs consulaires.

Quant aux consuls, la désignation en appartenait, comme par le passé, à ceux qui allaient sortir de charge assistés de leurs conseillers. En cas de désaccord, les quatre consuls des arènes sortants et leur conseil désignaient quatre chevaliers pour leur succéder. Ceux de la ville et leur conseil en élisaient quatre autres, toujours pris parmi les chevaliers, puis le sort décidait entre ces huit candidats.

La nomination du consulat pour la cité avait lieu différemment, elle devait toujours résulter d'un choix fait par les consuls de l'une et de l'autre communauté qui devaient les prendre, un parmi neuf candidats désignés par les conseillers des neuf échelles, et trois parmi douze candidats proposés par les douze conseillers de la place. La bourgeoisie comme l'on voit, obtenait ou se réservait toujours la meilleure part.

Les nouveaux consuls et conseillers une fois nommés, le notaire ou greffier du consulat en faisait la proclamation devant le peuple assemblé. Ce greffier, chargé de faire la recette et l'emploi de tous les revenus de la communauté, portait le nom de clavaire, *clavarius*, parce qu'il avait en dépôt la clé du trésor de la ville. Quant à l'administration de ces revenus, elle appartenait en commun aux huit consuls de la cité et du château.

Tel fut le règlement de Raymond-Marc, fidèlement observé jusqu'au milieu du xive siècle.

C'est par arrêté municipal en date du 8 octobre 1856 approuvé par le ministre le 27 mai 1857 que le nom de Raymond-Marc a été donné à la rue sus énoncée.

IMPASSE RANDON

Partant de la place de l'Ecluse, mais sans issue.

3e canton. — Section 8.
Niveau 41m80, 41m77.

Cette impasse qui porte le nom d'un ancien propriétaire d'une des maisons qui la bordent était destinée dans le principe à être ouverte jusque sur le boulevard, mais ce projet a été abandonné car la rue Grizot, qui est toute voisine, est suffisante pour mettre en communication la place de l'Ecluse et la rue de Roussy avec le boulevard des Calquières.

RUE RANGUEIL

Allant du boulevard du Petit-Cours à la rue de la Faïence.

2e Canton. — Section 3.
Niveau 46m60, 53m12.

Cette rue portait autrefois le nom de rue du Rempart à cause de l'existence encore actuelle d'une partie du rempart construit à côté de l'ancienne porte des Casernes ou d'Uzès en 1687.

— 282 —

Les remparts dont il s'agit, allaient se souder à l'angle sud de la citadelle, reprenaient à l'angle Nord, près duquel ils formaient comme un bastion, prenaient la direction de la rue de la Faïence, formaient un autre bastion saillant à la rue de la Crucimèle, descendaient la rue Rangueil, prenaient la rue de Bourgogne et formaient un troisième petit bastion peu saillant au coin de la rue Enclos-Rey.

Le plan de Poldo d'Albenas, qui est le plus ancien, indique, pour cette enceinte, cinq tours demi-circulaires dont la troisième est placée à cheval sur l'ancienne porte d'Alais ; mais rien, jusqu'ici, n'est venu nous donner des détails précis sur les dénominations particulières et l'exacte position de chacune de ces tours (1).

On dit qu'il existait un conseiller au présidial de Nîmes qui s'appelait Rangueil et dont le nom aurait été primitivement donné à cette rue, mais je n'ai pas pu contrôler l'exactitude de ce renseignement.

RUE DU MOULIN-RASPAL

Allant du boulevard du Viaduc dans la plaine.

3e canton.

En 1649, la peste qui faisait de grands ravages en Provence pénétra à Nîmes, et y fit de si nombreuses victimes que les juges du

---

(1) V. M. Germer-Durand fils (promenade d'un curieux dans Nimes, page 102).

Présidial quittèrent la ville, et que cette compagnie se retira à Bouillargues où elle tint ses séances dans la maison qui appartenait à un avocat de Saint-Gilles, nommé Vidalon.

Le conseil de ville prit toutes les mesures nécessaires pour empêcher les progrès de la contagion. Ce fut surtout dans l'enclos des Arènes que la peste fit des ravages, car depuis longtemps ce lieu était habité par un grand nombre de menu peuple. Aussi le bureau de santé se hâta-t-il d'interdire à ses habitants toute sorte de communication et de commerce avec ceux de la ville.

Il fut délibéré dans une assemblée, qui se tint à ce sujet le jeudi 26 août 1649 au logis du Luxembourg, hors de la ville, sur les huit heures du matin (1), en présence des quatre consuls, de faire boucher avec de la maçonnerie l'entrée des Arènes du côté du palais, et de placer à celle qui aboutissait à la Porte-Saint-Antoine trois gardes qui devaint empêcher les habitants d'en sortir, et qui, néanmoins, leur feraient tenir tout ce qui leur serait nécessaire et assisteraient les pauvres, le tout aux dépens de la ville.

On leur donna toutefois un délai de trois jours pour avoir le temps de se pourvoir de farine, de faire laver leur linge, et d'aviser à leurs autres besoins, et on leur accorda aussi la liberté de se retirer à la campagne.

Durant le cours de ce fléau, nous dit Ménard, les Consuls de Montpellier envoyèrent trois députations à ceux de Nîmes pour leur

---

(1) V. Archives municipales.

offrir leurs services. Lors de la troisième démarche, qui eût lieu le 22 septembre 1649, ces députés étant venus jusqu'au pont de la Servie, situé sur le canal de la Fontaine, au-dessous des Jardins de la ville, les consuls en chaperons s'y rendirent aussitôt, accompagnés d'un grand nombre d'habitants de tous états.

Le troisième consul de Montpellier prit à l'instant la parole et leur réitéra les témoignages de sympathie des habitants de Montpellier et leurs offres de service. Il ajouta qu'ils étaient chargés de leur présenter « une
» bouteille d'une eau excellente pour guérir
» ceux qui étaient frappés de la contagion,
» et deux autres bouteilles d'une eau de com-
» position différente pour garantir de cette
» maladie, avec des livres imprimés conte-
» nant les drogues dont ces eaux étaient com-
» posées, et la manière de s'en servir. Les
» consuls de Nimes les reçurent avec des dé-
» monstrations de la plus vive reconnais-
» sance. »

La maladie ayant disparu, on constata que pendant sa durée, le nombre des médecins avait été insuffisant, mais les ressources de la ville, épuisées par les emprunts qu'elle avait été obligée de faire pour secourir les pauvres et entretenir le service de santé, ne permirent de rien faire pour remédier à cette situation.

C'est alors qu'un médecin nimois, nommé Raspal, possesseur de vastes terrains dans la plaine, fonda dans sa ville natale un collège de médecins dont il fut naturellement le doyen.

Une des principales règles de ce collége interdisait à toute personne, même munie de diplôme, d'exercer la médecine ou la pharmacie dans Nimes sans avoir été agréé par les membres du susdit collége.

Les statuts et règlements de ce collége furent autorisés en 1650 par un arrêt du Parlement de Toulouse, et homologués en 1657 en la cour du sénéchal de Nimes.

Une fois agréé par les membres du collége, le nouvel élu, devenu membre intime de la corporation, pouvait recevoir le titre de *médecin conseiller honoraire du roi*. La charge de syndic ou de médecin royal (nous disent Baumes et Vincens dans leur topographie de Nimes, page 38) donne aux docteurs qui en sont revêtus ce titre honorifique. Créée en 1692, elle fut confirmée en 1693, et chaque membre du collége exerça, successivement et à son tour, par rang d'agrégation, pendant un mois, cette charge dont l'objet est de veiller sur tout ce qui est relatif aux affaires du corps et aux différents cas de médecine légale.

Ainsi que toutes les autres corporations, le collége des médecins a été dissous à la Révolution, mais il a été remplacé quelque temps après par l'*Institut de santé*.

Parmi les immeubles du docteur Raspal se trouvait le moulin à vent dont la construction existe encore aujourd'hui et qui a donné son nom à la rue. C'est sur le parcours de cette nouvelle voie de communication que se trouvent le pensionnat de l'Assomption pour les jeunes filles catholiques, le couvent des petites Sœurs des pauvres, et le Stand des Tireurs du Gard.

Le docteur Raspal comptait parmi ses ancêtres un nommé Firmin Raspal, qui fut consul de Nimes en 1585, en 1591 et en 1599.

RUE DU REFUGE.

Allant de la rue de l'Aspic à la rue de l'Horloge..

2ᵉ Canton. — Section 6.
Niveau 47ᵐ43, 47ᵐ91.

La maison qui est contiguë à l'Horloge et qui appartient aujourd'hui à M. Féminier, servait autrefois de maison de ville et fut affectée à cet usage jusqu'en 1697. Il y a quelques années encore, on voyait fixés dans le mur de façade les anneaux en fer destinés à supporter les hallebardes ou arquebuses des gardes municipaux.

Comme depuis longtemps, nous dit Ménard, des personnes pieuses avaient formé le projet de fonder un refuge pour les filles débauchées, sur leur demande, les consuls décidèrent à la date du 4 juillet 1699 de leur céder la maison de la ville, à l'exception de la tour de l'horloge, et d'en acheter une autre plus spacieuse pour y installer l'hôtel de ville ; pour cela, elle jeta les yeux sur la maison du roi, dite de la Trésorerie.

L'intendant Baville ayant approuvé la chose, il fut rendu un arrêt au conseil d'Etat du roi à la date du 15 septembre 1699 par lequel le roi céda à la ville de Nimes la maison appelée la Trésorerie sous une albergue ou redevance annuelle et perpétuelle de trois cent livres à condition qu'elle se chargeait à l'avenir de toutes les réparations nécessaires.

Les religieuses de Notre-Dame-du-Refuge entrèrent dans l'ancien hôtel de ville et y restèrent jusqu'en 1746, mais à cette époque, le bâtiment ayant besoin de réparations considérables, et les ressources de la communauté étant insuffisantes, l'évêque de Nimes, Charles-Prudent de Bec-de-Lièvre et les consuls firent un accord d'après lequel les administrateurs de l'hôpital général prirent l'engagement de se charger de loger et entretenir dans ledit hôpital les filles de mauvaise vie et leurs surveillantes, tout en laissant à l'évêque et aux consuls la direction dudit Refuge.

En retour, la ville céda à ces administrateurs la propriété de la maison du Refuge à la condition qu'ils achèteraient un terrain pour un cimetière près de l'hôpital ; mais comme cette condition était onéreuse pour l'hôpital, la ville finit par abandonner à cet établissement le cimetière de la Madeleine.

Ce fut le 4 septembre 1746 qu'intervint cette convention définitive ; c'est donc à cette date qu'il faut fixer l'extinction du monastère de Notre-Dame-du-Refuge.

En 1743, le conseil de ville trouvant l'église Saint-Castor insuffisante pour la population qui augmentait tous les jours, avait résolu, d'après les plans dressés par Jacques-Philippe Maréchal, directeur des fortifications et ouvrages publics de la province du Languedoc, de convertir la maison du Refuge et quelques maisons voisines en une église paroissiale ; mais ce projet n'eut aucune suite, la cour ayant envoyé des ordres contraires.

Les directeurs de l'hôpital général éprouvèrent beaucoup de difficultés pour vendre l'ancienne maison du Refuge, à cause de la servitude du passage dû pour le service de l'horloge publique, et ce ne fut qu'en 1752 qu'ils trouvèrent un acquéreur, qui fut M. Pieire, marchand de Nimes. Depuis lors cette maison est restée propriété particulière.

Pendant qu'elle servait d'hôtel de ville, en 1678, de fortes réparations eurent lieu ; ce fait est constaté par l'inscription suivante gravée sur le mur du nord et qui est encore très-bien conservée :

CESTE PARTIE DE MAISON DE VILLE A ESTÉ REFAITE DU RÈGNE DE LOVIS XIII ROI DE FRANCE ET DE NAVARRE ESTANT CONSVLS MESSIEVRS. M. FRANÇOIS PISON DOCTEVR. ET. AD'. JEAN MARTIN MARCHAND BOURGEOIS CLAVDE MONIER Me CHIRVRGIEN JVRÉ ET PIERRE MEIRONNET LABOVREVR. ESTANTS OVVRIERS M. JACQVES CLAPARÈDE BOVRGEOIS ET ABRAHAM AVZEBY MARCHAND DROGVISTE. 1678.

Cette rue, qui s'appelait autrefois rue de l'Arc de la maison de ville, a pris le nom de rue du Refuge par délibération du Conseil Municipal en date du 1 Avril 1842.

RUE RÉGALE

Allant de la place-de-l'Hôtel de Ville au boulevard de l'Esplanade.

3ᵉ Canton. — Section 8.
Niveau, 44ᵐ 55. — 43ᵐ 50.

Les documents les plus anciens constatent que cette rue a toujours porté ce nom, probablement à cause de la présence de la cour présidiale, ou des officiers et représentants de l'autorité royale.

En 1331 le bâtiment du Palais de justice ou de la cour des Sénéchaux était adossé contre le mur d'enceinte de la ville en face des Arènes, et manquait d'espace. Ce fut le sénéchal Hugues Quieret qui acheta le 8 février 1331 la maison d'un particulier appelé Pierre Caussinel damoiseau et la joignit au Palais. Les procureurs du roi qui en firent l'achat au nom du sénéchal se nommaient Jean Privat et Robert l'Enfant; le contrat se passa en présence de Pierre Maurel juge-mage et de Bernard Plantier avocat du roi; le prix en fut fixé à trois cents livres, ce qui représentait 1500 francs d'aujourd'hui.

Cette maison était proche des murs de la ville et de la porte Saint Thomas, plus tard porte de Saint-Gilles, et était mitoyenne avec celle qui devint au siècle dernier tristement célèbre par le séjour qu'y fit Jean-Antoine Courbis, ancien maire de Nîmes, qui pendant la terreur de 1793 fut le pourvoyeur de la guillotine. On sait que des fenêtres de sa maison qui prenait jour sur l'Esplanade, ses complices et convives assistaient parfois le verre à la main aux sanglantes exécutions des victimes par eux condamnées. Incarcéré après la chûte de Robespierre, Courbis fut massacré le 6 prairial an III (4 juin) 1794 dans les prisons de la citadelle.

Il y avait à côté du palais de justice une chapelle dite de St-Martin à l'usage des magistrats, mais en 1622, pendant les troubles religieux, elle fut démolie

C'est à l'extrémité de cette rue que se trouve actuellement la façade latérale du nouveau palais de justice, monument qui a été fait et refait deux fois dans l'espace de cinquante ans.

Premièrement, en 1809, il fut construit sur les plans et dessins de M. Charles Durand. Sa façade était une copie des fameux propylées d'Athènes ; deux avant-corps ou pavillons comme ceux qui existent aujourd'hui étaient décorés à leurs angles, de pilastres d'ordre dorique et portaient au-dessus des trois croisées dont ils étaient percés, des bas-reliefs représentant les arts, les sciences, l'agriculture et le commerce, protégés également par la justice ; les statues de la *Vigilance* et de la *Surveillance* terminaient de chaque côté du perron le stylobate qui forme la base de tout le monument. Le frontispice principal était formé par un péristyle à six colonnes d'ordre dorique d'un mètre de diamètre, elles supportaient un fronton dans le tympan duquel était un bas-relief représentant Thémis, distribuant la justice.

Ce plan fut trouvé si remarquable dans son ensemble, qu'il fut pris pour modèle à l'Ecole polytechnique pour la classe d'architecture.

Ce monument ayant été trouvé insuffisant pour les divers services qui devaient y être établis, il fut décidé en 1838 qu'une reconstruction aurait lieu, au moyen de l'addition des terrains et constructions de M. Galline, entrepreneur de diligences, formant l'angle de la rue Régale.

M. Bourdon fut l'architecte de ce nouveau monument dont la dépense fut supportée par l'Etat, le département et la ville. La première pierre fut posée par M. de Jessaint, préfet du Gard, le 12 septembre 1838. Ainsi que le constate l'inscription gravée au-dessus de la porte de la rue Régale, et qui est ainsi conçue :

« Sous le règne de Louis-Philippe, premier
» roi des Français, le baron de Jessaint, pré-
» fet, assisté de M. G. Bourdon, architecte, a
» posé la première pierre de ce monument en
» présence de toutes les autorités du dé-
» partement du Gard. Le XII septembre
» MDCCCXXXVIII. »

Les diverses sculptures ont été exécutées par M. Paul Colin et dans les deux chambres de la cour d'appel se trouvent des peintures de M. Numa Boucoiran.

On croit généralement que ce palais a été construit sur l'emplacement d'une ancienne basilique détruite par les Vandales ; voici ce qui a donné lieu à cette conjecture :

A son retour de la Grande-Bretagne, Adrien, successeur de Trajan, traversant les Gaules, s'arrêta quelque temps à Nimes devenue à cette époque une des plus importantes colonies de l'empire romain. Il voulut concourir à son embellissement et fit élever en 121 et 129 deux superbes monuments en l'honneur de Plotine, sa bienfaitrice.

Le premier dont Spartien nous a conservé le souvenir sous le nom de Basilique de Plotine, fut construit du vivant de cette princesse, il a été entièrement détruit et l'on ignore même la place qu'il occupait, cependant quelques marbres précieux trouvés en 1809, dans les fondations du palais de justice, remarquables par la grandeur de leurs dimensions, la richesse et l'exécution parfaite de leurs ornements, de nouvelles découvertes de fragments de marbre blanc richement sculptés trouvés dans les mêmes parages, permettent de supposer que cet édifice devait exister sur cet emplacement.

Nous trouvons la preuve de l'existence de la Basilique elle-même dans une inscription qui a fait l'objet d'une étude spéciale dans laquelle M. Germer-Durand, le savant archéologue, nous initie pour ainsi dire aux détails de la construction de cet édifice (1).

Cette inscription trouvée en 1739 dans le bassin même de la Fontaine près des gradins demi-circulaires bâtis sur ses bords, est ainsi conçue :

IOVI·ET·NEMAVS
T·FLAVIVS·HERM
EXACTOR·OPER
BASILICAE·MAR
MORARI·ET·LAPI
DARI·V·S

(1) V. Mémoires de l'Académie du Gard, 1862-64, page 142.

Titus Flavius Hermes surveillant des travaux de la Basilique, les sculpteurs sur marbre et les tailleurs de pierre, accomplissent le vœu qu'ils avaient fait à Jupiter et à Nemausus.

Ce vœu devait être de demander à la divinité suprême Jupiter et à la divinité topique Nemausus de préserver de tout accident pendant la durée des travaux les ouvriers qui se mettaient sous leur protection. Il est probable que ce vœu fut exaucé, et la construction de la basilique de Nimes, qui dura sans doute plusieurs années, eut lieu sans grave accident, puisque les auteurs de ce vœu vinrent un jour élever sur les bords mêmes de la source de Nemausus, dans l'enceinte sacrée où on lui rendait un culte, le modeste monument de reconnaissance qui est venu jusqu'à nous et qu'on peut voir dans l'enceinte extérieure de la Maison-Carrée, sous le n° 40.

C'est sans doute à cette basilique qu'il faut rapporter les magnifiques morceaux de sculpture classés au Musée sous les nos 201, 202, 206, 207, 223 et 231. Ces belles frises, ces pilastres cannelés, ces chapiteaux, ces aigles d'un effet si grandiose, malgré les mutilations qu'ils ont subies, sont peut-être dus aux *Marmorii* dont notre inscription atteste la piété envers Jupiter et Nemausus, mais dont elle ne nous a pas transmis les noms.

Avant de quitter le palais de justice, mentionnons le cype qui se trouve dans le jardin de la bibliothèque des avocats, et qui porte l'inscription suivante :

HAVE· NAEVI
SALVOS· SIS· QVISQVIS
ES
CN· NAEVIO
DIADVMENO
VENALICIARIO
CRAECARIO

Dans la rue Régale, et encastrée dans le mur de la maison Amalry, on voit une statue en pierre représentant un homme couvert d'un bonnet et vêtu d'une espèce de tunique courte avec une ceinture bouclée sur le devant, les bras relevés sur la tête.

Plusieurs explications ont été données par les archéologues, mais la plus naturelle est celle qui en fait une statue Persique dont les Romains ornaient leurs monuments.

Voici, d'après Ménard, l'origine de cette dénomination :

Pausanias ayant défait les Perses, les Lacédémoniens, en mémoire de cet événement, représentèrent ces peuples sous la figure d'esclaves portant les entablements de leurs maisons, et les architectes, dans l'ordre dorique, mirent ces figures de captif au lieu du fût de la colonne. De là les mots de statues Persiques. On en voit à Rome de semblables, à la porte du palais Farnèse.

La statue de Nimes doit donc avoir servi de pilastre à quelque ancien bâtiment.

RUE RICHELIEU

Allant de la place des Casernes à la rue Sully.

2e Canton. — Section 5.
Niveau 45m42, 46m33.

Armand Du Plessis, duc de Richelieu, maréchal de France, fils d'Armand Jean Du Plessis Richelieu, général des galères et petit neveu du cardinal par les femmes, naquit à Paris en 1696 et fut d'abord connu sous le nom de duc de Fronsac. Marié et présenté à la cour dès l'âge de 14 ans, il y obtint un grand succès ; il fut peu après mis à la Bastille sur la demande de son propre père pour quelques fredaines et n'en sortit que 14 mois après pour se rendre auprès de Villars qui le prit pour aide de camp.

Sous la régence, il fut le compagnon de débauches et souvent le rival du duc d'Orléans, il n'en fut pas moins mis deux fois à la Bastille par ce prince. Nommé en 1725 ambassadeur à Vienne, il s'acquitta très-bien de sa mission, servit avec distinction sous Berwick en 1733, se signala au siège de Kehl, fut fait maréchal de camp en 1738 ; gouverneur du Languedoc, premier gentilhomme de la Chambre, se signala encore dans la campagne de Flandre en 1745 surtout à la bataille de Fontenoy où il décida de la victoire et se distingua dans une foule d'autres circonstances jusqu'en 1757. A cette époque, il rentra dans la vie privée et ne s'occupa plus que d'intrigues et de plaisirs, il se maria pour la troisième fois à 84 ans et mourut à 92 ans.

Pendant qu'il était gouverneur du Languedoc, un médecin de Nimes nommé Mathieu propriétaire d'un terrain très-étendu situé dans le quartier des Casernes, y avait fait construire plusieurs maisons, en sorte que ce faubourg prenait une grande importance. Ce propriétaire eût l'idée de donner à ce faubourg le nom du gouverneur de la Province afin, disait-il, « de perpétuer son souvenir et » de lui donner des témoignages publics de reconnaissance. »

Il avait donc écrit au duc de Richelieu pour lui communiquer son idée et lui demander la permission de la faire exécuter, il en avait reçu une réponse favorable le 9 mars 1744. En conséquence il donna connaissance au conseil de ville de tout ce qu'il avait fait, afin que la chose fut exécutée et insérée dans les archives municipales. Cette assemblée décida le 5 juin 1745 que le nouveau faubourg qui, par sa proximité du couvent des Carmes avait jusque là porté le nom de ces religieux, serait à l'avenir désigné sous le nom de faubourg Richelieu.

Lorsque le duc de Richelieu nommé commandant en chef de la Province de Languedoc, à la place du marquis de la Fare passé au commandement de la Bretagne, vint pour la première fois dans la province vers la fin de novembre 1738, il fut décidé par nos édiles qu'une réception solennelle lui serait faite.

A ce sujet voici les détails que nous trouvons dans Ménard, t. VI, p. 497.

Les marchands de Nimes, sur l'invitation que leur en fit la ville, formant deux compagnies de cavalerie en habits uniformes rouges, la première composée de gens mariés, et la seconde de célibataires, se disposèrent à aller au-devant de lui. Ils partirent de Nimes le 26 novembre, précédés de timballes et de trompettes après avoir été prendre à l'hôtel de ville des mains des consuls le guidon et les banderolles des trompettes que ceux-ci leur avaient fait préparer. Sur le guidon étaient les armoiries du duc d'un côté, et celles de la ville de l'autre. Ils se rendirent à Uzès et présentèrent leurs respects au duc et à la duchesse de Richelieu qui y étaient arrivés la veille.

Le lendemain 27, une partie accompagna le duc jusqu'à Nimes où il arriva sur les quatre heures du soir. Les consuls en robes et en chaperons, suivis des conseillers de ville, qui avaient été l'attendre à la Porte de la Couronne, s'avancèrent jusqu'à une certaine distance, le duc les ayant aperçu, descendit de sa chaise de poste et reçut le compliment que lui fit l'assesseur, après quoi les consuls lui présentèrent le dais. Il le refusa en les remerciant de leur zèle, remonta dans sa chaise et alla descendre à l'évêché.

Le régiment de Picardie était rangé en haie, sous les armes, dans les rues où il passa. Le chapitre et le présidial se disposaient à lui rendre leurs hommages, mais il les refusa avec tous les témoignages possibles de satisfaction et de politesse. Les consuls vinrent de nouveau le saluer et recevoir ses ordres. Il y eut le soir des illuminations par toute la ville suivant l'ordre exprès que les consuls en avaient fait publier. Ils firent aussi tirer dans la cour de l'évêché des fusées de différentes sortes pendant le reste de la nuit.

La duchesse de Richelieu arriva à Nimes le 28 du même mois, accompagnée d'une partie des marchands qui étaient restés dans ce but à Uzès. L'autre partie alla au devant d'elle. Les consuls la haranguèrent à la porte de la Couronne et ensuite à l'évêché où elle alla loger. Elle partit le lendemain à deux heures de l'après-midi pour Montpellier et fut accompagnée jusqu'au delà de Milhaud par toute la cavalerie des marchands.

La rue actuelle de Richelieu n'offre rien de remarquable. Vers le milieu se trouve l'orphelinat de la Sainte-Enfance, dirigé par les religieuses de Saint-Joseph des Vans. Cet orphelinat créé dans Nimes en avril 1851, rue Flamande, fut transféré dans le local actuel en 1856-57.

Dans la cour de cet orphelinat, on s'est servi pour fermer l'orifice d'un puits, d'une pierre qui porte l'inscription suivante :

D. M.
JVLIAE. SEX.
FILIAE. QVAR
TVLAE P.P.

Aux Dieux Mânes de Julia Quartula, fille de Sextus Julius, son père a élevé ce tombeau. (Voir les *Mémoires de l'Académie du Gard* de 1869, page 96.)

RUE RIVAROL

Allant de la rue Massillon au boulevard du Viaduc.

1er Canton. — Section 12.
Niveau 42^m12, 41^m50.

Cette rue est de création toute récente et n'est pas encore bordée de maisons sur tout son parcours, elle porte le nom d'un enfant du Gard qui a joui, à une certaine époque, d'une réputation plus grande que ne comportait certainement son talent.

Antoine Rivarol, né à Bagnols en 1754, d'une famille obscure, (son père avait acheté l'auberge des Trois-Pigeons à Bagnols et la faisait valoir), alla jeune encore à Versailles chercher un théâtre où il pût déployer les talents dont la nature l'avait largement doté et donner carrière à son ambition. Là, il se fit d'abord appeler de Parcieux, mais obligé pour la famille de quitter ce nom qui ne lui appartenait pas, il prit celui de Charles Rivarol, puis de comte de Rivarol.

Ses premiers écrits furent, ainsi que nous le dit Michel Nicolas, dans son histoire littéraire de Nimes, des brochures sur quelques-unes de ces mille bagatelles qui occupent un moment l'attention publique et faisaient alors le tour des salons, telles sont ses *lettres sur les Aerostats, sur les Têtes parlantes*, etc... Quelques pamphlets sur certains écrivains de l'époque, Mme de Genlis, l'abbé Delille, etc.

En 1784, il publia une traduction de l'enfer, de Dante Alighieri, et la même année, l'académie de Berlin couronna son *Discours sur l'université de la langue française* qui est certainement son meilleur titre littéraire.

En 1788, il publia, (en collaboration avec son ami Champcenetz), un écrit satirique plein d'esprit sous ce titre : *Petit Almanach de nos grands hommes*, dans lequel il exaltait le talent des auteurs les plus inconnus.

A la Révolution, Rivarol prit fait et cause pour la royauté et quittant le ton léger et badin qui avait fait sa réputation, publia dans le *Journal politique national des Etats-Généraux et de la Révolution de 1789*, des articles réunis plus tard par son frère, sous ce titre : *Tableau historique et politique des travaux de l'Assemblée Constituante depuis l'ouverture des Etats-Généraux jusqu'après la journée du 6 octobre 1789*. Dans tous ces articles, il reconnaît cependant les torts de la royauté, de la noblesse et du clergé et déclare qu'il est urgent d'accorder certaines libertés, il aurait voulu une entente entre le roi, la noblesse et le tiers-état.

En 1789 il avait fondé avec ses amis un journal destiné à combattre la Révolution par le ridicule. Cette publication appelée les *Actes des Apôtres* devint bientôt le Coblentz de la petite littérature (1), et dégénéra bientôt en feuille pleine d'injures, si bien que Rivarol fut obligé de s'expatrier en 1792 et alla habiter Londres où il fut accueilli avec la plus grande faveur par Pitt et Burcke, les deux hommes les plus acharnés à la ruine de la France.

En 1796, il se rendit à Hambourg et puis à

Berlin, où il mourut après une maladie violente le 13 avril 1801, à l'âge de 47 ans.

L'année suivante, Sulpice-Imbert de La Platrière publia une notice étendue sur cet écrivain, et Mather Flint, la veuve de Rivarol, séparée de lui depuis longtemps, fit paraître une notice sur la *Vie et la mort de M. Rivarol*, en réponse à ce qui a été publié dans les journaux de Paris.

Les diverses production de cet écrivain ont été recueillies sous ce titre : *OEuvres de Rivarol*, en 1805, par les soins de Chénedollé. *Claude-François Rivarol*, frère du précédent, naquit aussi à Bagnols en 1757, marcha sur les traces de son frère, écrivit comme lui dans les *Actes des apôtres*, fonda l'association connue sous le nom de *Salon françois* ; mais obligé de sortir de France en 1790, il noua des intelligences avec l'intérieur et passa son temps à organiser des conspirations que la police déjoua toujours. Arrêté sous l'Empire, il fut interné dans le département du Gard, mais il s'expatria en 1813 et ne rentra en France qu'au commencement de la Restauration, pendant laquelle, en récompense de ses longs services, le gouvernement lui conféra, le 10 mai 1816, le titre de maréchal de camp.

Comme son frère, il avait du goût pour la littérature et y obtint un certain succès. Les plus remarquables de ses écrits sont deux petits poèmes intitulés : l'un, *De la nature et de l'homme*, et l'autre, *Le Chartreux*. Il avait aussi publié une comédie en vers; l'*Emprunteur* ; un roman : *Isman ou le fatalisme*, les *Amours de Lysis et de Thémire dans l'île de Délos*, les *Crimes de Paris* en 1789 ; une tragédie en cinq actes : *Guillaume-le-Conquérant* ; une comédie : le *Véridique*, et plusieurs autres œuvres.

RUE ROBERT

Allant du boulevard du Grand Cours à la rue Puits-Couchoux

2º Canton. — Section 2.
Niveau 47m22, 53m86

Les renseignements que j'ai pu recueillir sur Jean Robert ne sont pas nombreux. On sait seulement qu'en 1506 il était juge criminel au Présidial de Nimes et qu'il avait écrit un mémoire sur les antiquités de Nimes, mais cet ouvrage n'est pas venu jusqu'à nous.

A ce sujet, Michel Nicolas dans son histoire littéraire de Nimes, cite un passage de *La Croix du Maine* invoquant le témoignage de *Bérenger de la Tour d'Albenas* en sa choreide ou louange du bal.

En 1563 il y a eu un Claude Robert laboureur qui fut nommé 4e consul de Nimes.

RUE DE ROUSSY.

Allant du boulevard des Calquières au boulevard du Viaduc.

3º canton. — Section 9.
Niveau 43m43, 38m37.

Cette rue, ainsi que le quai qui porte le même nom, doit cette appellation à un M. de Roussy qui au siècle dernier, était propriétaire de tous les terrains sur lesquels elle a été établie.

Voici à ce sujet le procès-verbal de la délibération prise par le conseil de ville, à la date du 13 août 1781 :

« M. de Merez, premier consul-maire a dit que M. de Roussy, chevalier de l'ordre royal et militaire de Saint-Louis, lieutenant en premier au régiment des gardes françaises, propriétaire de deux jardins d'une étendue considérable situés au faubourg de la Couronne de cette ville, ayant eu le dessein d'inféoder ledit terrain à plusieurs particuliers, il communiqua son projet à messieurs les consuls et voyers, et les pria de se transporter sur les lieux pour l'examiner, déterminer le nombre, largeur et alignement des rues qu'ils trouveraient à propos d'établir, tant pour la distribution dudit terrain que pour l'utilité et avantage public ; que messieurs les consul-maire et commissaires de la ville s'y étant transportés le 14 février 1775, il fut arrêté que ledit terrain serait ouvert par deux rues formant une incision cruciale dirigée savoir : celle dite *de Roussy* du nord au midi et celle dite *de Monjardin* du levant au couchant.

« Qu'il fut encore arrêté que le long du canal de la Fontaine il serait fait un quay qui fut dénommé *Quay de Roussy* ;

» Que cette distribution ayant paru remplir les vues de MM. les Administrateurs de la ville et celles de M. de Roussy, il fut fait un plan géométral dudit lieu, sur lequel il fut tracé les susdites rues et quay déjà établis sur le terrain par des termes en pierres de taille placés aux angles des rues et quay et par traits en blanc de chaux établis contre les murs de clôture aux extrémités des rues et quay. Cet établissement fut approuvé par un verbal en date du 2 avril 1776;

» Que le tout fut encore approuvé par une délibération du 11 du même mois;

» Que depuis ce temps, tout le terrain auquel on peut communiquer par les rues et quay actuels a été inféodé par plusieurs particuliers qui y ont édifié des maisons très-considérables, en sorte qu'il ne reste actuellement que le terrain mouillé par les eaux du canal de la Fontaine et auquel on ne peut communiquer à cause de l'interruption du quay;

» Que M. de Roussy a présenté à la communauté un mémoire par lequel après avoir rappelé les motifs qui ont engagé l'établissement dudit quay, il en réclame la construction qui est d'ailleurs très-avantageuse au public et a l'accroissement de ce faux-bourg qui s'augmente journellement, il a cru pouvoir proposer de délibérer sur ce qu'il convient de faire au sujet dudit quay.

» Sur quoy, vu le plan qui a été dressé
» pour les ouvrages à faire, l'assemblée
» l'a unaniment approuvé et délibéré, que
» MM. les consuls présenteront requête à
» Monseigneur l'intendant en permission d'ex-
» poser à la moins-dite les ouvrages contenus
» audit plan et devis, et de payer l'entrepre-
» neur sur les fonds des subventions attendu
» que les ouvrages forment suite et sont dé-
» pendants de ceux de la Fontaine dont ils
» font partie. »

Telle est l'origine des rue et quay qui nous occupent. Ce n'est qu'en 1854 que le conseil municipal décida le prolongement de la rue Roussy, depuis l'impasse Randon jusqu'à la rue des Calquières, à travers la propriété Martin.

Le quai Roussy finissait, il y a peu de temps encore, derrière la Fontaine couverte; et les eaux de l'Agau et de quelques égoûts formaient là, à découvert, une espèce de ruisseau plus ou moins sale qui allait se jeter dans le Vistre près du pont de la Servie. Près de l'Embarcadère du chemin de fer se trouvait un moulin que l'on appelait *Moulin-Magnin*, du nom du dernier meunier à qui la ville l'a acheté il y a quelques années. Ce moulin existait dès le XIIᵉ siècle ; il est souvent mentionné sous le nom de *molindinum Reginetæ* dans les plus anciens compois de nos archives municipales (1380). Au XVIᵉ siècle, c'est le *Moly de la Regneto*. Au XVIIᵉ et au XVIIIᵉ siècle on le désigne sous le nom de moulin à eau de M. de la Cassagne.

Lors de sa démolition, qui est toute récente, on a trouvé une pierre tumulaire portant, en regard l'une de l'autre, les deux inscriptions suivantes :

M. COLIO	M. COLIO
ENNAE. L. PAL	FAVSTI. L. PAL
FAVSTO.	ATTICO

A Marcus Colius Faustus affranchi d'Enneus de la tribu Palatine.

A Marcus Colius Atticus, affranchi de Faustus de la tribu Palatine.

Cette pierre a été transportée à la Maison-Carrée.

C'est dans la rue Roussy que se trouve actuellement la Synagogue israëlite. Après la

Révolution de 1789, les Juifs, ayant la faculté de s'établir partout et la liberté de pratiquer leur culte, avaient loué une maison rue Porte-de-France pour en faire leur temple. Mais cette installation ne fut que provisoire, car ce local devint bientôt insuffisant. Ce fut alors que les membres de la communauté se cotisèrent et firent bâtir à leurs frais la synagogue actuelle. Plus tard, la ville a remboursé ces avances et pris à sa charge les frais d'entretien comme batiment communal. C'est à côté de cet édifice et au n° 44 qu'on peut voir, dans l'allée d'une maison, l'inscription suivante, qui se trouvait dans l'ancien couvent des Capucins :

LAN M.CCC.XLIX. LO. CINQVEME. JOUR. DEL
MES. DE. MARS. MONSENHOR. JOHAN. GUARRET.
DOCTOR. EN. LEYS. SENHOR. DE. VISTRIC.
BERNIS. UCHAU.

ET. ALBORN. COSELHER. ET. MESTRE. DES.
REQSTES. DE LOSTAL. DEL.
REY. NRE. SENHOR. ET. LOCTENET. GENERAL.
DR. MOSE^{or}. LC.
SENESCHAL. DE. BELCAYRE. ET. DE. NEMSE.
FODA EN. AOST.

GLEYSA. QVATRE. MESSAS. PERPETUALS. CHSCU.
NA. SEPMANA. LO. DIMARS. LO. DIVENDRES. DE.
MATIN. APRES. LO. AVE. M AVAT. QUE.
TENGA. LA COURT.
DELDIT. MONSE^{or}. LO. SEN^{al}. LO. DIMECRES. ET.
LO. DISAPTE.

LADICHA. HORA. AVAT. LO. CONSEILH. AN. DOS.

ORA.

CIONS. LA. SECVNDA. PER. LO. REY. [NRE.
SE^{or}. PR. LOS.
OFFIC. E. ADVOCAS. DE. LAD. CORT. ET. LA.
[TERSA. DELS. MORTS. P. LOD.
GUARRET. RT. SOS. PARES. PGAS. DIEU. P. EL.
Q LI. PDON. SO[S. PCAS.

« L'an 1449, le cinquième jour du mois de mars, monseigneur Jean Guarret, docteur ès-lois, seigneur de Vestric, Uchaud et Aubord, conseiller et maître des requêtes de l'hôtel du Roy notre Sire, et lieutenant général de monseigneur le sénéchal de Beaucaire et de Nimes, fonda dans cette Eglise quatre messes à perpétuité : le mardi, le vendredi, le matin après l'Ave Maria, avant la tenue de la cour dudit monseigneur le sénéchal, le mercredi et le samedi à ladite heure, avant le conseil avec deux oraisons : la seconde pour le Roy notre sire, pour les officiers et advocats de ladite cour, et la troisième des morts pour ledit Guarret et ses parents, priez Dieu pour lui, qu'il lui pardonne ses péchés. »

Ce Jean Guarret n'est pas inconnu pour nous, car nous trouvons dans Ménard (livre x, § 1ᵉʳ, t. III), des détails très-curieux, que je me permets de reproduire en entier, car ils offrent quelque similitude avec la situation actuelle de quelques-uns de nos édiles.

« Il s'éleva en 1452 un différend considérable entre le procureur du roi de la sénéchaussée, qui était Antoine Macachi, juriste, et Jean Guarret, seigneur de Vestric en partie, docteur en droit, maître des requêtes de l'hôtel du roi et lieutenant du sénéchal.

» Ce dernier que Raimond Villa avait établi son lieutenant dès le 2 d'août de l'an 1446 venait d'être nommé consul, et exerçait à la fois cette lieutenance et le consulat.

» Le procureur du roi prétendit que l'un était incompatible avec l'autre, et de concert avec Pons Marcols, licencié ès-lois, avocat du roi de la sénéchaussée, il fit ajourner le lieutenant Guarret au parlement de Toulouse pour être condamné à opter. Il avait appelé en cette cour de l'exercice que faisait Guarret de cette lieutenance, et en avait obtenu des lettres qui lui faisaient défense d'exercer les fonctions pendant son consulat.

» Les raisons sur lesquelles le procureur du roi fondait son appel, étaient qu'on n'avait jamais vu de lieutenant du sénéchal, ni aucun des principaux officiers royaux exercer le consulat de Nîmes, parce que le droit et la coutume ne le permettaient pas ; qu'il arriverait de là qu'on ne pourrait avoir que très-difficilement justice des différentes entreprises que faisaient tous les jours les consuls sur les droits du roi ; qu'on ne pouvait servir deux maîtres à la fois, parce que les procès qui survenaient entre le roi et les consuls étant portés au sénéchal, le consul, officier dans ce tribunal, se trouverait juge de sa propre cause ; que delà, il arriverait enfin qu'un officier royal exerçant le consulat, perdrait sa préséance en public et serait dans un rang inférieur à celui que son office lui donnait.

» Le lieutenant Guarret obtint de son côté des lettres de défense sur cet appel, et continua ses fonctions. Alors, le procureur du roi fit ses protestations contre lui. Il se rendit pour les lui notifier le mercredi 22 mars de l'an 1451, dans l'auditoire du sénéchal, à neuf heures du matin qui était l'heure fixée pour les audiences. On avait renvoyé l'audience à ce jour-là, parce que la veille c'était la fête de Saint-Benoit, jour auquel cette cour avait alors accoutumé de vaquer. Le lieutenant remit à donner sa réponse à six heures après-midi (1).

» Elle portait en substance que ni le droit ni la coutume n'étaient point contraires à la réunion d'une lieutenance et du consulat sur la tête d'une même personne; que suivant le droit on ne pouvait pas regarder l'état de lieutenant comme un office en titre, puisqu'il était révocable par la seule volonté de l'officier qui avait donné la lieutenance; qu'on avait cependant pratiqué plus d'une fois de nommer pour consuls, même des officiers royaux en titre, tels que furent, entr'autres: *Jean de Trois-Eimines*, juge-royal d'Uzès; *Hervé Roussel*, contrôleur général de la sénéchaussée; *Pierre de Halnin*, dit de Tournai, alors grenetier royal; qu'on l'avait de même pratiqué à l'égard des lieutenants, soit du Sénéchal, comme *Antoine Volantat* et *Pol de Albenas*; soit du viguier et du juge-royal ordinaire de Nimes, comme *Hugues Chabot*, *François Roussel*, *Vital Rossignol* et lui-même Jean Guarret, qui était lieutenant-général du vi-

(1) V. Preuves, Charte XCVII

guier, et qui ne laissa pas d'être nommé consul en 1435 ; que pour la décision des procès qu'on pouvait avoir à intenter contre la ville, pour raison des droits du roi, il offrait de s'en rapporter à ce qu'en déterminerait le conseil royal de la cour présidiale du Sénéral ; son intention ni celle des autres consuls ses collègues, n'étant point de plaider, mais de rendre à Dieu ce qui était à Dieu et à César ce qui était à César.

» Qu'au surplus, il déclarait qu'il ne s'entremettrait point des causes qui étaient à juger entre les officiers royaux et les consuls, et qu'il en renverrait la connaissance à Guillaume d'Aci ou aux autres lieutenants ; mais qu'à l'égard des causes ordinaires entre les particuliers, il continuerait d'en connaître, sa lieutenance lui en donnant un plein pouvoir ; qu'enfin il convenait que la préséance appartenait de droit aux officiers royaux ; qu'il ne forme là-dessus aucune dispute ; qu'il offrait de se conformer sur cet article aux usages reçus, ou de s'en remettre à la décision de la cour du sénéchal. »

Le procureur du roi persista dans ses protestations, mais elles n'eurent aucun succès. En effet, Jean Guarret continua d'exercer le consulat, et nous voyons figurer son nom, en qualité de consul, de concert avec ses trois collègues, en 1452, dans des réquisitoires au juge royal ordinaire Jean Tisai, au sujet de la visite de quelques habitants, qui étaient malades ou soupçonnés de la lèpre.

RUE RUFFI

Allant du chemin de Montpellier au boulevard du Viaduc.

1er Canton. — Section 12.
Niveau 43m73. — 40m30.

En donnant à la rue qui nous occupe le nom qu'elle porte, nos édiles n'ont fait qu'acquitter une dette de reconnaissance envers l'un de nos concitoyens qui a doté sa ville natale d'une institution charitable qui n'a fait que se développer jusqu'à ce jour.

Raimond Ruffi, citoyen nimois, déclara par son testament du 22 mai 1313 qu'il établissait un hôpital destiné à retirer les pauvres malades, pour lesquels il fonda douze lits, et qu'il donnait pour les loger une maison qui lui appartenait, située dans l'enceinte des anciens murs Romains de Nimes, près de la porte appelée Porte-Couverte.

Il laissa la pleine administration de cet hôpital à ses exécuteurs testamentaires et à son héritier et, après eux, à ses héritiers, avec la liberté de le gouverner par eux-mêmes ou de le faire gouverner par d'autres personnes préposées de leur part et d'en percevoir les revenus, pour les employer à l'entretien des malades, à la charge d'en rendre compte tous les ans ou tous les mois, ne voulant pas que nul autre ne s'immisçât dans cette administration, *pas plus le pape ou ses représentants que le roi ou ses officiers.* Il nomma lui-même deux femmes qu'il attacha au service des malades et chargea son héritier de leur donner pour cela un salaire convenable.

Telle est l'origne de l'Hôtel-Dieu qui subsiste encore de nos jours. Raimond Ruffi fonda des anniversaires pour le repos de son âme et de celle de ses parents et institua plusieurs legs en faveur des Frères-Mineurs, des Frères-Prêcheurs, des Frères du Mont-Carmel, des religieuses de Saint-Sauveur de la Fontaine et de plusieurs chapelles, telles que celles des sœurs de Sainte-Claire et de Sainte-Eugénie. Il désira être reçu au nombre des chanoines de l'église de Nimes et leur en fit la prière dans son testament. C'était là une pieuse cérémonie qui consistait à revêtir de l'habit régulier celui qui le demandait, à l'article de la mort et à l'enterrer avec cet habit.

Cette sorte de dévotion, déjà établie dans le XII° siècle, était assez commune parmi les laïques des deux sexes qui choisissaient un ordre religieux, selon leur goût, et s'y faisaient recevoir avant que de mourir. Quelquefois, ils se contentaient d'ordonner par leurs testaments qu'on les enterrât avec l'habit monastique dans le cimetière des moines qu'ils avaient choisi.

C'est par un arrêté municipal du 8 décembre 1856 approuvé par un arrêté ministériel du 27 mai 1857 que cette rue a définitivement reçu le nom de Ruffi.

RUE RULLMAN

Allant du Boulevard du Grand-Cours à la Citadelle.

2° Canton. — Section 2.
Niveau 49ᵐ16 — 56ᵐ18.

Anne Rullman né à Nimes en 1583, était le fils d'un Hessois qui avait été régent de première au Collége des Arts de Nimes et ensuite principal du Collége de Montpellier. Après avoir étudié le droit et pris le bonnet de docteur, il exerça avec distinction pendant plusieurs années la profession d'avocat auprès du Présidial de Nimes. C'est à cette époque qu'il se maria avec une fille de Rostaing-Rozel avocat et qui, comme lui, appartenait au culte réformé.

En 1612 il fut pourvu d'un office d'assesseur criminel en la prévôté générale du Languedoc

Rullman prit une part active à la direction des affaires protestantes dans le Midi de la France ; il faut dire à sa louange qu'il y apporta un esprit de prudence et de modération d'autant plus remarquable que les circonstances étaient difficiles et qu'il avait à la fois à défendre la cause protestante et contre les entreprises de ceux qui travaillaient à sa ruine, et contre les exagérations compromettantes des esprits exaltés de son propre parti.

Cette disposition à employer les moyens pacifiques plutôt que de recourir aux armes soulevèrent contre lui la masse du peuple et le firent à tort accuser de trahison, contraint de quitter Nimes, il se retira à Montfrin où il exerça la charge de bailli et de juge d'Aramon.

Ses ennemis ne le laissèrent pas en repos dans sa retraite et prétendirent qu'il voulait livrer la ville au roi L'affaire fut portée au bureau de direction et comme il n'aurait pas été prudent à Rullman de se présenter lui-même, sa femme vint demander justice contre ses accusateurs et une procédure commença contre eux.

Quand en 1626 le duc de Rohan vint à Nimes, il se fit remettre tous les papiers concernant cette affaire, les jeta au feu et mit ainsi fin à ce différent.

Libre de revenir à Nimes, Rullman représenta à ses concitoyens les dangers de la résistance et cette fois, ses conseils furent écoutés. Il fut même député à la Cour pour porter au roi Louis XIII les actes de l'assemblée provinciale qui avait décidé la soumission.

Rullman se livra alors tout entier aux douceurs de l'étude et déposa le fruit de ses recherches dans un ouvrage considérable qui n'a jamais été imprimé et dont le manuscrit après avoir passé dans la bibliothèque de Fléchier, fut donné en 1747 par son neveu à la bibliothèque du roi. Le manuscrit porte la date de 1627 et est un véritable monument d'érudition.

La position qu'occupait à Nimes le savant assesseur criminel où la prévôté générale du Languedoc et ses connaissances étendues en archéologie, l'avaient mis en relation avec la plupart des grands personnages de la Cour qui pendant le voyage du roi dans le Midi de la France nouèrent avec lui de bonnes relations, et ce fut sans doute autant pour récompenser sa science que pour reconnaître les services qu'il avait rendus à l'Etat en amenant ses corréligionnaires à des sentiments pacifiques, qu'il reçut le brevet de conseiller du roi.

Ce savant distingué mourut à Nimes vers la fin de 1639 âgé seulement de cinquante six ans.

RUELLE et PLACE de la SALAMANDRE
*Allant de la place de la Salamandre
au boulevard des Calquières.*

3me canton. — Section 8.
Niveau 43m92 — 43m87.

Le roi François Ier, venant de Toulouse, arriva à Nimes le 30 août 1533. La réception qui lui fut faite ne laissa rien à désirer pour le luxe des décorations et des cadeaux offerts aux princes et aux principaux seigneurs de sa cour.

On envoya à sa rencontre un corps de bourgeoisie formé de cinq ou six cents hommes armés d'arquebuses et autres armes. Le roi fit son entrée par la porte des Jacobins, aujourd'hui rue de la Couronne, et les rues par lesquelles il passa furent tapissées et sablées. Quant à la reine, elle prit son logement à Besouce. Parmi les cadeaux faits aux principaux personnages de la famille ou de la suite du roi, nous voyons que dans l'Assemblée des commissaires de la ville tenue le 15 juillet 1533 pour régler les préparatifs de l'entrée, le premier consul avait été d'avis de donner au dauphin deux chevaux de main du pays ; à chacun des deux autres princes, ses frères, un pareil cheval ; au grand-maître et maréchal de Montmorenci, gouverneur de Languedoc, une médaille du prix de soixante-dix écus d'or, et au légat du Saint-Siége, qui était le cardinal du Prat, archevêque de Sens et chancelier de France, des torches de cire blanche et deux pièces de vin clairet.

Quant au présent destiné au roi, il mérite une mention spéciale : il consistait en un plan

relevé de l'amphithéâtre de Nimes en argent massif. Les maîtres argentiers ou orfèvres de Nimes, chargés du travail, s'obligèrent par contrat (1) « de représenter tous les dehors de
» cet édifice en élévation avec autant d'ar-
» cades et de colonnes qu'il y en avait, et d'y
» suivre la même forme d'architecture ; de
» distribuer l'intérieur en degrés, comme il y
» en avait autour de l'arène ; de le faire de
» forme ovale et d'y mettre au milieu un pal-
» mier, auquel serait enchaînée une couleu-
» vre et attaché un chapeau de laurier ; de
» faire quatre portes à l'amphithéâtre, à cha-
» cune desquelles serait placé un chevalier
» armé et monté sur un cheval. » Le prix en fut fixé à deux cent cinquante livres, outre trente marcs d'argent que les commissaires s'obligèrent à leur fournir.

On érigea aussi sur la place de la Couronne, aujourd'hui place de la Salamandre, une colonne en belle pierre blanche, au-dessus de laquelle était une salamandre de même matière, avec l'inscription suivante :

FRAN. F. RE.
PP. M. P. Q.
NEMAVSI
DD.

Ce qui signifie : François, roi de France, père de la patrie, les magistrats et le peuple de Nimes ont élevé cette colonne.

L'idée de ce monument était heureuse, car on sait que François Ier avait choisi la Sala-

---

(1) V. Ménard, preuves, titre, LXIX.

mandre pour son symbole avec ces mots : *Nutriscor et extingvo* ; *je m'y nourris et je l'éteins*, pour marquer sa fermeté et les adversités dont sa vie fut traversée.

Cette colonne est restée en place jusqu'en 1793 ; démolie alors, le fut seul a été conservé et se trouve aujourd'hui dans l'enceinte de la Maison-Carrée, couché à terre à droite de la porte d'entrée.

Ne pourrait-on pas, sans gêner la circulation, rétablir ce monument historique sur son ancien emplacement en l'entourant d'une petite grille en fer. Cette idée devrait sourire à notre municipalité actuelle qui met des grilles partout.

« La dépense générale de l'entrée du roi, nous dit Ménard, monta d'un côté à la somme de cinq mille cent quatre vingt livres fournie par la ville et à celle de trois mille quatre-vingt-quatre livres douze sols six deniers, qui fut avancée par le receveur du diocèse. Ces deux sommes réunies faisant la totalité de huit mille deux cent soixante-quatre livres, reviennent, suivant l'évaluation de la livre minérale, à celle de cent cinquante-quatre mille deux cent soixante-une livres six sols huit deniers de la monnaie d'aujourd'hui.

» Le roi demeura quelques jours à Nîmes, il y donna, pendant son séjour, des preuves si particulières et si glorieuses de son goût pour l'antiquité, que ce serait ravir à sa mémoire un des traits les plus honorables dont l'histoire de sa vie puisse être ornée, que de n'en pas fixer ici le souvenir.

» Ce grand prince visita tous nos monuments

avec une attention particulière, il entra dans les plus bas caveaux de l'Amphithéâtre et monta sur les masures de la Tourmagne afin d'en mieux concevoir la forme et la symétrie.

» On le vit un genou en terre, nettoyer lui-même avec son mouchoir la poussière qui couvrait les lettres des inscriptions romaines, afin de les déchiffrer et de les lire avec plus de facilité.

(C'est cette scène qui a été reproduite par M. Colin, ancien directeur de l'école de dessin de Nimes, et dont l'on voit le tableau au musée de la Maison-Carrée).

» Plein d'admiration pour toutes ces grandes et anciennes merveilles de l'art, François 1er parut comme indigné du peu de soin qu'on apportait à les conserver et il témoigna publiquement le déplaisir qu'il ressentait de cette négligence. De sorte qu'avant son départ, il ordonna la démolition de quelques bâtiments qu'on avait laissé construire dans les deux portiques de l'amphithéâtre et qui coupaient et masquaient l'ordre et la suite des galeries. Il ordonna aussi la démolition de certains bâtiments modernes qu'on avait ajoutés à la Maison-Carrée, soit dans l'intérieur, soit au dehors de ce superbe édifice, dont les beautés se trouvaient par là comme anéanties et ensevelies dans un tas de mauvaise maçonnerie qui le défigurait. »

Le plan de l'Amphithéâtre ne fut livré, par les orfèvres, à la ville de Nimes qu'en 1535, et le premier consul Antoine Arlier, docteur ès-droits, fut chargé de se rendre à la Cour pour le présenter au roi.

« François 1er, nous dit encore Ménard (1) reçut le présent avec de grands témoignages de satisfaction ; il eut la complaisance de s'entretenir avec le député sur tout ce que contenait le plan ou la représentation de l'amphithéâtre. Il lui demanda entr'autres, l'explication du symbole et des figures du palmier, ainsi que du crocodile et de la couronne de laurier qui y étaient attachés.

» Le docteur Arlier la lui donna, mais avec des erreurs qui marquent le peu de connaissance qu'on avait alors du vrai sens des monuments de l'antiquité, appelant le crocodile une *couleuvre* et interprétant les mots COL. NEM par ceux de *Coluber Nemauseusis*. »

» Ce symbole néamoins frappa le roi, surtout lorsqu'il apprit que c'était le type d'une ancienne médaille de Nimes. L'amour de François 1er pour l'antiquité lui fit naître le dessein de donner ces figures pour armoiries à la ville de Nimes, au lieu du taureau d'or qu'elle avait pris depuis peu. »

Ce fut en effet par les lettres patentes de Juin 1535 données à Conci que cette concession fut faite et que la ville de Nimes a pris pour armoiries, sur son ancien champ de gueules, les figures du crocodile enchaîné à un palmier avec une couronne de laurier et les mots COL. NEM. qui signifie *Colonia Nemausensis*.

MM. Simon Durant, Henri Durand et Eugène Laval, dans leur album archéologique du Gard, nous donnent, sur l'ancienne médaille

(1) Ménard, t. 4, livre 12, chap. 43

de Nimes qui frappa l'attention de François 1er, les renseignements suivants :

« L'Empereur Auguste, traversant les Gaules, composa la Colonie Nimoise de ses vétérans qu'il avait ramenés des bords du Nil, c'est ce qu'indique la médaille de moyen bronze que la ville de Nimes fit frapper en son honneur. Elle rappelle la bataille d'Actium, qui avait assuré à César la conquête de l'Egypte et l'empire du monde. Un côté de la médaille représente la tête de César-Auguste couronné de laurier, et celle de M. Vipsanius Agrippa, qui avait puissamment contribué au succès de cette mémorable journée. Cette dernière est ornée d'une couronne rostrale, l'exergue porte :

IMP
P   P
DIV. F.

Sur le revers on voit un crocodile enchaîné à un palmier d'où pend une couronne avec cette légende :

COL. NEM

MM. Grangent, Ch. Durand et Simon Durant, dans leur description des monuments antiques de la France (page 19, introduction) disent que cette médaille fut trouvée en 1517 en fouillant le tombeau de St Baudile. Enfin c'est sur la place de la Salamandre, nous dit Morrel dans sa notice sur l'Eglise réformée de Nimes (page 9), que fut brûlé le premier martyr réformé en 1537, Maurice Sesenat natif des Cevennes, surpris au moment où il faisait un prêche devant un nombreux auditoire.

RUE SAURIN

Allant de la rue Saint Charles au plan de Bachalas.

2me canton — section 3.
Niveau 48m20. — 46m 36.

Jacques Saurin, (1) le plus célèbre des prédicateurs protestants français, naquit à Nimes le 6 janvier 1677. Son père, originaire de Calvisson, avocat distingué et secrétaire perpétuel de l'Académie, fut, à la révocation de l'édit de Nantes, obligé de s'expatrier, et alla s'établir à Genève avec toute sa famille. Jacques Saurin avait alors huit ans.

En 1694, enrôlé dans le régiment de Ruvigny, comte de Galloway, au service du Piémont, il se distingua par son courage, mais quand la paix fut signée avec la France, il reprit ses études à Genève et fut consacré au ministère évangélique.

Doué d'un véritable talent oratoire, sa réputation devint bientôt si grande et ses exercices de prédication à l'Académie attirèrent un si grand concours d'auditeurs, qu'on fut obligé de le faire prêcher dans la Cathédrale.

En 1700, il passa en Hollande, et de là en Angleterre. L'Eglise wallone de Londres, le demandant pour un de ses pasteurs, il en remplit les fonctions pendant quatre ans, mais le climat étant nuisible à sa santé, il fit, en 1705, un voyage en Hollande et y prêcha avec tant de succès, que la ville de la Haye créa

(1) Voir Michel Nicolas, T. 2, page 60.

pour lui une place extraordinaire et le nomma prédicateur des nobles.

C'est là que, pendant vingt-cinq ans, il déploya dans la chaire cette éloquence énergique et émouvante qui l'a élevé au premier rang des orateurs.

On cite surtout de lui la célèbre apostrophe à Louis XIV qui se trouve dans la belle péroraison du sermon sur les *dévotions passagères*; sermon prêché au premier jour de l'an :

.... « Et toi, prince redoutable que j'honorais jadis comme mon roi, et que je respecte encore comme le fléau du Seigneur, tu auras aussi part à mes vœux. Ces provinces que tu menaces, mais que le bras de l'Eternel soutient ; ces climats que tu peuples de fugitifs que la Charité anime ; ces murs qui renferment mille martyrs que tu as faits, mais que la foi rend triomphants, retentiront encore de bénédictions en ta faveur. Dieu veuille oublier ces fleuves de sang dont tu as couvert la terre et que ton règne a vu répandre ! Dieu veuille effacer de son livre ces maux que tu nous as faits, et en récompensant ceux qui les ont soufferts, pardonner à ceux qui les ont fait souffrir ! Dieu veuille qu'après avoir été pour nous, pour l'Eglise, le ministre de ses jugements, tu sois le dispensateur de ses grâces et le ministre de ses miséricordes ! »

On doit à Saurin des *Discours historiques, théologiques et moraux sur les évènements les plus mémorables du Vieux et du nouveau Testament.* — *Un abrégé de la Théologie et de la morale chrétienne*, — *L'État du Christianisme en France*, etc., etc.,

Ses dernières années furent troublées par

les tracasseries que souleva contre lui le zèle amer de ses confrères, dont l'austérité et le rigorisme ne lui pardonnaient pas sa tolérance, ni peut-être aussi ses succès.

On prit texte, pour l'inquiéter, d'une dissertation du deuxième volume de ses discours sur la Bible, dans laquelle il établissait l'innocence morale du mensonge officieux, dans certains cas. On le poursuivit devant plusieurs synodes, qui condamnèrent cette doctrine, sans pouvoir obtenir de lui autre chose qu'une explication de ses sentiments, au lieu d'une rétractation positive qu'on lui demandait.

Cette querelle remplit d'amertume ses derniers jours ; les chagrins qu'elle lui causa eurent pour suite une inflammation de poitrine à laquelle il succomba le 30 décembre 1730.

En donnant le nom de Saurin à l'une de ses rues, la Municipalité nimoise a bien fait de consacrer le souvenir d'un de ses enfants les plus illustres.

RUE DE SAUVE

Allant du Cours Neuf au Cadereau.

1 Canton. — Section 1.
Niveau 56ᵐ75. — 52ᵐ73.

La ville de Sauve, chef-lieu de canton de l'arrondissement du Vigan, eut des seigneurs jusqu'au XIIIᵉ siècle, et elle fut donnée par Philippe-le-Bel à l'évêque de Maguelonne en 1294. En 1562 elle se déclara pour le prince de Condé et en 1620 pour le duc Henri de Rohan chef des Calvinistes et resta une des principales places des Camisards.

Comme c'est le centre le plus important que l'on rencontre en se dirigeant de Nimes vers les Cévennes, on a donné son nom à la route qui y conduit. Autrefois, cette rue s'appelait rue de M. de Baschi, du nom d'un de ses principaux habitants

M. de Baschi, possesseur d'une fortune très-considérable, habitait la maison qui fait l'angle de la rue Florian ; seul avec l'évêque, il avait un carrosse et sa richesse avait acquis une telle notoriété dans la ville, qu'elle avait donné lieu à une formule patoise qui s'est perpétuée jusqu'à nos jours. Quand un ouvrier veut faire ses embarras et qu'il veut passer pour plus riche qu'il n'est, ses camarades lui disent : *Saïqué sies paz moussu dé Baschi !* (Sans doute tu n'es pas M. de Baschi !)

Louis de Baschi, baron d'Aubais, fils de Balthazar de Baschi, seigneur de St Estève près Calvisson, embrassa la religion protestante, fut gouverneur d'Aimargues, épousa Anne de Rochemaure, et fut député à Paris en 1626 pour discuter les conditions de la paix avec la Cour.

Un autre Charles de Baschi, marquis d'Aubais, naquit au château de Beauvoisin (Gard) le 20 mars 1686 et mourut au château d'Aubais le 5 mars 1777. Passionné pour les lettres, il leur consacra sa fortune et sa vie. Membre des Académies de Nimes et de Marseille, il a laissé un recueil de *pièces fugitives pour servir à l'Histoire de France*, et une *Géographie historique*.

Il possédait une magnifique bibliothèque dont une grande partie a été conservée et se trouve aujourd'hui à la Bibliothèque nationale de Paris ou à celle de Nimes.

C'est sur la route de Sauve, tout près de la ville, qu'on voit encore trois grands piliers que l'on appelait autrefois les *quatre pilons*, un d'eux ayant été détruit.

On croit généralement dans le public que ce sont là les vestiges des fourches patibulaires servant aux exécutions des criminels et dont les lugubres trophées effrayaient les honnêtes passants sans corriger les pervers, mais c'est là une erreur et tout nous porte à croire que ces quatre piliers formaient comme une chapelle ouverte autour d'une croix de pierre dédiée, dit-on, à St Etienne, et dont on trouve encore la base en place. Elle fut détruite en 1704. Il se pourrait cependant qu'à partir de cette époque, ses ruines aient servi à quelques exécution.

RUE SÉGUIER

Allant de la place des Carmes à l'octroi de l'ancien chemin d'Arles.

2e Canton. — Section 5.
Niveau 45m 33 — 30m 95.

Jean François Séguier naquit à Nimes, le 25 novembre 1703, d'une famille qui tenait une place honorable dans la magistrature de cette ville et qui avait une origine commune avec les Séguier de Paris (1). Sa vocation

(1) On sait qu'il existe à Paris une rue Séguier.

scientifique se révéla de bonne heure. Il fit son cours de droit à Montpellier, mais l'amour de la botanique lui fit oublier ses autres études ; il suivit le savant Maffei dans tous ses voyages à travers la plus grande partie de l'Europe et s'établit avec lui à Vérone.

A Vienne, pendant qu'il cherchait à observer le passage de Mercure sur le soleil et une éclipse de Vénus par la lune, en présence du prince Eugène qui lui fit présent du télescope dont il avait fait usage, il découvrit une comète que le surlendemain il suivit en plein jour au méridien et qu'il compara au soleil, quoique cet astre ne fut éloigné d'elle que de dix degrés, première et unique observation de ce genre dans les annales de l'astronomie.

Séguier a fait un immense travail qui est resté inédit, c'était un catalogue de toutes les inscriptions anciennes déjà publiées, mais éparses dans un grand nombre de recueils. Il avait été le collaborateur de Maffei dans son travail appelé *Museum Veronense* ; il a publié plusieurs ouvrages de botanique et une dissertation sur l'ancienne inscription de la Maison Carrée.

En 1772, il fut nommé associé de l'Académie des Inscriptions et Belles-lettres et de plusieurs académies de France et d'Italie. Une attaque d'apoplexie l'enleva subitement le 1er mars 1784, à l'âge de 81 ans.

Par deux donations entre-vifs, en date du 15 septembre 1778 et 19 janvier 1780, il donna à l'Académie de Nimes, dont il avait été nommé protecteur quelques années avant sa mort, sa riche bibliothèque, ses manuscrits, sa collection de médailles et son cabinet d'histoire naturelle ; aussi la municipalité d'alors voulut-elle donner à Séguier un gage de sa reconnaissance et nous pouvons lire dans les archives de l'Hôtel de Ville (au volume L page 45) le procès-verbal de la séance tenue par le Conseil de Ville le 2 juin 1781 et ainsi conçu :

« M. de Merez, premier consul-maire, a dit que M. de Séguier illustra cette ville autant par ses lumières et ses profondes connaissances que par les qualités du cœur ; que ses talents, ses vertus excitent l'admiration des étrangers et lui assurent l'amour de ses concitoyens ; que ce savant respectable a ajouté encore à la célébrité que les monuments antiques ont donné à cette ville par les soins qu'il a pris de les faire connaître et de les rétablir ; en assurant son cabinet et sa maison à l'Académie, il a consacré la reconnaissance publique ; qu'un nom si cher doit être transmis à l'immortalité et que la rue où est située sa maison doit porter le nom de rue Séguier ; que ce sera remplir les vœux de la ville et de Messieurs de l'Académie ».

» Sur quoi, l'Assemblée a unanimement délibéré que la rue où est située la maison de M. de Séguier sera désignée à l'avenir sous le nom de rue de Séguier, et qu'à cet effet, il sera placé quatre pierres aux extrémités de la rue où sa maison est située avec ces mots : Rue Séguier, et que Messieurs les Consuls sont priés de présenter à M. de Séguier un extrait de la présente délibération comme hommage de la reconnaissance publique. »

Cette décision prise du vivant même de celui qui en était l'objet est trop flatteuse et trop rare pour que je ne me sois pas fait un devoir de la reproduire en entier.

La donation entre-vifs par Séguier à l'Académie de Nîmes, de toutes ses collections, bibliothèque etc., fut faite par acte reçu M° Nicolas notaire à Nîmes à la date du 15 septembre 1778.

Quant à la donation de sa maison, j'ai trouvé das les archives de l'Académie de Nîmes, les documents suivants qui rétablissent les faits dans leur véritable exactitude, et qui tout en modifiant quelque peu l'opinion généralement admise, sont cependant trop à la louange de ceux qui y ont pris part pour que je ne me considère pas, en historien fidèle, comme obligé de les publier en entier.

Voici la copie textuelle de ces documents :

« L'an mil sept cent quatre-vingt et le dix-neuvième jour du mois de Janvier, après midi. Par devant nous notaire royal de Nîmes, en présence des témoins ci-après nommés fut présent : Messire Jean François Séguier, habitant de cette ville, lequel voulant donner de nouvelles marques de son attachement à l'Académie royale de la dite ville dont il est membre et secrétaire perpétuel, a donné et donne par donation entre-vifs sûre et irrévocable à la dite Académie, messire Jean François Maurice Reinaud de Génas, seigneur et baron de Vauvert, aussi habitant de cette ville, membre de la dite Académie, et son procureur fondé par délibération du onzième septembre 1778, contrôlée au bureau de Nîmes le 15 du dit mois, ici présent, acceptant et humblement reconnaissant, la maison et le jardin où le dit seigneur habite, située au faubourg et dans l'enclos des révérends pères Carmes, confrontant du levant les hoirs de M. Masmejean, ancien procureur, du couchant la dame Vve Conte, du midi le chemin qui va aux Cinq Vies et du vent droit le sieur Gallian Cadet, avec ses plus vrais et légitimes confronts, entrées, issues, libertés, facultés, honneurs et charges, et notamment celle de la rente due annuellement aux Pères Carmes, et quoique le tout contienne et puisse contenir, pour prendre possession de la dite maison et jardin après le décès du dit sieur Séguier et de mademoiselle sa sœur ; lesquelles donations et acceptations sont autorisées par lettres du Roy du mois de Juillet 1779 enregistrées en la souveraine Cour de Parlement de Toulouse par arrêt du onzième de ce mois, qui seront ci-après transcrites, ainsi que la susdite délibération.

» Et la susdite donation est faite à la charge par la dite Académie de payer douze mille livres à l'œuvre de la Miséricorde de Nimes, et trois mille livres à l'Hôtel-Dieu de la même ville, et de même suite sont intervenus dans le présent acte dame Françoise Henriettte Malafosse épouse de M. François Vigier avocat de Nimes, trésorière de la dite œuvre de la Miséricorde, laquelle sous l'inspection et l'agrément de messire Pierre Joseph de Rochemore, chanoine, second archidiacre de l'église Cathédrale de Nimes, vicaire général du diocèse de la dite ville, supérieur et administrateur de la dite œuvre de la Miséricorde ici présent a déclaré avoir reçu avant cet acte du dit seigneur de Génas en la susdite qualité ou de monseigneur de Bec-delièvre, évêque de Nimes la suscite somme de douze mille livres suivant la quittance qu'elle en a fait, laquelle quittance avec la présente ne serviront que d'un seul et même acquit ; et sieur Daniel Murjas négociant, du dit Nimes receveur du dit Hôtel-Dieu, qui a aussi déclaré que le dit Hôtel-Dieu a pareillement reçu du dit seigneur de Génas en sa susdite qualité la susdite somme de trois mille livres suivant la quittance de feu sieur Jean Louis Malafosse alors receveur du dit Hôtel-Dieu du 19 avril 1779, laquelle dite quittance et la présente déclaration ne feront de même qu'un seul et même acquit. Au moyen de quoi la dite dame Vigier et le dit sieur Murjas es-dites qualités, quittent chacun en droit soi la dite Académie des susdites deux sommes déclarant le dit sieur Séguier que la susdite maison et jardin sont de la directe des dits révérends pères Carmes et de valeur de quinze mille livres, consentant que la présente donation soit insinuée partout où besoin sera, Ayant le dit sieur Séguier, pour observation d'icelle, soumis et obligé ses biens, et le dit seigneur de Génas ceux de la dite Académie aux rigueurs des Cours, présidial sénéchal, conventions royaux de Nimes réunies.

Teneur des lettres patentes et de l'arrêt d'Enregistrement :

» Louis, par la grâce de Dieu, Roy de France et de Navarre à tous présents et avenir, salut. L'Académie royale établie en la ville de Nimes, nous a fait représenter que depuis son établissement formé en l'année

1635, approuvé et continué par lettres patentes données en 1682, elle n'a jamais possédé de maison destinée à ses assemblées et à ses exercices, qu'ayant toujours été obligée de les tenir dans les maisons de ceux de ses membres qui voulaient bien s'y prêter et lui donner une retraite momentanée. Elle s'est vue, dans plusieurs circonstances, privée de tout asile et forcée de suspendre ses séances.

» Que le zèle du sieur Séguier membre de plusieurs académies et secrétaire perpétuel de celle de Nimes, se porta à lui ouvrir sa maison et qu'elle n'a pas discontinué de s'y assembler régulièrement depuis vingt cinq années.

» Que la générosité de ce savant ne s'est point bornée à recevoir chez lui l'Académie, qu'il a voulu encore lui assurer la collection des livres d'antiquités et d'histoire naturelle qu'il a faite avec un soin et une intelligence qui en rendent la conservation précieuse.

» Que dans la vue d'assurer à la dite Académie la propriété et la jouissance stable et perpétuelle de ces objets, il lui a fait par acte du 15 septembre 1778 donation entre-vifs pure et irrévocable de tous ses livres, imprimés ou manuscrits, gravures, cartes et estampes, ensemble de son entière collection d'antiquités, médailles tant anciennes que modernes, de son cabinet d'histoire naturelle avec l'herbier et généralement de tout ce qui forme ses différents cabinets et pareillement de toutes les tablettes qui s'y trouvent ; mais que la dite Académie dénuée d'un édifice propre à recevoir ces richesses littéraires se trouvait dans l'impuissance de les recueillir et allait être exposée à n'en pas profiter, si Monseigneur l'Evêque de Nimes touché des peines que ces circonstances fâcheuses faisaient éprouver à la dite Académie dont il est le protecteur, n'était venu à son secours avec autant de zèle que de générosité.

» Qu'en conséquence pour donner à l'Académie une nouvelle preuve de son affection à la ville et témoignage d'une bienfaisance vraiment patriotique et aux pauvres celle d'une charité vive et sincère, ce prélat, instruit que le sieur Séguier était dans l'intention de laisser sa maison aux pauvres, l'a déterminé à la céder à l'Académie sous la condition qu'elle payerait après la mort du donateur et celle de sa sœur, douze mille livres à l'œuvre de la Miséricorde et trois mille livres à l'Hôtel-Dieu de la ville, et en même temps le dit seigneur évêque a payé lui-même les dites sommes au nom et au profit de l'Académie.

» Que les Carmes de la dite ville desquels la maison dont il s'agit relève, excités par un si respectable exemple, ont généreusement renoncé en faveur de l'Académie à tous ses droits casuels qui leur revenaient à raison de cette mutation. Qu'ainsi par ce noble concours d'amour des sciences, d'affection patriotique et de zèle charitable, la dite Académie acquerra la propriété d'une maison pour y tenir ses séances et ses assemblées et pour y conserver des monuments rares et précieux qui serviront à la gloire et à la célébrité de la ville et les pauvres jouiront dès à présent d'une somme importante. Mais toutes ces différentes opérations, quelque louables qu'elles soient, ne pouvaient être stables et durables sans être préalablement revêtues d'un sceau de notre autorité.

» La dite Académie nous a fait trés-humblement supplier de vouloir bien lui accorder nos lettres sur ce nécessaire.

» A ces causes, de l'avis de notre conseil qui a vu les lettres-patentes du mois d'Août 1682, l'acte de donation entre-vifs du 15 septembre 1778 dont copies collationnées sont ici attachées sous le contre-scel de notre chancellerie et de notre certaine science, pleine puissance et autorité royale, nous avons approuvé et par ces présentes signées de notre main, approuvons la dite donation, voulons qu'elle sorte son plein et entier effet. Permettons pareillement au dit sieur Séguier, au moyen du paiement de la somme de quinze mille livres fait par le sieur évêque de Nimes, tant à l'hotel-Dieu qu'à l'œuvre de la Miséricorde, au nom et au profit de la dite Académie et pour tenir lieu aux pauvres des hôpitaux du legs que le sieur Séguier voulait leur faire de sa maison de transporter à la dite Académie dans telle forme et manière qui paraîtra la meilleure, la propriété et jouissance de sa dite maison. Autorisons en conséquence tous notaires de recevoir à cet effet tous actes nécessaires que nous avons dès à présent validés et validons. Voulons et nous plaît que la dite Académie jouisse à perpétuité de l'effet de la donation et de l'acquisition de la dite maison sans qu'elle puisse être inquiétée sous prétexte des dispositions tant de l'édit du mois d'août 1749 que de tous les autres édits, déclarations, arrêts et règlements qui pourraient être à ce contraires de la rigueur desquels nous l'avons relevée et dispensée, la relevons et dispensons pour ce regard seulement, et sans tirer à conséquence.

» Donnons en mandement à nos amis et conseillers, les gens tenant notre Cour de Parlement de Toulouse, et à tous nos officiers et justiciers qu'il appartiendra, que ces présentes ils aient à faire publier et registrer, et de leur contenu faire jouir et user la dite Académie dès-à-présent et pour l'avenir pleinement paisiblement et perpétuellement. Cessant et faisant cesser tous bruits et empêchements à ce contraires, car tel est notre plaisir, et afin que ce soit chose ferme et stable à toujours, nous avons fait mettre Notre scel aux présentes.

» Donné à Versailles au mois de juillet l'an de grâce 1779 et de notre règne le sixième Louis signé. Et plus bas Amelot signé. »

Ces lettres furent enregistrées par le Parlement de Toulouse le 11 janvier 1780, et à partir de ce moment, l'Académie fut bien propriétaire de la maison et des collections de Séguier dont cependant celui-ci resta en possession jusqu'à sa mort.

— L'Académie ne jouit pas longtemps de cette propriété car en 1791 toutes les sociétés et corporations ayant été dissoutes, et leurs biens devenus ceux de la nation, toutes les collections de Séguier furent réunies à la Bibliothèque de la ville dont elle a fourni le plus fort appoint. Quand à l'immeuble il fut vendu à M. Pieyre qui fit établir dessus un majorat au profit de son fils, mais la ville ayant plus tard racheté cette maison, l'a effectuée jusqu'en 1849 au rectorat de l'Académie du département du Gard.

A la suppression de ce rectorat elle fut achetée par le célèbre docteur Pleindoux ainé dans la famille duquel elle est restée jusqu'en 1879, époque à laquelle M. Cabane de Florian en est devenu le propriétaire.

Pendant la tourmente révolutionnaire, cette rue fut généralement désignée par le public sous le nom de rue de *Monsieur de Meude* et voici les motifs de cette faveur passagère :

Vers la fin du siècle dernier un riche américain du nom de M. de Meude vint, j'ignore pourquoi, habiter notre ville, il acheta la maison possédée aujourd'hui par la famille de Trinquelagues et s'y établit au rez-de-chaussée avec sa femme et plusieurs domestiques.

Le bruit de sa richesse que la renommée avait naturellement grossie, son arrivée de pays lointains entourés encore à cette époque d'une certaine réputation fantastique, sor or et ses bijoux supposés, son équipage, un des rares de l'époque, jusqu'à une servante négresse qu'il avait ramenée avec lui, tout avait contribué à faire de lui, parmi le peuple, un véritable Crésus, et de nos jours encore il m'est arrivé d'entendre des ouvriers voulant critiquer les fanfaronnades d'un de leurs camarades voulant passer pour plus riche qu'il n'est, employer cette expression patoise, *saï qué sies pas Moussu dé Mudé !* (sans doute, tu n'es pas M. de Meude !)

Dans cette maison logeait au premier étage la famille Eyroux composée de M. et Madame Eyroux ainé, M. Frédéric Eyroux officier alors en congé et M. Auguste Eyroux jeune fréquentant encore les écoles.

Une nuit du mois de décembre 1792 des brigands s'introduisirent dans l'appartement de M. de Meude, s'emparèrent de sa personne et le menacèrent de mort s'il ne leur livrait ses richesses. Au bruit qu'ils firent, une jeune femme de chambre, savoyarde d'origine, (et qui devint plus tard madame Bournague) passant par un escalier dérobé, courut chez M. Eyroux pour chercher du secours. Les trois frères se levèrent immédiatement, s'armèrent à la hâte, et suivis de Vivarais leur domestique, se précipitèrent dans l'appartement de M. de Meude, Frédéric le premier, M. Eyroux le second, Auguste le troisième, le domestique fermant la marche.

Trompé par l'obscurité, Frédéric entra dans la première chambre tandis que les voleurs étaient dans celle de Madame de Meude. Là, une scène des plus dramatiques frappa la vue de M. Eyroux : M de Meude gisait à terre frappé d'un coup de poignard et un voleur tenant d'une main un bougeoir et de l'autre Madame de Meude la forçait avec les plus horribles menaces à lui ouvrir ses cassettes et ses tiroirs.

M. Eyroux n'écoutant que son courage, se précipite sur ce misérable et allait le terrasser lorsqu'il est subitement frappé d'un coup de poignard en pleine poitrine par un autre voleur qui, posté derrière la porte ouverte, parvint ainsi à s'échapper ; un second assassin s'enfuit aussi par une autre issue ; quant à celui qui tenait Madame de Meude, il fut immédiatement terrassé, solidement garotté à une table de cuisine avec la chaîne du tourne-broche et confié à la garde d'Auguste Eyroux pendant que Vivarais allait chercher du secours.

La présence d'un médecin était en effet bien nécessaire car trois corps gisaient à terre,

Madame de Meude s'était évanouie, et en voyant son mari assassiné, Madame Eyroux qui malgré son état de grossesse avancée s'était précipitée dans l'appartement, agenouillée près du corps de son mari, tenait la main sur la poitrine de celui-ci pour arrêter le sang qui s'en échappait en abondance.

La blessure de M. de Meude quoique profonde n'était pas dangereuse mais M. Eyroux fut pendant trois mois entre la vie et la mort,

La ville entière émue d'un pareil évènement ne cessa de se rendre dans la maison pour prendre des nouvelles des victimes et afin d'éviter aux malades tout bruit et toute secousse, la rue fut barrée et la circulation des voitures interrompue.

L'assassin, soldat d'une compagnie du train d'artillerie de passage à Nimes et qui ne voulut pas faire connaître ses complices, fut condamné à mort et exécuté sur la place des Carmes en face la maison de M. de Meude. Ce n'était pas là le lieu ordinaire des exécutions mais la guillotine qui fonctionnait depuis fort peu de temps fut amenée sur cette place pour que l'expiation fût plus complète.

Un pareil drame devait naturellement frapper l'esprit des masses et rester dans le souvenir de la foule, aussi la rue Séguier fut-elle plus généralement appelée rue de M. de Meude et elle a conservé cette dénomination jusqu'au moment où la commission de 1824 lui restitua officiellement son ancien nom de rue Séguier. Dernièrement (1876) après la création de la nouvelle route d'Arles on a étendu la dénomination de rue Séguier jusqu'à l'octroi.

A quelques pas de cet octroi, dans la propriété de M. Jules Martin on remarque une pierre portant l'inscription suivante :

DM	Aux Dieux Manes
Q. COSCONI	de Quintus Cosconius
ONESIMI IVLIA FIRMINA	Onesimus julia Firmina
VXOR	son épouse.

Quant aux nombreuses inscriptions qui ornent le jardin de la maison de Séguier, Ménard les a presque toutes données ; il est donc inutile de les rappeler ici.

RUE SEPTIMANIE.

Allant du Chemin d'Uzès à la rue de la Biche.
3ᵉ canton. — Section 4.
Niveau 49ᵐ58, 5?ᵐ19.

Cette rue, de création relativement moderne, était généralement désignée par le public sous le nom de rue du Mas Gaillard, mais en 1824 lors du classement de toutes les voies de communication de la ville et des faubourgs, elle reçut le nom de Septimanie.

La Septimanie ou Gothie, la seule province de Gaule que gardèrent les Visigoths d'Espagne après la mort du grand Théodoric, en 526, répondait à peu près à la partie de l'ancienne Narbonnaise comprise entre les Pyrénées et le Rhône, moins tout ce qui fait partie des bassins de la Garonne et de la Loire et embrassait tout le Languedoc, sauf les diocèses de Toulouse, Albi, Uzès et Viviers.

Le nom de Septimanie semble faire allusion aux sept villes de ce pays, Narbonne, Agde

Béziers, Maguelonne, Carcassonne, Elne et Lodève. D'autres le dérivent du mot latin Septimani, soldats de la 7e légion, et pensent que ces soldats y avaient fondé une colonie.

La Septimanie prit le nom de Gothie au ve siècle quand les Visigoths s'en furent emparés. Elle fut envahie vers 730 par les Sarrasins ; ceux-ci en furent chassés par Charles Martel en 737 et définitivement par Pépin en 759.

Le pays forma depuis, sous le nom de Marche ou duché de Septimanie ou de Gothie, un fief qui relevait directement de la couronne de France. Bernard fut investi de ce duché en 820 par Louis-le-Débonnaire, plus tard, ce duché se confondit avec le comté de Toulouse.

Au début de la guerre de 1741, les états de Languedoc, à la persuasion du duc Richelieu, levèrent à leurs frais un régiment de dragons auquel on donna le nom de régiment de Septimanie.

RUE DE LA SERVIE.

Allant de la place de la Couronne au boulevard du Viaduc.

5e Canton. — Section 9.
Niveau 43^m80, 38^m67.

Cette rue a pris son nom d'un pont jeté sur le canal recevant les eaux de la Fontaine et des égouts de la ville pour les porter dans le Vistre ; il existe encore mais il n'est plus apparent par suite des travaux exécutés dernièrement pour la création de la nouvelle route d'Arles.

Il est fait mention de ce pont au 17e siècle

ce fut la limite à laquelle se rencontrèrent les consuls de Montpellier et de Nimes pendant la peste de 1649, alors que les premiers vinrent apporter du secours et offrir leurs services. (1)

C'est dans cette rue que se trouve le pensionnat de l'Assomption fondé par le père Dalzon.

RUE DE SOISSONS

Allant de la rue Rangueil à l'Enclos Rey

3e Canton. — Section 4.
Niveau, 54m 03. — 54m 11.

Lors de la classification des rues de la ville en 1824, ainsi que nous l'avons déjà dit au commencement de cet ouvrage, le quartier des Casernes dût recevoir des noms rappelant les principales villes de France et les divers royaumes dont l'ensemble forme aujourd'hui la France moderne. A ce titre, Soissons devait naturellement trouver sa place.

On sait, en effet, que Soissons actuellement chef-lieu d'arrondissement du département de l'Aisne, était autrefois très-importante au temps de César. C'est près d'elle que se livra en 486 la bataille où Clovis vainquit le général romain Syagrius et qui mit fin à la domination romaine en Gaule.

En 922, Charles-le-Simple y fut défait par Raoul et y perdit la vie.

Après la mort de Clovis, Soissons devint la

---

(1) Voir supra. — Rue du Moulin Raspail

capitale d'un des quatre royaumes francs et fut le partage de son troisième fils Clotaire Ier. Il s'étendait d'abord depuis Soissons et Amiens à l'ouest jusqu'au Rhin et aux frontières de l'Est. Clotaire y réunit successivement les trois autres royaumes francs et devint seul roi en 558 ; mais, après sa mort, en 561, le royaume de Soissons se reforma et fut possédé par Chilpéric Ier, un des fils de Clotaire. Celui-ci y ajouta, mais nominativement, la Normandie et la Bretagne et conquit de 569 à 573 une partie de l'Aquitaine. Sous Clotaire II, son fils, le royaume de Soissons se trouva de nouveau réuni au reste de la France et ce nom disparut en 613 pour faire place à celui de Neustrie.

RUE SORBIER

Allant de la rue Levieux à la rue de la Faïence
3me canton. — Section 3.
Niveau 54^{m}23 — 49^{m}40.

Cette rue ne fait plus qu'une avec la rue Levieux, dont elle est la continuation. C'est par erreur qu'elle porte le nom de Sorbier; c'est *Sorbière* qu'il faut lire, et voici en souvenir de quelle personnalité :

Samuel Sorbière, originaire de Nîmes du chef de Louise Petit, sa mère, sœur du célèbre Samuel Petit, ministre protestant, était né à Saint-Ambroix, le 17 septembre 1615. Son père et sa mère étant morts, son oncle, Samuel Petit, l'éleva dans la connaissance des lettres et l'envoya à Paris pour compléter son éducation. Il le destinait au saint ministère ;

mais ce jeune homme, d'un caractère léger, dans une ville où les distractions ont toujours été si faciles, se rebuta de ce genre d'études et s'adonna à la médecine.

En 1642, il passa en Hollande et se maria à la Haye, en 1646, avec Judith Renaud, fille de David Renaud, originaire de Saint-Ambroix, établi à la Haye, où il avait amassé une fortune considérable. Après avoir habité Leyde et y avoir exercé la médecine pendant quelque temps, il retourna en France et vint en 1650 à Orange, où, à la sollicitation du comte de Dona, gouverneur de la ville, il fut fait principal du collége. Etant allé à Vaison, ville du Comtat-Venaissin, il se lia d'amitié avec l'évêque Joseph-Marie Suarez, qui le convertit au catholicisme. Sa femme étant morte quelque temps après, il embrassa l'état ecclésiastique.

Peu de littérateurs ont eu une vie aussi accidentée que la sienne et n'ont vu leur conduite et leur caractère jugés d'une manière plus opposée. Les uns glorieux de sa conversion à cause de sa parenté avec le savant ministre protestant Samuel Petit, son oncle, l'ont comblé d'éloges et porté aux nues ; d'autres, froissés de ce changement de religion ne lui ont reconnu qu'un mérite relatif, l'ont taxé de légèreté et de scepticisme, de désir immodéré pour les richesses et d'amour pour les plaisirs !

Ce n'est pas ici le cas de porter un jugement quelconque, il suffira de signaler les divers événements de sa vie intéressants au point de vue historique, libre à chacun d'en tirer telles conséquences qu'il voudra.

A Leyde, qui était à cette époque une ville savante, il fréquentait les hommes distingués par leurs connaissances littéraires, entre autres Saumaise, et de là il se mit en relations suivies avec Guy-Patin, avec Spon, Hobbes, Gassendi, etc.

Sorbier s'est fait connaître par quelques traductions : l'*Utopie*, de Thomas Morus; *de Cive*, de Hobbes ; *de Corpore politico*, du même ; le *Syntagma*, de Gassendi, etc.

Voici ce que Ménard nous dit de lui :

Dès sa conversion et la mort de sa femme, il se rendit à Paris, au commencement de l'année 1654, et le clergé lui accorda une pension de 400 livres, outre celle de 300 livres que le cardinal Mazarin s'engagea de lui faire jusqu'à ce qu'il lui eût procuré un bénéfice. Sorbier passa ensuite à Rome où il se fit connaître du pape Alexandre VII, qui lui demanda, la première fois qu'il le vit, s'il était le neveu du célèbre Samuel Petit.

Ce pape lui donna en 1656 deux pensions dans le Comtat Venaissin, l'une de 150 livres sur la cure de Villes au diocèse de Carpentras et l'autre de 136 livres sur un canonicat de Saint-Symphorien d'Avignon. De retour à Paris, il fut admis dans l'académie des physiciens qui avaient accoutumé de s'assembler chez Henri-Louis Hubert de Montmor, doyen des maîtres des requêtes

Ce savant accrut sa fortune de beaucoup de bénéfices et de pensions, malgré cela et par suite de la légèreté de son esprit et de sa conduite, il laissa à son fils un patrimoine plus que modique.

A force de sollicitations et de démarches dont

il ne se lassait jamais, il eût en 1658 la chapelle de Notre-Dame-la-Gisante que l'évêque de Coutance lui donna à la prière du cardinal Mazarin et qui rapportait cinq cents livres de revenus.

Le roi Louis XIV le fit son historiographe en 1660 avec une pension de mille livres sur l'abbaye d'Humblières, de l'ordre de Saint-Benoît, au diocèse de Noyon.

Deux ans après, il eût une autre pension de pareille somme en qualité de savant. De plus, le cardinal Mazarin lui fit avoir une pension de huit cents livres sur le clergé. Le pape Alexandre VI lui donna encore en 1664 le prieuré de Saint-Nicolas de la Guierche, ordre de Saint-Benoît, au diocèse de Rennes de cinq cents livres de rentes.

Le cardinal Rospigliosi avec lequel il avait entretenu un commerce de lettres, ayant été fait pape en 1667 sous le nom de Clément IX, Sorbière accourut à Rome pour tacher de profiter de la faveur dont il jouissait et obtenir quelque gros bénéfice, mais le pape se contenta de lui faire donner une bourse de cent pistoles pour les frais de son voyage et quelques petits bénéfices en Bretagne.

Le 9 avril 1670, après trois mois d'une maladie causée par une hydropisie, voyant qu'il n'y avait point d'espoir de guérison, il prit quatre grains de laudanum et mourut.

Les ouvrages de Sorbière sont très-nombreux et très-variés, on peut en lire le catalogue dans Ménard, livre 23e, T. 6, la médecine, la philosophie, la religion, la politique, l'astronomie, les traductions et de nombreuses correspondances, tout s'y trouve.

Graverol a publié un ouvrage intitulé *Sorberiana* dans lequel il donne copie d'un manuscrit de Sorbière dans lequel celui-ci traite succinctement toute espèce de sujets, c'est une sorte de dictionnaire humoristique dans lequel on remarque des boutades comme les suivantes qui montrent la tournure d'esprit de Sorbière :

Se marier, se mettre dans un couvent et se jeter dans un précipice, sont trois choses, dit-on, qu'il faut faire sans raisonner..........

Le pape Clément IX me traite comme son ami et non pas comme son client... J'avais plus besoin d'une charretée de pain que d'un bassin de confiture... On envoie des manchettes à un homme qui n'a point de chemise... qu'il m'envoie du pain pour manger le beurre qu'il m'a donné...

Les courtisans sont aux princes, eu égard à l'esprit, ce que les gueux sont aux enfants qu'ils estropient et dont ils disloquent les membres pour mieux gagner leur vie par la mendicité............

Les Hollandais peuvent être comparés à leur tourbe qui s'allume lentement et qu'il ne faut point hâter, mais qui étant une fois allumée, tient son feu.

RUE SUGER

Allant de la rue Ruffi à la rue de Saint-Gilles.

1ᵉʳ canton. — Section 12.
Niveau 42ᵐ15, 42ᵐ10.

Rien de particulièrement local ne s'attache au nom choisi pour cette rue, qui rappelle seulement le souvenir d'une personne qui a joué au XIIe siècle un rôle des plus importants.

L'abbé Suger, ministre d'Etat, né vers 1082, fut élevé dans l'abbaye de Saint-Denis et devint abbé de ce monastère en 1122. Louis VI, avec lequel il avait été élevé, fit de lui son conseil et son guide. Suger améliora la justice, les lois, les relations extérieures, l'état social de la France et favorisa l'affranchissement des communes.

Non moins puissant sous Louis VII, il désapprouva le départ de ce prince pour la Croisade et plus encore son divorce. Pendant l'absence du roi (1147-1150), il fut régent de France, et par la sagesse de son administration, il mérita le titre de Père de la Patrie, que lui décerna Louis VII. A la fin de sa vie, on vit avec étonnement ce ministre, démentant sa conduite antérieure, prêcher lui-même une nouvelle croisade ; il réunit plus de dix mille hommes et allait les conduire lui-même à ses frais, en Asie, lorsqu'il mourut en 1152.

Il est regardé comme le fondateur des *Grandes chroniques de Saint-Denis*.

RUE SULLY

Allant du chemin d'Avignon à la rue de la Biche.

3e Canton. — Sections 4 et 5.
Niveau 45^m,7 — 54^m27.

Cette rue s'appelait autrefois rue du Cadereau d'Uzès ; mais comme on pouvait la confondre avec la rue du Cadereau qui est près du chemin de Sauve, la municipalité, par arrêté du 2 juillet 1857, a adopté le nom de rue Sully.

Maximilien de Béthune, duc de Sully, ministre d'Etat, naquit à Rosny (Seine-et-Oise) en 1560, d'où il porta longtemps le titre de baron de Rosny et fut de bonne heure le compagnon d'Henri IV auprès duquel il se distingua par son intrépidité. Un beau mariage, beaucoup d'ordre et des spéculations commerciales très-heureuses le rendirent fort riche en peu de temps. Henri IV crut qu'il ne pouvait mieux confier les finances du royaume qu'à l'homme qui administrait si bien ses propres affaires, et il le nomma en 1597 surintendant des finances. En effet, il remit de l'ordre dans les comptes, fit rentrer un arriéré considérable, paya des dettes écrasantes, suffit aux dépenses des guerres avec l'Espagne et la Savoie et à l'achat des places qui restaient encore aux chefs ligueurs, encouragea l'agriculture, créa de grands approvisionnements de guerre, poursuivit partout les abus et les prodigalités et amassa ainsi, tous frais payés, quarante-deux millions.

Au titre de surintendant des finances, il joignait ceux de gouverneur de la Bastille, de grand-maître de l'artillerie et des fortifications, de grand-voyer de France, de surintendant des bâtiments, de capitaine héréditaire des eaux et rivières et de gouverneur du Poitou.

A la mort d'Henri IV il s'éloigna de la cour, se démit presque de toutes ses charges et ne conserva que le gouvernement du Poitou avec la grande maîtrise de l'artillerie et des forêts.

Bien que mécontent de la reine-mère, il n'eut qu'une part très-faible aux troubles de la régence et refusa de prendre les armes avec les protestants. Louis XIII le fit maréchal en 1634.

Sully mourut en 1641. Il était calviniste et ne voulut jamais abjurer, bien qu'il eût lui-même donné à Henri IV le conseil de se faire catholique. Il avait été fait duc par Henri IV (1606) et avait pris à cette occasion le nom de la terre de Sully qu'il venait d'acheter.

On connaît l'étroite amitié qui unissait Henri IV et Sully. Le ministre ne craignit pas, en plus d'une occasion, de heurter le roi en lui faisant de sévères reproches sur ses égarements et en s'opposant avec énergie à ses prodigalités.

RUE SUFFREN

Allant de la rue de la Casernette à la rue de l'Acquedue.

1er Canton. — Section 12.
Niveau 46^m08. — 45^m33.

André de Suffren-Saint-Tropez, vulgairement appelé le bailli de Suffren, célèbre marin, né en 1726 à Saint-Cannat, près Lambesc en Provence, mort en 1788, fit plusieurs campagnes sur terre, entra dans l'ordre de Malte en 1740, fit partie de l'escadre de La Galissonnière, contribua à la prise de Mahon, se distingua dans la mer des Indes, ruina au Cap l'escadre du commodore Johnston; fut fait chef d'escadre, défit l'amiral anglais Hughes devant Madras, fit alliance avec Haïder-Ali, battit les Anglais sur terre et sur mer, prit Négapatam, Trinquemale, subit à son tour un échec devant Goudelour (1782), mais parvint, à force d'activité, de bravoure et d'habiles manœuvres, à sauver cette ville ainsi que sa flotte, et ne se reposa qu'à la paix de Versailles.

RUELLE DU GRAND-TEMPLE
Allant de la place du Grand-Temple à la place du Château.

2ᵉ Canton. — Section 7.
Niveau 45ᵐ30, 43ᵐ02

Le Grand-Temple, qui sert actuellement au culte protestant, était autrefois la chapelle du couvent des Dominicains.

Les Dominicains étaient établis à Nimes depuis 1263, et le Père Pierre-Jean en fut le premier prieur (1). Leur monastère se trouvait à cette époque hors des murs de la ville, en face de la porte appelée alors du Chemin, depuis Porte des Prêcheurs, et avait été construit en 1270. De nombreux legs vinrent augmenter les ressources de cet ordre religieux. Nous voyons notamment que le 26 février 1368 Raymond de Nogaret, seigneur de Calvisson, Marsillargues et Manduel, légua 200 livres tournois au monastère pour la construction d'une chapelle en l'honneur de saint Jean l'Evangéliste, dans laquelle il élut sépulture.

(1) V. abbé Goiffen.— Les ordres religieux mendiants, page n° 37.

Comme ces 200 livres ne suffisaient pas, elles furent employées, par permission du pape Innocent IV, en réparations à l'Eglise du couvent et la sépulture fut faite derrière le maître-autel. A cette époque, le couvent comptait quatorze pères capitulants (2).

Louis Raoul, fondateur de l'avocaterie des pauvres, choisit sa sépulture dans le couvent des Dominicains, en 1480. Leur prieur, Dominique Deyron, en fit de même, en 1482, mais ayant abandonné la religion catholique pour embrasser la doctrine de Calvin, il se réfugia à Genève où il mourut en 1560.

Pendant les troubles religieux ce couvent fut détruit et les Dominicains dispersés, et ce ne fut qu'en 1635 qu'ils obtinrent du roi l'emplacement de l'ancien Château-Royal pour s'y reconstruire un couvent et une chapelle sous l'invocation de saint Louis.

Cette chapelle étant devenue insuffisante, les religieux résolurent de construire une église sur l'emplacement de quelques maisons leur appartenant et situées à l'entrée de la porte des Carmes. Le conseil de ville leur ayant accordé une subvention de 1,500 livres payables la moitié lorsque la construction aurait été commencée, et le reste après son achèvement, les travaux furent immédiatement entrepris et le 28 mars 1714 la première pierre fut solennellement posée par François Morel, vicaire général de Nimes. Cette pierre portait gravée l'inscription suivante :

---

(2) V. Archives du Gard, H 313.(

D. O. M.
PIETATI FIDELIVM
AC. S. LVDOVICI GALLORVM REGIS PATROCINIO
MVNIFICENTIA ET CHARITATE. COL, NEM.
TEMPLVM HOC EREXERE
FF. PP. ZELVS ET RELIGIO
PONEBAT LAPIDEM INTITVLVM
JVSSV JOANNIS CÆSARIS NEM. EPIS.
EJVS AB. OMNIBVS JVDICIIS
FRANCISCVS MOREL
ANNO. AB EPOC. CHRISTI. 1714

A Dieu tout puissant et très-grand. Le zèle et la religion des frères Prêcheurs, aidés de la munificence et de la charité de la ville de Nimes, ont élevé ce temple pour aider la piété des fidèles, sous le patronage de saint Louis, roi de France, par l'ordre de Jean-César, évêque de Nimes, François Morel, a posé cette pierre, l'an de l'ère du Christ 1714.

Ce monument ne fut terminé qu'en 1736, et coûta 38,000 livres, le chœur en fut entièrement boisé en 1761.

En 1789, les ordres ayant été abolis, les Dominicains furent dispersés, leur prieur était le R. P. Roux et le syndic le R. P. Audric. L'église devenue propriété nationale et louée aux protestants qui y célébrèrent le culte pour la première fois le 20 mai 1792, fut enfin vendue au Consistoire le 22 septembre 1803. Depuis lors cet édifice a porté le nom de Grand Temple.

Les autres bâtiments du couvent après avoir servi de caserne de gendarmerie jusqu'en 1879 sont devenus la propriété de M. Samuel Guérin.

Dans les fouilles du Passage, on a retrouvé diverses inscriptions romaines dont j'ai parlé précédemment (3).

RUE TÊTE-DE-MORT
Allant de la rue de Bourgogne à la rue Bonfa.

3e canton. — Section 4.
Niveau 43m34 , 59m32.

Cette rue s'appelait, en 1760, *rue Longue* ; plus tard, un propriétaire, M. Crémier, ayant trouvé une pierre qui ressemblait à une tête de mort, l'encastra dans son mur de clôture, d'où la rue a tiré le nom qu'elle porte aujourd'hui.

C'est là une appellation qui devrait bien disparaître, et la municipalité comblerait par là le désir des habitants de ce quartier.

RUE THIERRY
Allant du chemin de Montpellier à la rue de l'Aqueduc.

2e Canton. — Section 12.
Niveau 44m50 — 43m37.

Thierry, premier roi de Metz ou d'Austrasie en 511, était l'aîné des fils de Clovis ; il ajouta la Thuringe à ses Etats en 530 après avoir précipité traitreusement du haut des murs de Tolbiac le roi du pays Hermanfroy.

(3) V. Le Prevot, ouvrage, t. 1er, pages 26 et 162.

Il combattit heureusement Théodoric-le-Grand, roi des Ostrogoths, et ne lui laissa en Gaule que la Septimanie. Il mourut en 534.

C'est dans cette rue qu'en 1864 Mgr Plantier a fait ériger une chapelle de secours, sous le vocable de Saint-François-de-Salles, et qui a été formée de la partie droite du chemin de Générac, de la partie gauche des rues de la Porte-de-France et de l'Hôtel-Dieu, de la partie gauche de la rue Sainte-Catherine, au-delà du Cours-Neuf, et le chemin qui conduit à la campagne.

Cette chapelle a été érigée en succursale, le 5 septembre 1866, et achetée par la ville en 1867, au prix de trente mille francs.

Saint-François-de-Salles, né en 1567, au château de Sales, près Annecy, fut élevé au sacerdoce en 1593 ; nommé évêque de Genève en 1607, il fonda en 1610 l'ordre de la Visitation et mourut en 1622.

RUE SAINT-THOMAS

Allant de la rue Régale à la place Saint-Thomas.

3e Canton. — Section 8.
Niveau 43m50.

Cette rue qui n'a que quelques mètres de longueur a pris son nom d'une église qui se trouvait près de la porte de la Couronne et qui fut détruite à une époque très-reculée. Ses biens consistaient principalement en pensions annuelles qu'elle prenait sur quelques maisons et sur quelques pièces de terre ou de vignes possédées par des particuliers. Le prêtre qui desservait cette petite église et qui avait l'administration de ces biens, prenait la qualité de recteur.

Le cimetière qui était une dépendance de l'église, se trouvait en dehors de la porte de la Couronne.

RUE THOUMAYNE
Allant du boulevard Saint-Antoine à la rue de l'Etoile.

1er Canton. — Section 10.
Niveau 45m25. — 46m85.

Malgré mes nombreuses recherches je n'ai rien pu découvrir sur l'habitant de Nimes qui évidemment a donné son nom à la rue.

On sait que c'est dans cette rue qu'habitait le sieur Victor, exécuteur des hautes-œuvres, qui, à son tour, en 1793, fut dénoncé comme aristocrate et guillotiné. On peut voir encore à la Fontaine, près de la source à côté de la grande inscription, une note écrite au crayon et qui porte : 1º *Année républicaine arrivé à Nimes pour remplir les fonctions de vengeur du peuple au département du Gard. — Signé Victor.*

RUE DES TILLEULS
Allant du chemin de Sauve à la rue du Mail.

1er Canton. — Section 1.
Niveau, 54m57, 48m75.

Cette rue portait autrefois le nom de rue Elisabeth, et l'on voit encore au nº 18 une plaque de pierre portant cette indication ; elle n'offre absolument rien d'intéressant et comme la plupart des nouvelles rues des faubourgs n'a pas d'histoire.

RUE TITUS
Allant du quai de la Fontaine à la rue de la Fontaine.

1ᵉ canton — section 1.
Niveau 51m14. — 51m15.

Titus Flavius-Sabinus-Vespasianus, fils aîné et successeur de Vespasien, né en 40, avait été tribun légionnaire en Germanie et en Grande-Bretagne, puis questeur, lorsqu'en 66 il suivit son père en Judée. — Il prit Jotapate, Joppé, Tarichée, Giscale et fut laissé en Orient par Vespasien lorsque ce dernier, proclamé empereur par ses troupes se rendit en Italie en 69.

Titus poussa la guerre plus activement et l'acheva par la prise de Jérusalem et du Temple le 8 septembre 70.

De retour à Rome, il fut associé à l'administration de l'empire, cumula la censure, le tribunat et fut sept fois consul. En 79, étant parvenu à l'empire, il abjura la vie licencieuse qu'il avait menée jusqu'alors, renvoya sa maîtresse, la juive Bérénice, bannit et flétrit les délateurs, donna d'immenses secours aux victimes de l'éruption du Vésuve, de la peste et de l'incendie de Rome, fléaux qui se succédèrent coup sur coup et montra l'intention d'être le bienfaiteur de l'univers ; mais il n'eut pas le temps d'exécuter tout le bien qu'il projetait.

Il mourut en 81, après deux ans et trois

mois de règne, empoisonné, dit-on, par ordre de Domitien, son frère qui lui succéda. Titus est surtout célèbre par sa bienfaisance et il mérita d'être appelé *les délices du genre humain*. Ayant passé un jour sans répandre de bienfaits, il dit avec douleur : *Mes amis, j'ai perdu ma journée.*

RUE DES TONDEURS
Allant de la rue de l'Horloge à la rue des des Lombards

2º canton. — Section 10
Niveau, 46m78, 46m57.

Les tondeurs des étoffes de Cadix formaient autrefois une corporation très-nombreuse qui avait des priviléges spéciaux ; les maîtres-tondeurs, par exemple, avaient le droit de porter l'épée. La fabrication des étoffes dites de Cadix nécessitait l'intervention d'ouvriers dont les fonctions étaient très-délicates, il fallait, en effet, une grande habileté et légèreté de main pour donner aux étoffes le poli et l'uniformité nécessaires, aussi un bon ouvrier tondeur était-il très-recherché.

Autrefois, tous les corps de métiers avaient l'habitude de se grouper dans un même quartier, c'est ce qui fait que la rue dont nous nous occupons prit le nom des ouvriers qui l'occupaient dans presque tout son parcours. Il n'y a pas longtemps qu'on voyait encore aux fenêtres d'une ancienne maison les longues barres de bois auxquelles on suspendait les étoffes tondues ou à tondre.

Les progrès de l'industrie ayant remplacé

le travail manuel des ouvriers par des machines, l'intervention des tondeurs est devenue inutile, et peu à peu cette classe d'ouvriers a disparu de notre ville.

On peut voir, dans la maison qui fait le coin de la rue des Tondeurs et de l'Horloge, une inscription du moyen âge, qui n'est autre que l'épitaphe d'un des marchands lombards qui, en 1240, habitaient ce quartier, et avait dû être inhumé dans l'église Saint-Etienne-du-Chemin, située entre la rue des Lombards et l'entrée de la cure Saint-Castor.

(Voir, pour le texte de cet épitaphe, à la page 119 du présent volume.)

Cette maison était celle qu'habitait autrefois le ministre renégat Jérémie Ferrier.

Au rez-de-chaussée de la maison n° 6 ayant appartenu vers la fin du XVI siècle au médecin Nimois Jacques Veiras, on voit l'inscription suivante :

D. M.
HORTENSIAE
L. F. HONORATAE
SVLPICIA. Q. F. HONORATA
MATRI. PIISSIMAE.

» Aux Dieux Manes d'Hortensia Honorata, fille de Lucius Honoratus, Sulpicia Honorata, fille de Quintus Sulpicius, à la mère la plus aimante. »

(V. mémoires de l'Académie du Gard, 1868-69, page 97).

RUE DE LA TOURMAGNE

Allant de la rue de la Fontaine à la Tour-Magne.

1er Canton. — Section 1.
Niveau 52m93.

Ce nom vient de *Turris magna*, pour exprimer la grande tour, d'où l'on a fait Tourmagne, comme par un usage semblable on a dit Charlemagne pour Charles-le-Grand.

De grandes et savantes discussions se sont élevées à diverses époques sur l'antique destination de cette tour qui domine la ville et la campagne voisine, et qui est pour le Nimois ce que le clocher est au villageois. Les auteurs les plus instruits ont voulu lui assigner un usage extraordinaire en rejetant toujours les idées les plus simples et les plus vraisemblables.

Guillaume Bigot, professeur au collége des Arts à Nimes, écrivait, en 1548, que cette tour était un mausolée des rois du pays. Grasser, Mattey et Guiran ont successivement adopté cette opinion ; plusieurs antiquaires ont prétendu que la Tour-Magne était un phare destiné à éclairer les vaisseaux qui s'approchaient de Nimes, dont leur imagination faisait une ville maritime ; d'autres ont pensé que ce monument servait de dépôt pour le trésor de la colonie.

Rullman veut qu'il ait été construit par Adrien pour l'apothéose de Plotine, et Astruc que ce soit un temple bâti par les Gaulois.

Quant à moi, je pense avec d'autres archéologues, que la Tourmagne construite sur le plateau le plus élevé de ceux qui entourent la ville, dominant toutes les campagnes environnantes était la principale tour de la ville, communiquant avec l'enceinte fortifiée par une série d'arceaux dont on voit encore des vestiges, et qu'elle était principalement destinée à observer tout ce qui se passait au dehors pour en donner avis aux 24 bourgs dépendant de la colonie au moyen de signaux.

Cette opinion est fondée sur la situation de cet édifice dans un angle rentrant et en dedans des murailles, sur sa grande hauteur, inutile pour tout autre usage, sur la disposition de la plateforme supérieure objet principal de son établissement, et enfin sur l'attention toute particulière que donnaient les Romains à la défense de leurs nouvelles colonies souvent exposées à des dangers imprévus de la part des peuples voisins toujours impatients du joug que ces colonies venaient leur imposer.

La tour antique de Bellegarde construite sur le plateau le plus élevé entre Nimes et Arles, devait servir à la correspondance des signaux entre ces deux villes au moyen de feux.

La Tourmagne a une hauteur de 35 mètres 80 centimètres depuis sa base du côté de l'est jusqu'au couronnement de l'attique dont douze mètres pour la hauteur du soubassement jusqu'au niveau des murailles, six mètres 70 c. pour les deux soubassements du premier étage, 6 m. 80 pour le premier ordre, 6 m. 10 pour le second et 2 m. 20 pour l'attique.

Sa largeur hors-d'œuvre est de 20 mètres au niveau du soubassement et au-dessus du dernier socle ; de 15 m. 60 au niveau des deux soubassements supérieurs formant la base du premier ordre, de 15 m. 20 au niveau du premier ordre, de 14 m. 80 au niveau du deuxième ordre et de 14 m. 20 au niveau de l'attique servant de couronnement.

C'est en 1843 que, pour consolider le monument, un immense pilier servant d'escalier a été construit sous la direction de M. Révoil, qui a fait une restauration des parties de la tour menaçant ruine.

La grande excavation de terre qui se trouve dans l'intérieur est dûe au jardinier Traucat ainsi que nous l'expliquerons lorsque nous serons à la rue qui porte le nom de ce pépiniériste.

Ménard fait remonter la construction de la Tourmagne à l'an 27 avant Jésus-Christ, c'est-à-dire à l'époque où Auguste donna des portes et des murailles à la ville de Nimes. Charles-Martel fut un des premiers qui commença à détruire cette tour pour se venger des Sarrasins. Elle servait cependant encore de forteresse au XII° siècle, et fut au nombre des châteaux et forteresses que Bernard-Aton VI, vicomte de Nimes, remit à Alphonse II, roi d'Aragon, et reprit de lui en fief par la ligue qu'il fit avec ce prince à Béziers, au mois d'octobre 1197 contre Raimond V, comte de Toulouse.

Sous le règne de Charles VI et de Charles VII, la Tourmagne servit à la défense de la ville pendant les troubles des Anglais. Le duc de Rohan la fortifia au XVII° siècle en y ajoutant différents ouvrages qui furent détruits à la paix de 1629.

RUE TRAJAN

Allant de la place de Bouquerie à la Fontaine.
1ᵉʳ Canton. — Section 1.
Niveau 52ᵐ38. — 50ᵐ95.

M. Ulpius Trajanus Crinitus, empereur romain, né à Italica en 52, fils d'un soldat de fortune élevé aux honneurs par Vespasien, se montra militaire habile et brave sous Domitien, fut fait consul en 91, puis commanda les légions de la Basse-Germanie, fut adopté par Nerva et devint empereur en 98 par la mort de ce prince. Il ne parut à Rome qu'après avoir assuré les limites du côté du Rhin ; refusa de payer tribut aux Daces, eût par suite à soutenir contre eux deux guerres de 101 à 106, dont le résultat fut l'acquisition du vaste pays dit depuis Dacie Trajane, envahit l'empire Parthe, soumit l'Arménie, l'Ibérie et la Colchide, donna un roi aux Athéniens et même aux Parthes et poussa ses conquêtes au-delà de l'Euphrate et du Tigre, mais ne pût renverser, comme il le désirait, l'empire des Arsacides ni franchir l'Indus.

A l'intérieur, il fit fleurir la justice et cesser les délations, partagea le gouvernement avec le Sénat, s'environna de capacités de tout genre, allégea les impôts, refondit les monnaies, porta de soins extrêmes à l'approvisionnement de Rome, couvrit l'empire de magnifiques et utiles monuments, tels que la colonne Trajane l'an 114 et le pont sur le Danube.

Il allait réprimer une révolte des Juifs

lorsqu'il mourut à Sélimonte en 117. Plotine sa femme cacha sa mort jusqu'à ce qu'Adrien, fils adoptif de Trajan, eût été reconnu.

Trajan a été souvent nommé le meilleur des empereurs romains ; on lui reproche cependant son intempérance et son penchant pour les voluptés.

Les habitants de Nimes lui consacrèrent un monument dont il ne reste plus de traces, mais dont l'existence est prouvée par un fragment de pierre portant cette inscription grecque :

ΝΑΜΑΥΣΩ ΤΩΝ... ΟΥΑΝ ΤΡΑΙΑΝΟΝ ΚΑΙΣΑΒΑ ΣΕΒΑΣΤΟΝ...

Cette inscription indiquée par Ménard (t. 7, 3⁰ partie, dissertation 2, n° 5), comme se trouvant à la porte de la couronne, a donné lieu à différentes lectures, mais d'après lui, il est incontestable qu'elle fut dédiée à Trajan sous les auspices du dieu Nemausus.

RUE TRAUCAT

Allant de la rue du Cyprès à la rue de la Pitié.

1ᵉʳ Canton. — Section 10.
Niveau 47ᵐ71. — 47ᵐ12

François Traucat, jardinier, natif de Nimes, d'une famille protestante, se fondant parait-il sur une prédiction de Nostradamus portant qu'un jardinier ferait fortune en découvrant un coq d'or, et ayant ouï dire qu'un aigle ou tout autre oiseau d'or était caché dans les fondements de la Tourmagne, s'était persuadé que c'était lui Traucat qui serait ce jardinier fortuné; en conséquence, il s'adressa au roi Henri IV pour obtenir l'autorisation de faire des fouilles (1). Cette permission lui fut donnée par des lettres-patentes datées de Fontainebleau du 22 mai 1601, mais sous les conditions suivantes : les fouilles devaient se faire en présence du procureur du roi et de tel nombre de personnes qu'il jugerait à propos; tous les frais devaient être à la charge de Traucat et payés d'avance, et enfin, s'il trouvait un trésor quelconque, le tiers seul lui appartiendrait et les deux autres tiers seraient la propriété du roi.

Traucat se mit résolûment à l'œuvre, mais après avoir dépensé beaucoup d'argent et remué beaucoup de terre, il dut renoncer à son entreprise, c'est à cette époque que se fit la grande excavation qu'on remarque encore aujourd'hui dans la partie basse du monument.

Traucat était un des plus habiles jardiniers de son siècle, mais ce qui l'a fait principalement connaître, c'est qu'il fut le premier qui mit en vogue le mûrier en France. Il commença d'en planter en 1564 et de toutes parts, on eut recours à lui pour se procurer un arbre si utile, aussi en 1606, il avait, dit-on, planté ou fait planter plus de quatre millions de mûriers tant en Provence qu'en Languedoc.

En 1606 il fit imprimer à Paris un traité portant le titre suivant :

« Discours abbrégé, tant sur les vertus et
» propriétés des meuriers tant blancs que

---

(1) V. Frossard, *Nimes et ses environs*, t. 1, page 31.

» noirs, ayant petites meures blanches et
» petites noires, qui ont semblables feuilles,
» propres à nourrir les vers à soye, et aussi
» propres à servir, tant au corps humains
» qu'à faire beaux meubles et ustensiles de
» ménage. »

En attribuant à Traucat la gloire d'avoir le premier et le plus contribué à propager la culture du mûrier en France, il ne faudrait pas croire que cet arbre fut entièrement inconnu avant qu'il en fît l'objet de ses travaux ; je trouve dans une biographie de Traucat faite par Ch. Vincent-Saint-Laurent (2) une note que je me fais un véritable plaisir de transcrire ici et qui porte :

» Quelques personnes assurent que le
» mûrier a été originairement apporté de
» l'Orient en Dauphiné par *Guy Pape* de
» Saint-Auban à son retour de la dernière
» croisade ; d'autres le font introduire avant
» tout en Provence par les rois de Naples de
» la maison d'Anjou. Quoi qu'il en soit, en
» 1545, *Rolland*, sénéchal de Nîmes et de
» Beaucaire, envoya à la reine Jeanne de
» Bourgogne, femme de Philippe-le-long,
» douze livres de soie du pays, de douze cou-
» leurs différentes ; mais la nature même du
» présent prouve combien la matière en était
» alors précieuse et rare. Un siècle après, les
» manufactures que Louis XI tenta d'établir
» à Tours ne s'alimentèrent que de soies
» étrangères. Plus tard (1570), Baïf, le poète,
» célébrait comme une merveille l'éducation

(2) V. à la Bibliothèque de la ville, n° 2967, t. 3.

» de quelques vers à soie dont s'amusait la
» sœur de François Ier, et Henri II fut le
» premier qui porta des bas de soie aux noces
» simultanées de sa fille et de sa sœur. Jus-
» qu'alors, la culture du mûrier n'avait donc
» été qu'un objet de simple curiosité, concen-
» tré dans les jardins de quelques amateurs
» de choses rares. Elle n'a commencé à s'éten-
» dre dans le royaume que sous le règne de
» Charles IX, et c'est précisément l'époque à
» laquelle remontent les grandes plantations
» de Traucat. »

On peut se former une idée de l'activité que dut déployer Traucat qui, pendant quarante-deux ans, vendit ou fit planter plus de quatre millions de mûriers, en voyant qu'en 1835, c'est-à-dire 229 ans après Traucat, le nombre de ces arbres ne s'élevait qu'à sept millions trois cent mille.

D'après M. Ernest Brunet de Lagrange, ce chiffre s'est élevé, en 1846, à quarante-six millions quatre cent mille.

Deux hommes peuvent donc revendiquer l'honneur d'avoir vulgarisé la culture du mûrier en France, l'un *François Traucat*, de Nimes, simple jardinier, cultivateur obscur, dont la mémoire s'est à peine conservée dans les annales de sa ville natale, l'autre *Olivier de Serres*, agronome illustre, écrivain célèbre, dont le souvenir intéresse la gloire nationale, qui est considéré comme le père de l'agriculture en France, et auquel on a élevé des statues.

Olivier de Serres, dans l'ouvrage qu'il publia et dédia au corps municipal de Paris, cite Nimes comme ayant donné l'exemple d'attendre, d'être abondamment pourvu de mûriers avant d'entreprendre l'éducation des vers-à-soie, et il est reconnu qu'en 1654, pendant qu'Olivier de Serres faisait ses premiers essais au Pradel, Traucat avait déjà créé ses pépinières de mûriers. « Ces faits consignés dans un panégyrique du mûrier composé par Traucat en 1866 et dont Henri IV accepta la dédicace, n'ont pas été démentis ; ils étaient avancés du vivant d'Olivier de Serres du temps de sa plus haute faveur auprès du prince ; comment aurait-il laissé un autre s'approprier une gloire qu'il aurait eu le droit de revendiquer, et souffert sans réclamation qu'on prodiguât à un usurpateur la récompense dûe à ses services ? » (3)

Si j'ai insisté sur cette question de priorité, c'est que je tiens en historien fidèle à rendre à chacun la justice qui lui est dûe, et qu'en apprenant à mes concitoyen, les mérites ignorés d'un des enfants de notre ville, je voudrais que notre municipalité reconnaissante payât sa dette en élevant à François Traucat une statue sur une de nos places publiques.

RUE TRAVERSIÈRE

Allant de la rue Saint-Paul au Cadereau.

1er Canton. — Section 1.
Niveau 54m66. — 52m63.

Cette rue n'offre d'intérêt archéologique qu'à cause des inscriptions qu'on peut remar-

---

(3) V. Vincent St-Laurent (supra).

quer dans l'intérieur ou sur la façade de quelques maisons, savoir :

Dans l'intérieur de la maison Cambon au n°

IIIII VIR.AVG.	Au sévir Augustal.
SEX.AELIO	Sextus Œlius Straton.
STRATVNI	Son affranchi Abescantus
ABESCANTVS	
LIB.	

L'empereur Tibère, après la mort d'Auguste, afin d'éterniser la mémoire de ce prince et établir un culte particulier en son honneur, avait créé un ordre de prêtres qui portèrent à Rome le titre de compagnons augustaux, *sodales augustales*, et étaient au nombre de vingt-cinq; mais ils n'étaient que six dans les villes des provinces romaines, ce qui fit donner à ceux-ci le titre de *Seviri* ou *Sextumviri* exprimé les plus souvent sur les anciens monuments par les notes numérales ainsi disposées IIIIII. On y joignit en même temps le titre d'Augustaux, *augustales* pour marquer à la fois et leur nombre et l'objet de leur culte qui était celui d'Auguste. Ils étaient principalement destinés à avoir soin des jeux et des spectacles qui se faisaient en l'honneur de ce prince. Il en était de même à Rome de tous les prêtres consacrés au culte d'Auguste. — On sait que les jeux étaient considérés comme une charge sacrée parce qu'ils étaient toujours précédés, accompagnés ou suivis de sacrifices (1).

Comme l'établissement primordial de ces

(1) V. Ménard, T, 7, page 303.

prêtres se fit la première année du règne de Tibère, c'est-à-dire après le 19 août de l'an 14 de J.-C., il s'ensuit que toutes les inscriptions de Nîmes où il est fait mention d'un des Sexvirs Augustaux sont postérieures à cette époque.

La seconde inscription curieuse est celle qu'on voit au n°   dans l'une des pièces de la maison Cambon.

Elle représente un livre ouvert retenu de chaque côté par des pattes de bœuf, symbole de saint Luc l'évangéliste, et porte les mots suivants : FVIT IN DEBVS ERODIS REGIS JVDEO SACERD°S, qui sont les premiers du chapitre v de cet évangéliste.

Ce fragment de pierre et cette inscription proviennent sans aucun doute de l'église rurale de Saint-Laurent, qui se trouvait autrefois dans ce quartier et qui a été détruite au xv° siècle.

Derrière le séminaire on voit, sur la façade d'une maison, une inscription tumulaire dont Ménard, dans sa 3ᵉ dissertation sur les inscriptions chrétiennes, donne le texte en l'indiquant comme ayant été trouvé dans le jardin potager de M. de la Cassagne, près de la Fontaine ; voici cette inscription :

✠ ANNO : DNI : M
C°C : X°C : IHI : PDIE
KL : FEBR : O : PIE : M
EMORIE : DNS : BER
NARDVS : MARTHE
SII : SACISTR . ECCL
E . NEM : SR : ET . . CR

Ce qui signifie : L'an de Notre Seigneur

1294 et le premier jour des kalendes de février, est décédé Bernard de Martès, de bonne mémoire, chanoine, prêtre et sacristain de l'église de Nimes.

Dans cette même rue, aux n°s 26 et 28 au coin du jhrdin, se trouve, à soixante centimètres de profondeur, une mosaïque qui doit empiéter sur la rue. S'il faut en juger par les matériaux rouges, noirs, bleus et verts qui se rencontrent dans la faible partie qui a été mise au jour, cette mosaïque doit être assez belle et mériterait peut-être d'être examinée plus attentivement.

RUE DE LA TREILLE

Allant de la Plateforme à la rue du Cadereau

1er Canton, — Section I
Niveau, 55^{m}45 — 52^{m}33

Je ne puis pas affirmer quelle a été l'intention de nos administrateurs lorsqu'ils ont donné ce nom à la rue qui nous occupe; on peut en effet dire, soit que cette appellation, comme celle des rues voisines, du *Cérisier*, des *Tilleuls*, a été donnée en vue d'une classification donnant aux rues de ce quartier des noms d'arbres ou d'arbustes, soit que c'est en souvenir d'un enfant de Nîmes, qui a joui, au XIIIe siècle d'une grande réputation. En effet, *Bernard de la Treille*, religieux de l'ordre des Frères-Prêcheurs, naquit à Nîmes en 1240. On ignore quelle fut sa famille ; mais on sait qu'ayant fini ses études, il entra dans l'ordre de Saint-Dominique. Comme il n'y avait point alors de couvent de cet ordre à Nimes, il paraît qu'il prit l'habit dans celui de Montpellier; mais, vers l'an 1263, un couvent ayant été fondé dans sa ville natale, il s'y fit afilier. Il s'appliqua avec soin à l'étude de la Théologie et y fit de rapides progrès qui le mirent bientôt en évidence. Au chapitre provincial de Provence tenu à Limoges en 1266, il fut nommé professeur de Théologie pour Montpellier, delà, le chapitre de la même province, qui se tint à Carcassonne en 1267, l'envoya à Avignon pour y professer la même science. On le fit ensuite passer à Paris, où il demeura deux ou trois ans. Il fut second définiteur au chapitre provincial de Provence, tenu à Castres en 1279, après quoi il retourna à Paris et y prit le grade de docteur. Il se retrouva en qualité de définiteur de sa province au chapitre général de l'ordre qui fut tenu à Pamiers. S'étant retiré au couvent d'Avignon, il y mourut le 4 août 1292 et y fut enterré, mais son corps fut transféré à Nimes et inhumé dans l'église des Frères-Prêcheurs.

Ce savant religieux avait composé des commentaires sur diverses parties de l'Ecriture sainte. Les historiens de son temps parlent entre autres de ceux qu'il avait faits sur une partie des Psaumes, sur les livres des Proverbes, sur le Cantique des Cantiques et sur l'Apocalypse.

Ménard rapporte que le manuscrit de ce dernier ouvrage était, de son temps, dans la bibliothèque du couvent des Frères-Prêcheurs à Avignon, et que celle de Saint-Victor à Paris possédait des commentaires de cet auteur sur les quatre livres des sentences de Pierre

Lombard et plusieurs traités de théologie. On lui attribue aussi quelques sermons qui se trouvent, sous le nom de frère Bernard, parmi ceux des théologiens de Paris, prêchés pendant les années 1281, 1282 et 1283, et recueillis en un volume conservé dans la même bibliothèque de Saint-Victor.

RUE TRÉLIS
Allant de la rue du Collége à la rue Curalerie.
3ᵉ canton. — Section 8.
Niveau 43 m. 92. — 43 m. 68.

Jean-Julien Trélis, né à Alais en 1757, d'une famille protestante, fut nommé membre du Directoire du département du Gard. Mis hors la loi en 1793, il se réfugia en Suisse, où il put alors se livrer sans réserve à ses goûts poétiques et publia un poème sur les Alpes. Après le 9 thermidor, il rentra en France et s'établit à Nimes, où il fut bientôt nommé bibliothécaire de la ville et secrétaire perpétuel de l'Académie de Nimes.

En 1805, il lut, à cette Académie, un petit poème sur les antiquités de Nimes, et en 1806 un autre poème intitulé *la Prairie d'Alais*, dans lequel il y a de très-beaux vers, et une description très-touchante d'une prédication au désert.

Trélis possédait une vaste érudition et a publié de nombreux travaux littéraires de tout genre ; il était très-versé dans la bibliographie. Il vivait heureux et paisible, lorsqu'en 1815 sa qualité de protestant et la part qu'il avait prise aux premiers actes de la révolution appelèrent sur lui les persécutions, et il dût s'expatrier. Après avoir passé quelques mois à Alais et l'hiver suivant à Clermont-Ferrand, il fixa sa résidence à Lyon.

En 1822, il fut nommé membre de l'Académie de cette ville et bientôt après bibliothécaire de cette société. Malgré son âge avancé, il produisit encore plusieurs études en vers et en prose, et mourut à Lyon le 24 juin 1831, âgé de 73 ans 7 mois.

Il est tout naturel que Nimes ait donné son nom à l'une des rues voisines de la bibliothèque dans laquelle il avait passé une partie de sa vie. C'est par arrêté municipal du 8 décembre 1856, approuvé par le ministre le 27 mai 1857, que cette dénomination a été donnée à cette rue, qui s'appelait autrefois rue *Des Fèdes*, à cause de son voisinage avec le marché aux brebis qui se tenait près de la porte des Carmes.

RUE DE LA TRÉSORERIE

Allant de la rue des Marchands à la place de l'Hôtel-de-Ville.

2e canton, — Section 7.
Niveau, 45m98 — 45m28

En 1371, les arcades de la Trésorerie royale existaient et ornaient la façade de ce monument. C'est là que, le 10 juillet, les consuls se présentèrent devant Pons Serre, juriste, lieutenant de Roger de Moulin-Neuf, viguier royal de Nimes, pour obtenir l'autorisation de publier les anciens statuts sur l'encan et le courtage.

En 1699, le conseil de ville proposa de céder aux religieuses de Notre-Dame-du-Refuge les bâtiments de l'hôtel de ville situé à côté de l'horloge, et d'en faire un nouveau dans la maison du roi dite de la Trésorerie, maison qui était d'autant plus à la convenance de la communauté, que d'un côté elle formait une vaste étendue et propre à des usages publics, et que, de l'autre, on y trouvait un endroit sûr et solide pour y placer les archives de la ville.

L'intendant de Bâville, consulté par la cour, donna une réponse favorable à ce projet. Son avis portait que la maison de la Trésorerie qui servait autrefois de tribunal aux officiers de la sénéchaussée pour y juger les affaires concernant le domaine, et qui renfermait aussi les archives du roi, d'où elles avaient été transportées depuis neuf années, par ses ordres, à la cour des aides de Montpellier, n'était plus occupée que par le receveur et le contrôleur du domaine qui en avaient obtenu la jouissance ; qu'en cédant cette maison aux habitants de Nîmes, le roi n'en supporterait plus les réparations, et qu'enfin le roi pouvait pourvoir à l'indemnité que le contrôleur du domaine, le sieur Vichet était en droit de réclamer en lui laissant à la place la jouissance de l'Albergue que la ville avait offerte, et qui était de 300 livres.

Le contrat d'inféodation de cette maison fut passé le 1er août 1700, à Montpellier, par l'Intendant, et ce fut à la Saint-Michel que la prise de possession eut lieu. Depuis lors, l'hôtel de ville est toujours resté là.

On remarque dans cette rue une partie de la façade de l'ancienne Trésorerie, qui offre un très-joli spécimen de l'architecture de la Renaissance.

La rue de la Trésorerie s'est appelée pendant longtemps rue de l'*Enfant qui pisse*, parce que sur la façade de la maison Carbonnel, presque au coin de la rue Dorée, se trouvait, dans une niche, une petite statue représentant un enfant dans cette position. Cette statue fut enlevée il y a 50 ans environ, et remplacée par une statue de la Vierge.

RUE DE LA TRIPERIE-VIEILLE

Partant de la rue du Grand-Couvent et allant à celle de l'Agau

1er Canton. — Section 1.
Niveau 43 m. 95 — 48 m. 93.

Cette rue a tiré son nom de l'ancienne boucherie qui se trouvait en dehors de la ville de l'autre côté des remparts et qu'on appelait : *Boucarié* (Bouquerie).

Il y avait dans cette rue, qui n'est guère qu'une impasse, une partie du couvent des anciennes Ursulines. Nous rappelons, en effet, ce que nous avons dit dans le premier volume (1), à savoir que l'espace manquant à ces religieuses pour la reconstruction de leur couvent, elles demandèrent à la ville qu'on leur cédât quelques-unes des maisons précé-

---

(1) Nimes et ses rues, tome Ier, appendice, page 315.

demment achetées pour l'agrandissement du canal de l'Agau, et la permission de jeter un arceau sur ce canal pour relier ces maisons avec le monastère. Cette autorisation leur fut donnée le 26 juin 1752, et c'est ce même arceau qui existe encore aujourd'hui (2).

RUE TURENNE

Allant du chemin d'Uzès au chemin d'Avignon.

2e canton. — Section 5.
Niveau 45m54. — 48m60.

Les administrateurs municipaux de 1824 ayant décidé que les rues du faubourg des Casernes porteraient des noms de généraux et de personnages célèbres du règne de Louis XIV, le nom de Turenne s'imposait. Je vais, pour rester fidèle au plan de cet ouvrage et au but que je poursuis, donner une biographie très-succincte de ce guerrier célèbre.

H. de la Tour-d'Auvergne, vicomte de Turenne, naquit à Sedan en 1611, d'une famille qui professait la religion réformée, servit cinq ans sous ses oncles Maurice de Nassau et le prince Henri, puis fit la guerre en Lorraine et en Italie, monta très-vite en grades et reçut de Mazarin le bâton de maréchal, recueillit les débris des troupes vaincues à Tudlingen (1643) soutint avec Condé les efforts de Mercy (1644) fut battu à Mariendal, mais opéra une belle retraite, vainquit à son tour à Nordlin-

---

(2) Voir archives municipales, série 4, n° 39.

gen. se joignit à Wrangel dans la Hesse et hâta par cette manœuvre la conclusion du traité de Westphalie (1648).

Egaré par sa passion pour la duchesse de Longueville, Turenne se jeta dans le parti de la Fronde après l'arrestation des princes (1650), prit pour les Frondeurs quelques villes, entr'autres Rethel, marcha sur Vincennes mais sans pouvoir enlever les prisonniers qui avaient été conduits ailleurs, et fut défait par Prasleus près de Suippes.

Il rentra dans le devoir l'année suivante, gagna sur les Frondeurs, en 1652, les batailles de Gien et de la Porte Saint-Antoine à Paris, porta ainsi deux coups mortels aux insurgés et ouvrit au roi les portes de la capitale, puis battit Condé à Arras (1654) et aux Dunes (1658), et reçut en 1660 le titre de maréchal-général en récompense de ses services.

En 1672, il reprit les armes, fit face avec des forces très-inférieures au prudent Montecuculli, marcha ensuite contre le parjure électeur de Brandebourg, le vainquit à Sintzheim (1674) et punit le prince Palatin, son allié, en mettant à feu et à sang le Palatinat. Il eut bientôt à tenir tête à des armées d'impériaux supérieures en nombre, fit une admirable retraite dans laquelle il se surpassa lui-même, gagna les deux victoires de Mulhausen et de Turkeim, rejeta ainsi l'ennemi à l'est du Rhin, puis attira Montecuculli sur un terrain de son choix à Saltzbach ; déjà il comptait le vaincre, quand il fut frappé d'un boulet le 27 juillet 1675.

Turenne était le premier tacticien de l'Europe et joignait à ses talents toutes les qualités de l'homme privé ; il a laissé des mémoires très-intéressants.

Dans cette rue, on remarque dans la maison de Tessan l'inscription romaine suivante :

IVN	ce qui signifie	IVN(ONI)
METTIAE .N		METTIAE N(OSTRAE):
BACC-IICVS		BACCHICVS
LIBERT		LIBERT(VS)

A la Junon protectrice de notre patronne Mettia, Baccichus son affranchi.

Dans la cour de la maison n°   se trouve un fragment de pierre tombale provenant du monastère de Saint-Baudile.

RUE TURGOT.

Allant du boulevard du Viaduc au quai Roussy,

3e canton. — Section
Niveau, 40^m37. — 40^m79.

Anne-Robert-Jacques Turgot, baron de l'Aulac, célèbre ministre, né en 1727 à Paris, mort en 1781, était fils de Michel-Etienne Turgot, prévôt des marchands sous Louis XV, à qui Paris doit d'importantes améliorations; il devint maître des requêtes en 1753, se prononça pour le Parlement Meaupou, se fit une haute réputation de savoir et de lumière par ses ouvrages sur l'économie politique et par ses relations avec les penseurs de l'époque, fut nommé intendant de la généralité de Limoges en 1761, rendit à cette province des services éminents, fut appelé par Louis XVI au ministère de la marine en 1774 et un mois après au contrôle général des finances; il tenta d'utiles réformes et put en accomplir quelques-unes; mais ses efforts échouèrent contre la quadruple alliance du clergé, de la noblesse, de la haute finance et des parlements. On travestit toutes ses mesures, et après deux ans de luttes on parvint à le faire éloigner du ministère en 1776. Il mourut cinq ans après dans la retraite.

Turgot était de l'Académie des inscriptions et belles-lettres; il a beaucoup écrit sur l'économie politique, la métaphysique et la littérature; il eut toujours une trop grande confiance dans l'ascendant de la justice et de la vérité et ne sut pas assez se prêter aux expédients nécessaires pour réussir à la cour (1).

RUE SAINTE-URSULE

Allant du boulevard des Arènes à la rue Jean-Reboul.

1er Canton. — Section 12.
Niveau 46m06. — 44m99.

Sainte Ursule, vierge et martyre, vivait, à ce que l'on croit, à la fin du IVe siècle, et fut martyrisée à Cologne avec *Undecimilla*.

Ce nom, qui signifie la onzième fille, mal traduit par les légendaires, a donné naissance à la tradition des onze mille vierges de Cologne, qui furent, dit-on, massacrées avec sainte Ursule par les Huns. Il est plus probable que ce nombre fut borné à onze, et que c'étaient des filles consacrées à Dieu, qui

(1) V. Bouiller, dictionnaire d'histoire et de géographie.

vivaient dans la retraite sous la direction de sainte Ursule.

Les religieuses ursulines furent instituées en 1537 par sainte Angèle de Brescia, pour l'éducation gratuite des jeunes personnes, et furent soumises, en 1572, à la règle de saint Augustin et à la clôture.

En 1604, les Ursulines s'établirent à Paris par les soins de Marie L'Huillier, comtesse de Sainte-Beuve, qui en obtint l'autorisation de Paul V, en 1612. Cet ordre se multiplia promptement en France, puisqu'avant 1789 il comptait plus de trois cents couvents.

Les Ursulines du premier monastère de Lyon ayant demandé aux consuls, en 1636, l'autorisation de s'établir à Nimes, cette autorisation leur fut accordée par le conseil de ville et par l'évêque Cohon, et l'année suivante, elles vinrent occuper l'emplacement qu'elles avaient choisi et qui se trouvait dans la rue actuelle du Grand-Couvent.

(Voir à ce sujet ce que nous avons dit à propos de la rue du Grand-Couvent, tome 1, page 202.

En 1665, l'évêque fonda un second monastère d'Ursulines à Nimes et lui donna le titre de l'Annonciation de la Vierge ; il y établit pour première supérieure Louise Marie du Saint-Esprit de Goutefroy, pour assistante sa nièce Marguerite de Saint-Anthime Chereau, et leur associa aussi deux autres de ses nièces, Suzane de Saint-Denis Chereau et Marie de la Croix Cohon.

Ce nouveau monastère fut construit sur les terrains qui avoisinaient les Arènes et qui sont occupés aujourd'hui par l'hôtel du Cheval-Blanc. L'on voit encore aujourd'hui l'ancienne chapelle du couvent qui sert de magasin à M. Lachet, commissionnaire de transports.

RUE CHEMIN D'UZÈS
Partant du boulevard des Casernes.
2ᵉ et 3ᵉ canton. — Section 4 et 5
Niveau. 46m11, 50m70.

Cette rue, qui dans l'origine n'était que le commencement d'une route, a pris naturellement le nom de la ville vers laquelle elle se dirigeait. On sait, en effet, qu'Uzès, actuellement chef-lieu d'arrondissement du département du Gard, méritait par son importance d'être mise en communication directe avec la capitale de la province. D'origine romaine comme Nimes, elle fut prise par Clovis aux Visigoths en 507, et acquit chaque jour plus d'importance. En 1629, les ducs d'Uzès ayant embrassé la nouvelle religion, elle devint une des principales places des réformés. Elle eut de tout temps des vicomtes particuliers et fut érigée en Duché-Pairie en 1565.

Cette voie de communication a, depuis le commencement de l'année 1839, acquis une importance très-grande, car à cette époque le chemin de fer d'Alais à Nimes et de Nimes à Beaucaire ayant été construit par M. Talabot, c'est là que se trouvait la gare unique des voyageurs et des marchandises. Ce n'est, en effet, qu'en 1845, après la construction du chemin de fer de Nimes à Montpellier, que la gare des voyageurs a été transférée à l'avevenue Feuchères et que l'ancienne gare du chemin d'Uzès, successivement agrandie, a été réservée au service des marchandises.

Le chemin de fer d'Alais à Beaucaire a été exécuté par la compagnie de la Grand'Combe, en vertu de la loi de concession du 29 juin 1833. Il a été inauguré le 15 juillet 1839.

En suivant cette rue à partir des casernes, nous pouvons signaler au souvenir et à l'attention des Nimois plusieurs monuments ou emplacements dont nous allons faire une description sommaire.

Derrière les Casernes, dont nous avons déjà fait l'historique (1), se trouve un mamelon sur le sommet duquel avaient été bâtis plusieurs moulins à vent ; là se trouvait aussi l'ancien fort de Rohan qui a été démoli; on ne conserva que la poudrière qui a servi à cet usage jusqu'à ces dernières années.

Cette petite montagne aride et privée de végétation était loin de plaire à l'œil. M. Duplan, maire de Nimes, sous l'administration duquel a eu lieu l'asphaltage d'une partie de nos boulevards et la création du square de la Couronne, eut l'idée de faire ce que M. Cavalier avait exécuté pour la colline qui domine la source de la Fontaine ; il fit apporter de la terre, profita des divers accidents de terrain et convertit le tout en une promenade qui, dans quelques années, sera très-belle : C'est ce que l'on appelle le Mont-Duplan.

Les premières plantations remontent à l'année 1859 et furent faites sous la surveil-

_____
(1) V. T. 1er, page 128.

lance de M. Pessard, alors garde général des eaux et forêts. Ces essais ayant parfaitement réussi, d'autres plantations furent successivement faites et aujourd'hui la ville est dotée d'une promenade de plus, très-précieuse pour les habitants de cet immense faubourg.

M. Pessard avait apporté dans la création de cette promenade un tel dévouement que le conseil municipal voulant lui accorder un témoignage de reconnaissance, lui vota le 7 février 1861 une médaille d'honneur. En même temps, pour rappeler aux populations le nom du créateur de cette promenade et pour honorer sa mémoire, sur la proposition de M. Tribes, le nom de Mont-Duplan fut définitivement adopté par le même conseil. Cette délibération fut approuvée par décret impérial du 6 avril 1862.

Au bas de cette colline se trouvait le cimetière de Saint-Baudile de Posterla. Comme ce cimetière était en dehors des pâturages du monastère de Saint-Baudile, le prieur de ce couvent avait cédé cet emplacement aux juifs moyennant deux sols ou une livre de poivre pour chaque mort qui y serait enterré. C'est de là que cette colline prit à cette époque le nom de *Puech-Jusieu* ou Montagne des Juifs. Plus tard, en 1749, la ville ayant cédé à l'hôpital général le cimetière qui se trouvait dans le faubourg de la Madeleine, acheta ce terrain près des Casernes et en fit un nouveau cimetière qui fut béni le 13 juillet par l'abbé de Mérez, chanoine de la cathédrale, vicaire général de l'évêque de Nimes, en présence des consuls en chaperon et du conseil de ville.

A son tour, ce local étant devenu insuffisant, et se trouvant englobé dans l'enceinte de la ville, fut remplacé, en 1836, par le cimetière Saint-Baudile du chemin d'Avignon.

Après avoir dépassé l'octroi, on trouve le nouvel hospice d'humanité, qui a remplacé celui qui se trouvait sur le boulevard Saint-Antoine.

L'emplacement de ce nouvel établissement fut acheté par la ville, le 9 juin 1860, aux hoirs Berger (mas Rigaud) ; les plans et devis furent approuvés par délibération du conseil en date du 2 décembre 1861, mais ce n'est que le 4 juillet 1863 que l'adjudication des travaux eut lieu au profit de M. Auméras. L'architecte de ce monument a été M. Laval. Les travaux, successivement interrompus et repris, par suite des hésitations du conseil au sujet de la translation du Lycée et autres projets, n'ont été terminés qu'en 1874, époque à laquelle cet établissement a régulièrement fonctionné.

La dépense totale totale s'est élevée à 1,030,727 fr. 53 (2).

Quelques pas plus loin se trouvent les deux quartiers d'artillerie qui viennent d'être construits.

C'est par un décret du 12 juin 1875 que la 15ᵉ brigade d'artillerie a été transférée de Valence à Nîmes, ainsi que l'Ecole d'artillerie du 15ᵉ corps d'armée, dont le quartier général est à Marseille.

Les bâtiments du casernement ont été adjugés à M. Sylvestre, qui a apporté une telle

---

(2) Voir l'exposé de la situation municipale en 1876, par M. Blanchard, maire.

activité dans leur construction, que dès le mois d'août 1877, le 19ᵉ régiment d'artillerie a pu en prendre possession, et que l'année suivante, le 38ᵉ régiment a pu s'installer dans le 2ᵉ quartier.

Pour ces divers travaux et l'organisation complète des services de l'artillerie, la ville a dû s'imposer d'énormes sacrifices, et, par une convention passée au mois de juillet (le 11) 1875 avec les ministères de la guerre, des finances et de l'intérieur, elle a pris l'engagement de fournir à l'Etat les terrains affectés au casernement, sur une superficie de 18 hectares, ceux nécessaires à un champ de manœuvre de 45 hectares et à un champ de tir de 1,400 hectares, un immeuble pour l'école d'artillerie, et une subvention de 100,000 fr. pour la création de l'hôtel du général de brigade.

En outre de ces dépenses qui semblaient devoir s'élever à 2 millions, la ville s'est engagée à prêter à l'Etat (qui s'engageait, de son côté, à la rembourser en 15 annuités à partir de 1878) une somme de 3 millions huit cent mille fr., ce qui fait qu'en ajoutant l'intérêt de l'emprunt qui a dû être contracté, la dette de la ville s'est élevée pour cet objet à 7,251 mille francs.

En face des deux quartiers d'artillerie se trouvent les anciens bâtiments de la Douane qui ont été achetés par l'Etat pour y installer les services du matériel d'artillerie, parc et magasins.

Enfin quelques pas plus loin le département a fait construire un bâtiment spécial pour l'Ecole Normale primaire.

RUE VAUBAN

Allant de la Caserne des Passagers au Cours-Neuf.

1ᵉʳ canton. — Section 12.
Niveau 45ᵐ51, 44ᵐ50.

Sébastien Leprestre de Vauban, célèbre ingénieur, né en 1633, à Saint-Léger, près de Saulieu, en Bourgogne, d'une famille noble mais pauvre, s'enrôla comme volontaire à dix-sept ans dans les troupes du prince de Condé, qui combattait alors contre la Cour, fut pris par les royalistes et conduit à Mazarin qui, devinant son mérite, le gagna à sa cause et lui donna un brevet de lieutenant, obtint en 1655 le brevet d'ingénieur, dirigea dès l'âge de vingt-cinq ans les sièges de Gravelines, d'Ypres et d Oudenarde (1658), accompagna Louis XIV dans presque toutes ses campagnes et eut la plus grande part aux succès du roi, prit en 1667 Douay (où il fut blessé à la joue), Lille, qu'il fortifia, fit de Dunkerque un port de guerre, dirigea les principaux sièges dans la guerre de Hollande (1673), prit Maïstricht en personne, mit toutes les côtes en état de défense et fut nommé, en 1674, brigadier-général des armées.

Dans la campagne de 1675, on lui dut la prise de Valenciennes et de Cambray. Il fut nommé en 1677 commissaire général des fortifications, eut en cette qualité la direction de toutes les forteresses de France, y fit d'importantes améliorations et en éleva un grand nombre de nouvelles, entr'autres Maubenge, Longwi, Sarrelouis, Thionville, Haguenau,

Huningue, Kehl, Landau, qui formaient comme une ceinture autour des frontières.

Il assura ainsi le salut de la France dans la campagne de 1683. Il prit encore Mons (1691), Namur (1692), Steinkerque (1692), et reçut en 1708 le bâton de maréchal. Il n'en dirigea pas moins le siège de Brisach sous le commandement du duc de Bourgogne (1703). Il passa ses dernières années dans la retraite, occupé d'objets d'utilité publique, et mourut en 1707.

Vauban fit faire d'immenses progrès à l'art des sièges et des fortifications ; il imagina les parallèles, les cavaliers de tranchée, le tir à ricochet, changea la marche des sapes, etc.

D'un caractère noble, désintéressé et plein de franchise, Vauban ne craignait pas de contredire Louis XIV, même en matière politique, et lui conseilla fortement de rétablir l'édit de Nantes, afin de conserver et de rendre à la France la partie de la population la plus active et la plus intelligente, mais il ne put triompher de l'obstination du roi et des mauvaises passions de son entourage.

C'est d'après ses avis que Louis XIV fonda l'ordre de Saint-Louis, en 1693 (1).

---

(1) V. Bouillet, *Dictionnaire d'Histoire et de Géographie*.

RUE VAISSETE

Allant de la rue de la Parisière à la rue de la Porte-d'Alais

1er Canton. — Section 2.
Niveau 49m62 — 58m64.

Le nom de Dom Vaissete est trop lié avec tout ce qui touche à l'histoire du Languedoc pour qu'il ne se soit pas présenté l'un des premiers à la pensée de nos édiles lorsqu'ils ont réuni dans le même quartier tous les auteurs qui se sont occupés de Nimes et du Midi. Il est facheux seulement que des noms si précieux à conserver aient été donnés à des rues de si peu d'importance.

Dom Joseph Vaissete, de la Congrégation de Saint-Maur, naquit en 1685 à Gaillac, diocèse d'Alby, d'une famille honorable. Après avoir terminé ses études à l'Académie de Toulouse, il se fit recevoir avocat et fut pourvu de la charge de procureur du roi. Passionné pour les recherches historiques, il résolut d'embrasser la vie religieuse pour se soustraire aux embarras et aux soins de la vie ordinaire et se livrer tout entier à ses études.

Ayant fait profession en 1711, au monastère de la Daurade, il fut appelé deux ans après à l'abbaye de Saint-Germain-des-Prés où il devait trouver tous les genres de secours dont il avait besoin pour ses travaux. Il avait déjà formé le projet d'écrire l'histoire de Languedoc, et il eût dans un de ses confrères, Dom de Vic, un utile coopérateur. Cet ouvrage immense l'occupa sans relâche pendant plus de vingt-cinq ans. — Il mourut à

Paris le 10 avril 1756 à l'âge de 71 ans. On a de lui, une *Dissertation sur l'origine des Français*, son *Histoire générale de Languedoc*, une *Lettre à Fontenelle sur Romieu de Villeneuve, ministre de Raymond Béranger, comte de Provence*, et une *Géographie historique ecclésiastique et civile*.

RUE VESPASIEN

Allant du Quai de la Fontaine à la rue de la Fontaine.

1er canton. — Section 1.
Niveau 52m54 — 50m85.

Titus Flavius Vespasianus, empereur romain, né à Reate, l'an VII de J.-C., était fils d'un publicain. Il remplit diverses charges sous Claude, Caligula et Néron, fut sous ce dernier proconsul en Afrique, puis eut la conduite de la guerre de Judée; il remporta dans ce pays de grands avantages. Il n'avait plus que Jérusalem à prendre lorsque le trône devint vacant par la mort de Galba (69), et par les querelles d'Othon et de Vitellius. Il se fit proclamer empereur par l'armée d'Orient, envoya en Italie ses généraux Mucien et Antonius Primus qui le firent reconnaître, puis, laissant en Judée son fils Titus, qui s'empara de Jérusalem en 71, il vint à Rome où il entra sans obstacle, pacifia la Gaule agitée par Civilis, chef des Bataves, envoya dans la Bretagne Agricola qui soumit presque toute l'île (78), rétablit l'ordre en apportant une stricte économie dans l'administration des finances, et mourut après dix ans d'un règne glorieux

(79). Il laissait à son fils Titus un empire florissant.

On reproche à Vespasien l'exécution de Sabinus, la condamnation d'Helvetius Priscus et une excessive parcimonie. Ce prince actif et infatigable disait « qu'un empereur romain doit mourir debout ».

BOULEVARD DU VIADUC

Allant du chemin de Saint-Gilles au chemin d'Avignon.

3e Canton. — Sections 9.
Niveau 42m90 — 40m21.

Ce boulevard longe le viaduc du chemin de fer de Nimes à Montpellier, en passant devant l'embarcadère des voyageurs.

Ce chemin de fer exécuté par les ingénieurs de l'Etat, sous la direction de M. Didion, en vertu de la loi du 11 juin 1840, fut affermé à une Compagnie anonyme formée par MM. Delacorbière, de Surville et Molines, en vertu de la loi du 7 juillet 1844 ; il fut inauguré le 1er décembre 1845 et l'on peut lire dans le *Courrier du Gard* de cette époque le compte-rendu de toutes les fêtes que se donnèrent réciproquement les villes de Nimes et de Montpellier.

La première pierre du Viaduc et de l'embarcadère de Nimes avait été posée en grande pompe le 31 octobre 1842 par M. Teste, ministre des travaux publics, et à cette occasion la ville fit frapper une très-belle médaille de bronze représentant d'un côté l'effigie de Louis-Philippe Ier et de l'autre le Génie de la

France portant dans ses mains le livre de la Loi sur les chemins de fer et donnant la li- liberté à Mars et à Mercure, avec cette inscription latine : DANT IGNOTAS MARTI NOVAS QVE MERCVRIO ALAS. Au dessous, on lit : Loi du XI juin MDCCCXLII. Louis-Philippe régnant. M. Teste, ministre des travaux publics. M. Legrand, sous-secrétaire d'État. M. de Jessaint, préfet du Gard. M. Didion, ingénieur en chef du chemin de fer. Un exemplaire de cette médaille ainsi qu'un spécimen de toutes les monnaies courantes fut déposé sous cette première pierre.

Le boulevard du Viaduc a 1,800 mètres de long sur 26 de large.

RUE VIDAL

Allant de la rue Rulman à la rue Baduel.

2ᵉ Canton. — Section 2.
Niveau 48ᵐ, 49ᵐ15.

Vidal naquit à Nimes vers l'an 1470, mais on n'est pas bien certain de cette date; tout ce que l'on peut affirmer, c'est qu'il fut avocat du roi à la sénéchaussée de Nimes et de Beaucaire de 1499 à 1517.

Il est connu par un ouvrage de jurisprudence très-estimé par les anciens hommes de lois et intitulé : *Tractatus insignis et præclarus de collationibus*, etc... et dédié au sénéchal Jacques de Crussol.

On le trouve dans un recueil choisi de plusieurs traités sur les successions testamentaires et « ab intestat » qui fut imprimé à Cologue en 1569 et figura dans une collection des plus célèbres jurisconsultes imprimée à Venise en 1588 sous les auspices du pape Grégoire XIII, en 18 vol. in-folio.

L'époque de la mort de Vidal est inconnue.

RUE DE LA VIERGE

Allant de la rue de la Garrigue au boulevard du Petit-Cours.

3ᵉ Canton. — Section 4.
Niveau, 46ᵐ 43. — 54ᵐ 01.

Cette rue qui a toujours porté le même nom depuis sa création, n'offre rien d'intéressant à aucun point de vue.

RUE DE LA VIOLETTE

Allant de la place des Arènes à la rue Régale.

3ᵉ Canton. — Section 11.
Niveau, 44ᵐ78, 44ᵐ21.

Cette rue n'en faisait autrefois qu'une avec la rue des Arènes et contournait les masures qui obstruaient ce monument.

On appelait la Violette la prison royale dans laquelle, en 1353, siégeait la cour royale, le tout situé dans une maison appelée du *Morier* ou du *Murier*, contiguë aux murs de la ville. Nous trouvons dans la brochure de M. Germer-Durand fils (Promenades d'un curieux dans Nîmes, page 66), les détails suivants que je transcris en entier :

« La maison du Mûrier (hospicium de mo-
» riero sive mozerio) servait de prison et

» joignait la maison du roi. Comme la Tour-
» des-Pins des remparts de Montpellier, elle
» possédait probablement une végétation pa-
» rasite où s'étalait un mûrier, arbre rare
» alors. Ainsi que l'atteste le passage sui-
» vant (1), cette prison était installée dans
» une tour du rempart : « qu'il soit fait sur la
» maison du Mûrier, deux escaliers en bois
» pour monter et descendre à droite et à
» gauche ; que sur cette maison, il soit établi
» un chemin de ronde propre à la défense ;
» que du côté du portail des Arènes, on y
» fasse un grand mantelet (honr) avec des
» treillis en planches pour y loger les soldats,
» et que les murs de cette maison soient per-
» cés de part en part pour la continuité du
» chemin de ronde (2). »

Ménard T. 3, page 139, nous dit que :
« vers le commencement de l'an 1418, le sé-
» néchal Guillaume Saignet changea les pri-
» sons publiques de Nimes, qui s'étaient te-
» nues jusqu'alors dans la maison du Morier,
» qui était contiguë aux murs de la ville, par
» où étaient obligées de passer les sentinelles
» préposées à la garde des remparts, de mê-
» me que les gens de guerre qui faisaient les
» rondes, et d'où encore les prisonniers pou-
» vaient facilement s'évader en descendant
» par les remparts dans les fossés et passant
» de là dans l'église des Augustins, qui était
» alors un lieu d'asile pour les criminels.

» Outre cela, les concierges, la pluspart

---

(1) Ménard II, prem. p. 194, 219, 255, 295.
(2) V. Germer-Durand fils, page 66.

» étrangers et dénués de biens, avaient accou-
» tumé de favoriser ces évasions par la facilité
» que le lieu leur en donnait. Pour remédier
» donc à un si grand mal, qui enlevait à la
» justice et à l'exemple public une infinité de
» coupables, le sénéchal Guillaume Saignet
» jugea à propos de placer les prisons dans
» une autre maison du voisinage qui était plus
» sûre par sa situation et en meilleur état.
» Comme celle-ci appartenait au Consulat, il
» engagea les consuls à en faire un échange
» contre celle de Morier... ce qui eût lieu en
» présence de Pierre de Montaigu, licencié
» ès lois, juge-mage ; de Jean d'Estampes,
» trésorier du roi ; de Jean le Roux, juge des
» crimes ; de Bertrand Picardon, viguier ;
» d'Antoine Lirod, licencié, juge ordinaire ;
» de Jacques Chantal et Bernard Vital, ba-
» chelier ès-lois, procureur du roi, et de
» maître Hervé Roussel, contrôleur de la
» sénéchaussée. »

C'est pendant que la cour royale siégeait encore dans la prison de la Violette, qu'à la date du 13 mars 1353, cette cour, composée des sieurs Etienne Gautier, clerc du roi, lieutenant d'Henri Lambert, chevalier et viguier royal, et du sieur Pons Michel, juriste, lieutenant de Jean de Fellines, licencié ès-lois et juge ordinaire, ordonna la publication dans les rues et carrefours par deux crieurs publics d'un règlement de police municipale, que je crois intéressant de publier, car il nous dépeindra quel pouvait être l'état de la voirie dans la ville.

Par ce règlement, il était défendu aux maréchaux de saigner les chevaux, mulets et autres animaux dans l'enceinte de la ville, depuis Pâques jusques à la Saint-Michel, de crainte que cela n'y causât de l'infection.

La même raison fit défendre d'écorcher dans la ville aucune bête morte, de jeter des immondices et des ordures dans les rues et dans les fossés, d'y tenir du fumier, des pierres, du bois et tout ce qui pouvait gêner la circulation ;

Les jardinières ne purent plus étaler leurs herbes potagères sur les places ; on ne leur laissa, pour cela, que l'usage de leurs tablettes ;

On ne permit plus de tenir dans la ville ni cochons, ni chèvres, ni boucs ;

Les troupeaux allant *paître* dans les garrigues communales durent être munis de clochettes ou *sounailles*, soit le gros bétail, de quatre en quatre, et le petit, de vingt en vingt ;

Il ne fut plus permis d'étendre des étoffes, des cuirs, ni autres sur les murs ;

Tout le poisson entrant en ville dut être porté à la poissonnerie, et ne pût être vendu qu'à midi ;

On renouvella la défense aux femmes et filles débauchées de sortir en compagnie, et même de paraître dans les rues pendant la semaine sainte, à moins que ce ne fût pour aller à ténèbres ou à confesse, mais toujours seules, sous peine de vingt sols tournois d'amende applicable au roi et de confiscation de leur robe ; de plus, pour les distinguer du reste des femmes, on leur enjoignit, sous les mêmes peines, d'avoir une des manches de leur robe de dessous d'une étoffe et d'une couleur différentes de celle du corps de la robe.

Les cabaretiers qui vendaient du vin blanc en détail, ne purent plus donner à boire ni faire jouer aux osselets ni aux échecs ;

Ceux qui ne vendaient que du vin rouge n'eûrent plus la liberté de recevoir du monde chez eux après que la cloche appelée *Spadasse* (placée dans la maison du Morier pour appeler les conseillers du présidial) aurait annoncé l'heure de la retraite.

Il fut défendu à la jeunesse de se battre à coup de fronde.

Les ouvriers allant aux champs dûrent se mettre en chemin et sortir de la ville avant que l'heure de prime fût sonnée à l'église cathédrale, c'est-à-dire au lever du soleil, avec défense de quitter leur travail avant l'heure de complies qui était après le soleil couché, tous les blés allant au moulin dûrent être pesés au bureau du poids de la farine.

Le droit de mouture dû aux meuniers par *salmée* ou *sachée* de blé, fut réglé à trois petites mesures qui ne faisaient qu'une poignée chacune, etc.

On remarque à l'angle de cette rue et de celle de l'Aspic une aigle romaine qui provient probablement de l'ancien palais d'Adrien ou de la basilique de Plotine (on voit les mêmes aigles dans l'intérieur de la Maison-Carrée provenant des mêmes ruines.)

Cette portion de rue portait le nom de *coin Malestrenne* jusqu'en 1824, époque à laquelle elle prit le nom de rue de la Violette.

Dans la maison Amalry, ancienne maison de *Trimond*, on voit encore dans la cour les armoiries de ce médecin avec l'inscription suivante gravée sur une plaque de marbre blanc:

SVB UMBRA ALARUM TVARVM
PROTEGE NOS DOMINE
ET BENEDIC DOMVM ISTAM ET
OMNES HABITANTES IN EA. MDCXX.

RUE VILLARS
Allant du chemin de Beaucaire au chemin d'Uzès.

2ᵉ Canton. — Section 15.
Niveau 46ᵐ18. — 50ᵐ00.

Cette rue s'appelait autrefois rue d'Autriche, et c'est par arrêté municipal du 2 juil- 1857 que son changement de nom a eu lieu. Louis Hector, marquis, puis duc de Villars, célèbre général français, né à Moulins en 1653, était fils de Pierre de Villars, qui servit avec distinction dans l'armée et la diplomatie. Il se signala très-jeune au passage du Rhin, au siége de Zutphen, à la bataille de Senef (1674), entra dans la diplomatie à la paix et fut nommé ambassadeur à Munich (1683) puis à Vienne (1699), et y fit preuve d'un vrai talent.

Quand la guerre de la succession d'Espagne éclata, il reprit les armes et fut envoyé en Lombardie où Villeroi l'abreuva de dégoûts. Enfin, en 1702, il commanda en chef pour la première fois. Ayant passé le Rhin à Huningue, il opéra dans le Brisgau et la Forêt-Noire, battit le prince de Bade à Friedlingen près d'Huningue et fut salué sur le champ de bataille du titre de maréchal de France, titre que Louis XIV ratifia, l'année suivante ; il parvint avec des peines inouïes à opérer sa jonction avec l'électeur de Bavière, notre allié, mais il ne pût s'entendre avec lui et demanda son rappel.

Louis XIV l'employa à l'intérieur contre les Camisards des Cévennes, contrée où il ternit sa gloire par les procédés violents qu'il employa pour soumettre les protestants ; chacun sait, en effet, que les *Dragonnades* qui ensanglantèrent le Midi de la France furent ordonnées et dirigées par lui.

Envoyé de nouveau contre l'étranger, il fit avec gloire les campagnes de 1705-1706-1707, tint tête à Malborough, força en 1707 les fameuses lignes des impériaux à Stolthofen, près Strasbourg, pénétra au cœur de l'Allemagne et conçut le plan hardi de se joindre à Charles XII, alors en Saxe, plan que l'or de Malborough empêcha de réussir.

En 1709, il remplaça Vendome à l'armée du Nord, mais il commit des fautes à Malplaquet où il fut défait totalement et blessé. Néanmoins Louis XIV qui l'avait déjà créé duc, le nomma pair de France et le maintint dans son commandement.

En 1712 Villars rétablit sa réputation et sauva la France par la célèbre victoire de Denain qu'il remporta sur le prince Eugène. Cette victoire fut suivie des traités d'Utrecht et de Rastadt (1713-1714). Villars lui-même fût avec le prince Eugène un des négociateurs à Rastadt. A la paix il reçut le gouvernement de Provence où il fit exécuter un canal connu sous le nom de canal de Villars.

Membre du conseil de régence après la mort de Louis XIV, il se montra fort opposé à Dubois et à Law, plus tard, il le fût à Fleury qui, par ses menées, lui fit perdre une partie de sa fortune.

En 1732 Louis XV lui donna le titre de maréchal-général et l'employa en Italie. Villars conquit rapidement le Milanais et le duché de Mantoue, mais il mourut à Turin en 1734.

Villars brillait par tous les avantages de l'esprit aussi bien que du corps, mais il avait une ambition et un orgueil sans bornes, en outre, il ternit sa gloire par ses cruautés et par de scandaleuses rapines (1).

(1) V. Bouillet.

RUE VOLTAIRE

Allant du quai de la Fontaine à la rue Molière.

1er Canton. — Section 1.
Niveau 50m95. — 50m13.

La réputation de François-Marie-Arouet de Voltaire est grande, et dernièrement encore il s'est fait assez de bruit autour de sa statue pour qu'il soit inutile de faire ici sa biographie. Je me bornerai donc à citer les dates et les noms de ses divers ouvrages :

Né à Chatenay près de Sceaux, en 1694, il publia la *Henriade* et l'*Œdipe* en 1718, *Artémise* (1720), *Marianne* (1724), *l'Indiscret* (1725) *Brutus* (1730), *Eriphyle*, *Zaïre* (1732), *Adélaïde Duguesclin* (1734), *le Temple du Goût* (1733), *l'Histoire de Charles XII et les Lettres anglaises* (brûlées par les mains du bourreau) *les Eléments de la philosophie de Newton* (1738), *Alzire, Mahomet, Mérope, les Discours sur l'homme, le Siècle de Louis XIV, l'Essai sur les mœurs et l'esprit des nations, la Pucelle d'Orléans* (1740), *Sémiramis* (1748), *Oreste* (1749), *Rome sauvée* (1752), *Lettres sur Calas Sirven et Lally* (1758), *Histoire de la Russie sous Pierre-le-Grand* (1759-65), *Histoire du Parlement de Paris, l'Orphelin de la Chine, Tancrède* (1760), et une foule d'autres écrits.

Voltaire avait été nommé membre de l'Académie française en 1746. Il mourut à Paris en 1778, à l'âge de 84 ans. En 1791, ses restes ont été transportés au Panthéon. Son centenaire a été célébré en grande pompe à Paris en 1878.

RUE WATT

Allant de la rue Jacquard à la rue Sully

3º canton. — Section 4.
Niveau, 52ᵐ77 — 51ᵐ69

Cette rue, située près de la gare des marchandises du chemin de fer a reçu comme ses voisines un nom rappelant le souvenir d'un des principaux savants qui ont perfectionné la machine à vapeur.

En effet, Jacques Watt, habile mécanicien, né en 1736 à Greenock en Ecosse, mort en 1819, fut fabricant d'instruments de mathématiques, puis coopéra aux travaux des ports et canaux d'Ecosse. Il apporta à la machine à vapeur de Newcommen et de Brighton des perfectionnements essentiels et c'est depuis cette époque (1764) que cette machine a pu recevoir ses plus utiles applications.

Des envieux lui contestèrent sa découverte, mais après de longs débats, un arrêt du banc du roi en 1799 reconnut ses titres. Watt jouit alors d'une renommée européenne et mourut dans sa terre d'Heahfield près de Birmingham.

RUE XAVIER-SIGALON

Allant du boulevard du Petit-Cours à la place de la Belle-Croix.

2º Canton. — Section 7.
Niveau 44ᵐ41, 46ᵐ50.

Ainsi que nous l'avons expliqué à propos de la rue de l'Agau, une partie des eaux de la Fontaine de Nimes, traversant la ville par le canal de l'Agau, se jetait autrefois dans les fossés du château, à côté de la Porte-d'Auguste.

Ce canal, dont la partie supérieure était spécialement réservée aux teinturiers, faisait mouvoir une série de moulins, dont les uns appartenaient à des particuliers et plusieurs autres aux chanoines de la cathédrale.

Pour traverser le canal, il n'y avait, en général, que des passerelles comme il en existait il n'y a pas longtemps, mais à la hauteur de la rue actuelle, il y avait un pont sur lequel les charrettes et les voitures pouvaient passer. Ce pont devait appartenir ou dépendre de la maison d'un sieur Sigalon ; aussi cette rue était-elle appelée rue du Pont-de-

Siga'on. Comme preuve de ce fait, nous pouvons citer les documents suivants :

M. l'abbé Goiffon dans sa notice historique sur les Carmes, nous dit que le 25 mars 1523, « la Confrérie des cardeurs fonda, à l'autel
» de Saint-Blaise, dans l'église des Carmes,
» deux messes qui étaient célébrées, chaque
» dimanche, après le son de l'Angelus de la
» cathédrale ; à la suite de la seconde messe
» on chantait une absoute solennelle pour les
» morts de la Confrérie. A cet effet, les car-
» deurs donnèrent au couvent une maison
» avec four, sise à la rue de Corcomaire et
» contiguë au pont de l'Agau. Cette maison
» fut vendue le 8 octobre 1576, à *Jacques Si-*
» *galon*, maître teinturier, pour le prix de
» 340 livres, qu'on employa en achat de fonds ;
» la famille Sigalon conserva longtemps la
» propriété qu'elle venait d'acquérir et donna
» bientôt son nom au pont de l'Agau, qui en
» était voisin. »

Nous trouvons de plus dans les archives départementales, Série G, numéro 199, la mention d'un acte de partage juridique entre les enfants de Jacques Sigalon, teinturier, d'une maison sise sur le canal de l'Agau et de quelques vignes dans les environs de Nimes, dans la directe du Chapitre, en date de 1660.

La continuation de cette rue, de l'autre côté du pont, en allant vers la place de la Belle-Croix, s'appelait rue *des Esclafidoux*, et l'on voit encore au coin de la rue des Orangers une petite plaque de marbre blanc sur laquelle cette inscription est gravée en caractères très-purs.

Ce mot *Esclafidoux* n'est plus en usage

dans le patois moderne et à Nimes même, il a une signification bien différente de celle qu'il avait d'abord; en effet, c'est par ce mot qu'on désigne aujourd'hui un jouet au moyen duquel les enfants arrivent à produire une petite détonation. Dans l'ancien langage roman ou languedocien, le mot Esclafidoux signifie ouverture par laquelle on fait écouler l'eau d'un biez de moulin. Cette ouverture se ferme par une vanne qu'on élève ou abaisse à volonté. Cette signification étant connue, on s'explique très-bien le nom que les anciens avaient donné à cette rue puisque c'était là que se trouvait une issue pour les eaux de la Fontaine qui, passant par la place Belle-Croix et la Grand'Rue, allaient se jeter dans les fossés de la ville, à la hauteur de la rue des Greffes par le *Castellum de Morrocipio* à la Porte-des-Eaux.

Plus tard toute la rue depuis le boulevard du Petit-Cours jusqu'à la place Belle-Croix a porté le nom de rue du Pont-de-Sigalon et enfin, de nos jours, on lui a donné celui de Xavier Sigalon en souvenir d'un peintre de ce nom qui quoique né à Uzès en 1788 n'en a pas moins passé une partie de sa vie à Nimes, y a fait ses études artistiques et est considéré comme un enfant de la cité.

A dix-huit ans, Sigalon, fils d'un pauvre maître d'école, ne connaissait pas encore les premiers principes de la peinture. Ses premières œuvres qui naturellement sentaient l'inexpérience du débutant ne manquent pas d'un certain mérite, mais ce fut réellement en 1817, alors que Sigalon étant allé à Paris produisit sa *Courtisane*, que sa réputation grandit. Sa *Locuste*, d'abord achetée par M. Jacques Laffite au prix de 6,000 fr., est devenue plus tard la propriété de la ville de Nimes, et nous pouvons admirer ce tableau au Musée de la Maison-Carrée. Cette œuvre a fait surtout sa réputation.

Sigalon fut envoyé par le gouvernement à Rome pour copier le *Jugement dernier*, de Michel-Ange, mais il mourut victime du choléra le 18 août 1837, pendant qu'il faisait la copie des pendantifs de la chapelle Sixtine. Cette œuvre inachevée a été continuée et menée à bonne fin par son élève et ami, Numa Boucoiran, mort à Nimes en 1875, directeur de l'école de dessin de Nimes.

La copie du *Jugement dernier* est actuellement au palais des Beaux-Arts à Paris.

RUE SAINT-YON

Allant de la rue Porte-de-France à la rue Saint-Mathieu.

1er Canton. — Section 10.
Niveau 48m10. — 47m90.

On se demande ce qui a pu déterminer nos édiles à choisir dans le calendrier, parmi la longue nomenclature de tous les saints, le nom de saint Yon, dont l'histoire est si problématique. S'il faut en croire la légende, et c'est dans la *Vie des Saints* que j'ai puisé ces renseignements, saint Yon aurait été un des disciples ou compagnons de saint Denys, premier évêque de Paris, qui l'aurait associé à sa mission évangélique.

Il aurait évangélisé surtout dans les environs de Chartres, et c'est là, qu'après la mort de saint Denys, il aurait été arrêté par ordre du préfet du prétoire, Julien, et décapité. Ses reliques sont en partie à Chartres et partie à Corbeil.

Tout un côté de cette rue est occupé par une des façades de la fabrique de lacets de M. Prosper Pallier.

APPENDICE.

GRAND'RUE.

Dans la maison de Castelnau, en face de l'ancien hôtel de la préfecture, servant aujourd'hui de maison pour les Dames de la Miséricorde (sœurs grises), il existait du temps de Ménard une inscription qui a disparu, et qui était ainsi conçue :

```
         D.M
      SEGLAE.PO
     TOGENAE.FIL
      ...EROTS.MA.
     TER.IN FELICIS.
      SIMA.ET.SIBI
      VIVA.POSVIT.
```

Aux dieux manes de (Segl) a Potogenia, fille de... a Eroto, sa mère très malheureuse, a élevé ce monument ainsi qu'à elle-même de son vivant.

V. Ménard. Part. III. Dissert., IV, n° 39.

RUE DES GREFFES.

La pierre tumulaire hébraïque dont nous avons parlé à la page 37 sert aujourd'hui de linteau à une porte carrée, qui se trouve rue des Greffes, 18, et qui fait partie d'une construction datant au moins du XVI⁰ siècle.

Elle a fait l'objet d'une étude sérieuse de la part de M. l'instituteur Simon, et c'est à cette source que je vais emprunter les détails suivants : (1).

» Cette pierre, extraite des carrières de Barutel, frappe d'abord par ses dimensions insolites. Tandis que les pierres tombales sont généralement plus hautes que larges et affectent la forme de stèles (Matsebeth chez les juifs) *statuæ*, celle-là a 2 m. 32 c. de longueur, 0 m. 37 c. de hauteur et 0 m. 22 d'épaisseur. Aussi ne paraît-il pas moins difficile de se la représenter au-dessus de la tête comme les stèles des juifs du Nord, que couchée sur la tombe de la tête aux pieds, ainsi qu'avaient coutume de disposer leurs pierres tumulaires les juifs de l'Espagne et du Midi de la France, et que les disposent encore maintenant les communautés du rit portugais, car l'inscription est gravée dans le sens de sa longueur.

« Faisait-elle partie d'une construction sépulcrale ? ce serait l'hypothèse la plus logique. A l'endroit où nous voyons la pierre aujourd'hui, elle est posée dans un sens renversé, les lettres sont retournées, et, pour lire l'inscription telle qu'elle se présente, il faut, contrairement à la manière ordinaire de l'hébreu, procéder de gauche à droite en tenant compte du renversement des lettres.

» C'est ainsi qu'on lit :

» Ceci est la tombe du sage, du vénéré Rabbi Itsh'ak. »

(1) Voir inscription tumulaire hébraïque du moyen-âge, à Nîmes, par M. S. Simon, 1877. Nîmes ; Catelan, libraire.

» Les lettres sont assez bien gravées, mais l'ouvrier qui a tracé l'inscription ne connaissait pas la ligne droite et ne s'est certainement pas servi de règle ; les mots montent ou descendent sans aucune direction régulière.

» Le Reseh de Rabbi est surmonté d'un point qui indique l'abréviation.

» Il est difficile de déterminer la date de cette pierre, car les juifs étaient établis dès les premiers siècles de l'ère chrétienne dans presque toutes les villes du Midi de la France. Lorsqu'en 673, le roi Visigoth Wamba ordonna leur expulsion de la Narbonnaise, ce fut Hildéric, comte de Nimes, qui se souleva le premier en leur faveur (1). N'est-ce pas une preuve que Nimes possédait alors une communauté juive d'une certaine importance.

» Il semble donc qu'il faut fixer la date du monument au xe ou xiie siècle, à l'époque où les juifs vivaient tranquilles.

» Le nom d'Itsh'ak est très commun chez les juifs et le titre de Rabbi n'a le plus souvent que la signification de *Monsieur* ; il est donc impossible de dire à qui s'adressait cette inscription. »

RUE GUIZOT

Cette rue s'appelait autrefois rue de la Pierre longue à cause d'une colonne qu'on avait trouvée en faisant une fouille.

(1) V. Ménard, t. 1, p. 85.

RUE ET PLACE DE L'HOTEL-DE-VILLE

L'hôpital de Notre-Dame de Méjan, qui existait au XIIIe siècle, était situé en face de l'hôtel de ville. On voit encore dans la cour de la maison Fourgeaud une charmante galerie qui règne tout autour à la hauteur du premier étage, et qui doit remonter au commencement du xve siècle. C'est un des rares et précieux vestiges que possède la ville de Nimes de l'architecture de cette époque.

Le nom de Méjan, qui est commun aux deux hospices de Saint-Antoine et de Notre-Dame, est emprunté au quartier où ils étaient situés. C'est le quartier Méjean, une des quatre divisions qui partageaient la ville de Nimes.

Cet hôpital reçut de nombreuses donations dans le cours des XIIIe, XIVe et XVe siècles.

RUE DU CHEMIN DE MONTPELLIER

Au coin de la place des Arènes et à l'embranchement du chemin de Montpellier, à l'endroit où les murs romains, traversant les jardins actuels de l'Hôtel-Dieu, venaient rejoindre la Porte-de-France, existaient encore au moyen-âge les ruines d'une tour antique construite au bord de la voie romaine, et dont les fondements servirent à la construction d'une tour d'angle appelée *Vinatière* au XVIe siècle, parce qu'elle fut réparée ou refaite avec les sommes provenant des droits d'entrée du vin.

Une ancienne vue cavalière de la ville de

Nîmes, faite au XVIe siècle et reproduite par Poldo d'Albenas, donne une vue de la Tour Vinatière, telle qu'elle était. D'après cette épreuve, elle offre l'aspect d'une très-forte tour carrée, couronnée de créneaux et d'une masse générale assez imposante.

Isolée des habitations par les Arènes et isolée de toute surveillance active, cette portion des murs éveilla souvent l'attention des consuls qui, à différentes reprises, y firent exécuter des réparations importantes en 1615-1671-1679-1717 et 1743, comme l'indiquent Ménard et les archives communales et hospitalières (1).

Ainsi que je l'ai dit à propos de la rue Saint-Antoine (2) c'est dans cette tour qu'après de graves désordres les consuls firent enfermer toutes les filles publiques (3) La démolition de cette tour et de cette portion des murailles commença en 1787 et fut terminée en 1793.

RUE NERVA

Dans la propriété de M. Ducros, teinturier, le précédent propriétaire, voulant construire un mur de clôture, découvrit une très-belle mosaïque dont une partie seulement a été détruite par lui. Il n'est pas douteux que si l'on

---

(1) Ménard, t. V, p. 90, t. VI, p. 51, 66, 109.— Archives communales, LL, p 21, 32, 42, 43, 55.

(2) V. *Nîmes et ses rues*, t. 1, p. 35.

(3) V. Germer-Durand, *Promenades d'un curieux dans Nîmes*, p. 74.

voulait faire des fouilles, on retrouverait facilement le reste de cette mosaïque qu'il serait intéressant de rendre à la lumière.

PLACE SAINT-PAUL

Les fresques peintes par M. Flandrin dans la chapelle latérale du côté gauche de l'autel, offrent cette singularité que les têtes des saints personnages qui y sont figurés sont le portrait fidèle des principaux artistes qui ont contribué à la construction de l'Eglise ou amis de l'artiste. Ce sont :

Le n° 1, M. Questel, architecte de l'Eglise ;
Le n° 2, M. de Roussel, propriétaire de la maison où logeait M. Flandrin, et ami ;
Le n° 3, M. Arnavieille, entrepreneur de l'Eglise ;
Le n° 4, M. Bernard-Hoën, entrepreneur de la menuiserie ;
Le n° 5, M. Feuchères, architecte et ami ;
Le n° 6, M. Balz ;
Le n° 7, M. Paul Colin, sculpteur ;
Le n° 8, M. Henri Duraud, architecte, surveillant des travaux ;
Le n° 9, M. Paul Flandrin ;
Le n° 10, M. Hippolyte Flandrin ;
Le n° 11, M. Louis, élève de M. Flandrin ;
Le n° 12, M. Denuel, peintre décorateur.

RUE PAVÉE

Dans la liste des consuls de Nimes donnée par Ménard, nous trouvons :

Pierre Pavée, bourgeois, consul en 1496, en 1509 et en 1526.

Jean Pavée, bourgeois et receveur particulier du diocèse de Nimes, consul en 1498 et en 1512.

Pierre Pavée, seigneur de Servas, bourgeois, consul de 1534 à 1535.

Raimond Pavée, baron de Montredon et Villevieille, consul de 1687 à 1688.

Abdias Pavée, consul en 1690.

TABLE

DES MATIÈRES

du deuxième volume.

	Pages.
Rue de la Garance.	5
» de la Garrigue.	6
» de la Gaude.	10
» Gautier.	12
» du Chemin de Générac.	13
» Grand'Rue (Appendice, page 405).	14
» Graverol.	29
» des Greffes (Appendice, page 405).	33
» Grétry.	36
» Grizot.	41
» Guiran.	47
» Guizot (Appendice, page 405).	49
» Henri IV.	52
» de l'Horloge.	54
» de l'Hôtel-Dieu.	66
» de l'Hôtel-de-Ville (Appendice, p. 405)	72
» Hugues-Capet.	82
» Imbert.	83
» des Innocents.	86
» Isabelle.	88
» Jacquart.	88
» Jeanne-d'Arc.	90

Rue des Jardins............................	91
» Saint-Jean........................ ...	94
» Jean-Reboul.................	95
» de la Lampèze......................	104
» Saint-Laurent................... ...	107
» Saint-Léonce........................	108
» Levieux.	110
» des Lombards......................	111
» Saint-Luc....................... ...	122
» de la Madeleine..	122
» du Mail.	128
» de la Maison-Carrée	132
» Saint-Marc	140
» des Marchands	143
» Sainte-Marguerite	144
» des Saintes-Maries..	147
» Massillon.........	148
» de la Maternité.....................	149
» Saint-Mathieu.	150
» Mauhet....	150
» des Trois-Maures......	151
» Ménard......	152
» de Metz	156
» Molière	158
» de la Monnaie	159
Place Montcalm	189
Rue Moniardin.............................	195
» du Chemin de Montpellier (Ap., p. 405)	200
» du Mûrier-d'Espagne................	201
» Nantilde...........................	205
» Nerva (Appendice, page 405)........	205
» Neuve.............................	206
» Notre-Dame.	210
» Nicot	212
» des Orangers.......................	215
Place de l'Oratoire.........................	217
Rue d'Orléans...	218
» Papin.............................	219
» de Paris	221
» de la Parisière	221
» des Patins	225
» Saint Paul........................ ...	226
Place Saint-Paul (Appendice, page 405)....	226
Rue Paulet................................	231
» Pavée (Appendice, page 405)	234
» Pepin-le-Bref	236

Rue Sainte-Perpétue	237
» Petit	239
» Pharamond	242
» Saint-Philippe	243
» Saint-Pierre	243
» de la Pitié	244
Avenue de la Plate-forme	245
Rue Plotine	246
» de la Poissonnerie	247
» Porte-d'Alais	248
» Porte-de-France	253
» Pradier	261
» de la Prévôté	264
» du Puits-Couchoux	266
» du Puits-de-la-Grand-Table	266
» Rabaut-Saint-Etienne	267
» Louis-Raoul	271
» Racine	273
» Raymond-Marc	276
Impasse Randon	281
Rue Rangueil	281
» du Moulin-Raspail	282
» du Refuge	286
» Régale	289
» Richelieu	295
» Rivarol	299
» Robert	302
» de Roussy	302
» Ruffi	311
» Rullman	312
Ruelle et place de la Salamandre	315
Rue Saurin	321
» de Sauve	323
» Séguier	325
» Septimanie	338
» de la Servie	339
» de Soissons	340
» Sorbier	341
» Suger	345
» Sully	346
» Suffren	348
Ruelle du Grand-Temple	349
Rue Tête-de-Mort	352
» Thierry	352
» Saint-Thomas	353
» Thoumayne	354

Rue des Tilleuls		354
» Titus		355
» des Tondeurs		356
» de la Tourmagne		358
» Trajan		361
» Traucat		362
» Traversière		366
» de la Treille		369
» Trélis		371
» de la Trésorerie		372
» Triperie-Vieille		374
» Turenne		375
» Turgot		377
» Sainte-Ursule		378
» du Chemin d'Uzès		380
» Vauban		385
» Veissette		387
» Vespasien		388
Boulevard du Viaduc		389
Rue Vidal		390
» de la Vierge		391
» de la Violette		391
» Villars		396
» Voltaire		398
» Watt		399
» Xavier-Sigalon		400
» Saint-Yon		403

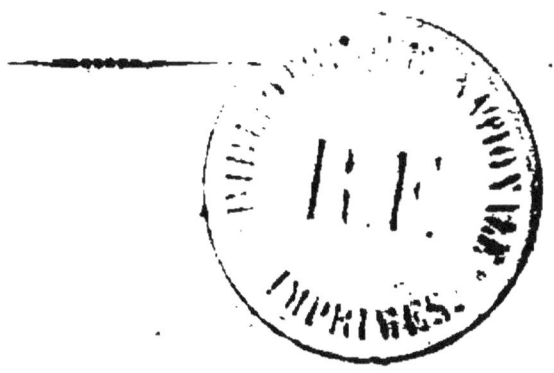

Nimes. — Imp. Clavel-Ballivet et Cⁱᵉ, rue Pradier, 12.

www.ingramcontent.com/pod-product-compliance
Lightning Source LLC
Chambersburg PA
CBHW052132230426
43671CB00009B/1222